Cognitive Psychology
Revisiting The Classic Studies

古典で読み解く
現代の認知心理学

マイケル・W. アイゼンク
デイヴィッド・グルーム 編

箱田裕司／行場次朗　監訳

COGNITIVE PSYCHOLOGY
REVISITING THE CLASSIC STUDIES
by Michael W. Eysenck & David Groome

Original English language edition published in the United States,
United Kingdom and New Delhi by Sage Publications Inc.

Editorial arrangement and Chapters 1 and 9 © Michael W. Eysenck and David Groome 2015
Chapter 2 © Michael W. Eysenck 2015
Chapter 3 © Vicki Bruce and Yoav Tadmor 2015
Chapter 4 © George Mather 2015
Chapter 5 © Glyn Humphreys 2015
Chapter 6 © Colin MacLeod 2015
Chapter 7 © Howard Eichenbaum 2015
Chapter 8 © Robert Logie 2015
Chapter 10 © James Nairne 2015
Chapter 11 © Fernand Gobet and Peter Lane 2015
Chapter 12 © Klaus Fiedler and Momme von Sydow 2015
Chapter 13 © Ben Newell 2015
Chapter 14 © Trevor Harley and Siobhan MacAndrew 2015
Chapter 15 © Max Coltheart 2015

Japanese translation published by arrangement with Sage Publications Ltd.
through The English Agency (Japan) Ltd.

まえがき

　今日，認知心理学は心理学全体の中でますます中心的な位置を占めている。控えめに見積もっても，毎年，認知心理学について何万本という論文を世界の専門雑誌が発刊している。このことは驚くに値しない。個人の社会的行動（社会心理学），幼児期の年齢に伴う行動変容（発達心理学），精神疾患をもつ人と健常者の違い（異常心理学）を含むあらゆる心理学の領域の理解に，認知的視点が重要であるからだ。

　これも驚くに値しないが，認知心理学の主要領域（たとえば，注意，知覚，記憶，言語，問題解決，意思決定など）をカバーしている数多くの教科書がある。実際，編者の私たち2人もそのようなますます増え続ける教科書の山にさまざまな貢献をしてきた。しかし，これらの教科書の大部分が（認知心理学の多くの講義と同様に）現代の認知心理学の完全な理解に必要な歴史的文脈を与えることができないでいる。本書を上梓する主な理由はそのギャップを埋めることである。この点で，著名な認知心理学者に彼らの専門領域に関する章を寄稿してもらえて，大変幸運であった。

　しかし，本書は認知心理学に関する単なる歴史の本ではない。古典的研究がその後の研究にどのような影響を与えたのか，今日に至るまでの影響を著者たちに跡づけてもらい，説明してもらった。これによって本書は，認知研究の過去，現在，そして未来についての本となった。真の古典的研究は将来世代の研究にも生き続けるものである。私たちは，本書の読者が認知心理学に歴史的視点を用いる価値について私たちに同意してくれると望んでいる。古典的研究の私たちの選択について，読者の意見が一致すると思うほど楽天的ではない。過去およそ60年にわたって認知心理学には何十万もの文献があるので，もし完全な意見の一致があるならば，それはまったくのまぐれ当たりといえよう。

Michael W. Eysenck & David Groom

目　次

まえがき　*i*

1章　認知心理学における古典的研究の紹介 ……………………………………1
1. 認知心理学の古典的論文　*1*
2. 14の古典的研究　*3*
3. 古典的研究：一般的レッスン　*8*
    (1) 若々しい創造性　*8*
    (2) 独創性：一番手と二番手　*9*
4. 主要なアプローチ　*11*
    (1) 反証性，一般性，緻密さ　*12*
5. 結論　*15*

2章　注意 I
――Cherry（1953）によるカクテルパーティ問題を超えて ……………17
1. 古典的研究の背景　*17*
2. 古典的研究の詳細な記述　*19*
3. 古典的研究の影響　*22*
4. 古典的研究への批判　*25*
5. 結論　*29*
　◉さらに学ぶために　*30*

3章　知覚
――Gibson（1950）による直接知覚を超えて ……………………………31
1. 古典的研究の背景　*31*
2. 古典的研究の詳細な記述　*34*
    (1) Gibsonの「古典的」貢献：テクスチャの勾配と光学的流動　*34*
3. それでは何から始めるのがよいのか　*36*
    (1) テクスチャの勾配　*36*
    (2) 光学的流動　*39*
4. 古典的研究の影響　*41*
5. 古典的研究への批判　*44*
6. 結論　*46*
　◉さらに学ぶために　*47*

4章　知覚の計算論的アプローチ
――Marr（1982）による視覚の計算論的アプローチを超えて ………49
1. 古典的研究の背景　*49*

2. 古典的研究の詳細な記述　*51*
　　　（1）Marr の主張　*51*
　　　（2）Marr の枠組み　*51*
　　　（3）Marr の処理理論　*53*
　　3. 古典的研究の影響と批評　*55*
　　　（1）枠組み　*55*
　　　（2）処理の理論　*57*
　　4. 結論　*59*
　　🌸さらに学ぶために　*60*

5 章　知覚と行為
——Goodale & Milner（1992）による 2 つの視覚経路を超えて …………61

　　1. 古典的研究の背景とその内容　*61*
　　　（1）知覚と行為：神経心理学の事例　*61*
　　　（2）背側ストリームと腹側ストリームのさらなる特徴　*64*
　　　（3）健常な実験参加者から得られる複数方向からの証拠　*65*
　　2. 古典的研究の影響　*67*
　　3. 古典的研究への批判　*69*
　　　（1）要注意点 1：D. F. について　*69*
　　　（2）要注意点 2：視覚性運動失調について　*70*
　　　（3）要注意点 3：錯覚と行為　*71*
　　　（4）要注意点 4：背側ストリームにおける知覚と腹側ストリームにおける行為　*72*
　　4. 結論　*75*
　　🌸さらに学ぶために　*76*

6 章　注意 Ⅱ
——Stroop（1935）による色名単語干渉現象を超えて ………………77

　　1. 古典的研究の背景　*77*
　　2. 古典的研究の詳細な記述　*78*
　　3. 古典的研究の影響と批評　*80*
　　4. 新しい説明　*85*
　　5. 古典的研究がどのように思考を進展させるか　*87*
　　6. 結論　*89*
　　🌸さらに学ぶために　*89*

7 章　健忘症
——Scoville & Milner（1957）による H. M. に関する研究を超えて ………91

　　1. 古典的研究の背景　*91*
　　2. 古典的研究の詳細な記述　*92*
　　3. 古典的研究の影響　*95*
　　4. 古典的研究への批判　*98*

（1）発見に対する別の解釈　*98*
　　　（2）海馬領域を損傷しても知覚能力や認知能力は低下しない　*98*
　　　（3）健忘症になっても短期記憶とワーキングメモリは低下しない　*100*
　　　（4）海馬の損傷によって引き起こされる健忘症は記憶の領域を超えて「全般的」
　　　　　である　*101*
　　　（5）海馬は記憶を支える中心的な脳の構造である　*102*
　　　（6）海馬領野を損傷しても遠隔記憶は低下しない　*103*
　　5.　海馬領域はどのように記憶を支えているのか？　*105*
　　6.　結論　*107*
　　❀さらに学ぶために　*108*

8章　ワーキングメモリ
——Baddeley & Hitch（1974）によるワーキングメモリを超えて ┈┈┈109
　　1.　古典的研究の背景　*109*
　　2.　古典的研究の詳細な記述　*111*
　　3.　古典的研究の影響　*118*
　　4.　古典的研究への批判　*123*
　　5.　結論　*128*
　　6.　補稿：Alan Baddeley からのコメント　*129*
　　❀さらに学ぶために　*131*

9章　記憶システム
——Tulving（1972）によるエピソード記憶と意味記憶の区分を超えて ┈┈┈133
　　1.　古典的研究の背景　*133*
　　2.　古典的研究の詳細な記述　*134*
　　3.　古典的研究の影響　*136*
　　4.　古典的研究への批判　*143*
　　5.　結論　*145*
　　❀さらに学ぶために　*145*

10章　符号化と検索
——Tulving & Thomson（1973）による符号化特殊性原理を超えて ┈┈┈147
　　1.　古典的研究の背景　*147*
　　2.　古典的研究の詳細な記述　*149*
　　　（1）リスト外手がかりの有効性　*149*
　　　（2）再生可能語の再認失敗　*150*
　　　（3）符号化特殊性原理　*152*
　　3.　古典的研究の影響　*155*
　　4.　古典的研究への批判　*158*
　　5.　結論　*164*
　　6.　捕稿：Endel Tulving からのコメント　*165*

目　次

🌼さらに学ぶために　*167*

11章　人間の問題解決
　── Newell, Shaw, & Simon（1958）による人間の問題解決の理論を超えて…169

1. 古典的研究の背景　*169*
2. 古典的研究の詳細な記述　*171*
　(1) 理論　*171*
　(2) ロジック・セオリスト　*173*
　(3) 実験　*175*
　(4) 問題解決過程の特徴　*177*
　(5) 他の理論との比較　*179*
3. 古典的研究の影響　*180*
4. 古典的研究への批判　*183*
5. 代替的解釈　*184*
6. 結論　*185*
　🌼さらに学ぶために　*185*

12章　ヒューリスティックとバイアス
　── Tversky & Kahneman（1974）による不確実状況下の判断を超えて…187

1. 古典的研究の背景　*187*
　(1) 歴史的視座からみたヒューリスティックとバイアス　*187*
2. 古典的研究の詳細な記述　*188*
　(1) 最も有名なヒューリスティックの概要　*189*
3. 古典的研究の影響　*191*
　(1) 認知的心理学，社会心理学，応用心理学におけるヒューリスティックとバイアス　*191*
4. 古典的研究への批判　*192*
　(1) ポスト Kahneman-Tversky 期のヒューリスティック　*195*
　(2) 二重過程接近法　*198*
5. 結論　*199*
　(1) ヒューリスティックとバイアスに関する 40 年の研究の評価　*199*
6. 最終結論　*203*
　🌼さらに学ぶために　*204*

13章　リスク下の意思決定
　── Kahneman & Tversky（1979）によるプロスペクト理論を超えて……205

1. 古典的研究の背景　*205*
　(1) リスク下の意思決定を定義する　*205*
2. 古典的研究の詳細な記述　*208*
　(1) プロスペクト理論とは何か？　*208*
3. 古典的研究の影響　*215*

v

目次

  4. 古典的研究への批判 *217*

  5. 結論 *222*

   (1) プロスペクト理論はどのように思考を発展させ，思考はその結果どう進んだ
   か *222*

  ❀さらに学ぶために *223*

14章 言語
——Chomsky (1957) による統語構造論を超えて *225*

  1. 古典的研究の背景 *225*

   (1) 誰が心理言語学をダメにしたのか？——Chomskyに責任を負わせよう *225*

  2. 古典的研究の詳細な記述 *226*

  3. 古典的研究の影響 *229*

   (1) 言語能力と言語運用の区別 *229*

  4. 古典的研究への批判 *230*

   (1) 経験主義から合理主義への変遷 *230*

  5. 結論 *236*

  ❀さらに学ぶために *238*

15章 言語の神経心理学
——Marshall & Newcombe (1973) による錯読パターンを超えて *239*

  1. 古典研究への背景 *239*

  2. 古典的研究の詳細 *239*

   (1) 獲得性失読の3つのサブタイプ *240*

   (2) 健常者の読みのモデルを用いた獲得性失読のサブタイプの解釈 *243*

  3. 古典的研究の影響と批評 *248*

   (1) 他の獲得性失読のサブタイプの発見——そして獲得性書字障害のサブタイプ
   の発見 *248*

   (2) これらの方法の発達性失読や書字障害の研究への応用 *250*

   (3) 視覚的単語処理を超えて他の認知の基礎的領域へ：認知神経心理学 *251*

   (4) 認知の高次領域への拡張：認知神経精神医学 *252*

   (5) 将来：統合失調症と自閉症？ *253*

  ❀さらに学ぶために *257*

 文　献 *258*
 人名索引 *291*
 事項索引 *295*
 監訳者あとがき *304*

1章

認知心理学における古典的研究の紹介

Michael W. Eysenck & David Groome

1. 認知心理学の古典的論文

　過去に出版された何十万という論文や他の出版物のうち「古典」として際立つものはごくわずかである。その発刊以降,認知心理学の発展のあり様を形作ってきた研究である。これらの研究は新たな枠組みや実験手続きをもたらし,それがそれ以降の認知論や研究に影響を及ぼしたからこそ,古典的となったのである。

　本書は認知における古典的研究が,最近の研究に至るまで私たちをどのようにして導いていったのかを跡づける。私たちは古典的と見なすに値する14の研究を自らの見解で選んだ。それらが認知心理学のいくつかの側面について新たなアプローチを提供してくれたからである。それぞれの研究はその後,多くの研究の出発点となった。本書では,古典的研究がその後の研究にどのように影響したかを映し出そうとして,それぞれの古典的研究に関係する分野で現在リーダーとして活躍している14人の研究者を選んだ。彼らに,関係する章を担当し,その後の研究に与えた影響を説明してくれるように依頼した。

　古典的研究の選択には明らかに一定の個人的見解を伴ってしまう。古典的研究に含めるべき他の研究があるという考えも,古典的研究からは排除すべき研究だとする考えも,あることは確かである。しかし,私たちはその後の研究に最も影響を及ぼしたと信じる研究を選ぶためにベストを尽くした。もちろん多

1

くの重要な研究は時の試練に耐えることができなかった。多くの理論はついにはそれが不正確であることが証明され，そうして新たな多くの手続きが紹介され，当面は評判となっていたが，それも今では役に立たなくなってきている。そういった研究は本書には含まれていない。なぜなら今日の研究にはもはや関係がないからである。私たちは古典のリストを，今日的に関連するもの，認知研究を新しい方向に導き，今なお今日の研究に影響を及ぼしている重要研究にしぼった。

　認知心理学における最初の科学的実験は 19 世紀の後期に行われた。その中の初期のパイオニアには Wilhelm Wundt が含まれる。彼は 1879 年にライプチッヒにおいて最初の心理学実験室を開設し，知覚に関する最も初期のいくつかの実験を行った。そして Hermann Ebbinghaus（1985）は記憶に関する最初の科学的実験を行った。ゲシュタルト学派は形や図の知覚に関して重要な発見を行い（Weltheimer, 1912），さらに思考や問題解決に関する初期の研究を行った（Köhler, 1925）。Bartlett（1932）は記憶に及ぼす意味や知識の重要性についての重要な発見に貢献した。しかしそれらには主に歴史的な興味があるだけである。というのは彼らの理論や方法は今日の研究には関係がないからである。この理由から私たちはそれらの研究を外している。前述したように，本書の目的は今日の認知研究の基礎を築いた古典的研究を再考し，今日に至る研究の発展を跡づけることである。

　認知心理学の研究は，当初，行動主義の支配的な影響によって抑え込まれた。行動主義の主唱者たちは，心的過程は直接観察できない，したがって科学的研究の対象にはならないと論じた。心的過程は心理学の領域から完全に排除されるべきだと結論づけられた（Watson, 1913; Skinner, 1938）。しかし，私たちは行動主義の有害な影響を誇張してはいけない。何人かの行動主義者たち（たとえば Tolman, 1932）は，刺激の反応に及ぼす効果を媒介している内的過程を指す，媒介変数に焦点を当てるべきだと主張した。彼の「認知地図」という概念（Tolman, 1948）は，認知心理学と特別な関係がある。認知地図を用いてラットは環境についての統合された空間的表象を蓄えていくというのである。1950 年代までは，認知心理学が行動主義の影から脱して心理学の本流の中で真に科学的な領域を確立し始めることはなかった。認知心理学の新世代が認知

と心的過程を科学的に研究する方法を考案した。このことが私たちの学問領域の性質と主題を劇的に変えた。これがしばしば「認知革命」と呼ばれるものである。最初の「古典」として選んだものは主にこの時期からのものである。

2. 14 の古典的研究

1950 年代に刊行されたいくつかの研究が今日の認知的研究のお膳立てをした。最初の研究は **Cherry (1953)** によって行われた。彼は私たちがどのようにして注意を向けるのかということを研究する新たな方法を考案した。Colin Cherry は両耳聴〔dichotic listening〕として今日では知られている手続きを用いて，ヘッドホンを使い左右それぞれの耳に違うメッセージを流しそれに注意を向けさせた。実験参加者は一方のメッセージに注意を向け，他方のメッセージは無視したが，Cherry は注意が向けられなかったメッセージの運命にもっぱら関心をもった。彼は注意を向けられなかったメッセージはほとんど知覚されないということ，ごく基本的なレベルでしか処理されず意味の処理にまで至らないようだということを発見した。Cherry の研究は選択的注意研究にまったく新たなアプローチを開始させ，今日までこのような研究が続けられている。このようなことから私たちは古典的研究のリストに Cherry の論文を含めた。2 章で，Cherry の仕事とその後の研究に対する影響について述べられている。

この時期のもう 1 つの重要な研究は **Gibson (1950)** 研究である。彼は私たちがどのようにして環境から情報を引き出すのかということに関心をもった。James Gibson は，知覚システムは入射光の配列パターンを検出することができ，それによって心的解釈がなくても私たちを取り巻く世界の事物の性質や利用可能性を把握することを可能にすると述べた。それゆえに，Gibson の知覚に関する見解は「ボトムアップ」の過程に焦点を当てるものであり，スキーマに駆動された，あるいは「トップダウン」のやり方で新たな入力を処理することによって有機体は世界を理解することができるという以前のポピュラーな見解と対比された。彼は，知覚の主な働きは環境を動き回って他者の動きに反応することであると論じた。この考えは，視覚刺激が提示されるとき，頭をじっとしておくことが求められる以前の実証的なアプローチとは劇的に異なってい

3

る。Gibson の研究とその後の影響については 3 章で詳しく論じられる。

Marr (1982) は，計算論的アプローチに基づいた対象認知の極めて影響力のある理論を提案した。彼はコンピュータによって実行される処理と類似した（必ずしもそれと同一ではない）情報処理メカニズムによって，脳は対象を認知すると仮定した。Marr によれば，新たな感覚入力はいくつかの異なる処理段階や分析を受け，各段階は刺激のより詳細で完全な表象を生み出していくとされた。Marr の理論はコンピュータ・プログラムのアナロジーによって強く影響を受けたものであり，対象認知のコンピュータ・シミュレーションの大がかりな研究へとつながっていった。Marr の研究については 4 章で説明されている。

Goodale & Milner (1992) は，知覚的処理が，同一の視覚入力の異なる側面を分析する 2 つの別の処理メカニズムと関わっていることを明らかにした。彼らは，視覚的には対象を同定できないが，対象の位置を同定する能力は相対的に損なわれていない脳損傷患者を研究した。この発見から彼らは，視覚皮質から 2 つの異なる経路があり，それぞれは異なる機能をもっていると結論した。腹側皮質視覚路（この患者で損傷されているところ）は対象の認識や形状の認識と関係し，一方，背側皮質視覚路は空間的位置の認識に関係しているようである。Goodale と Milner の研究については 5 章で述べられている。

いくつかの研究は後の研究者によって再発見されるまで古典的とは認識されず，ほとんど無視されてきた。そのような研究の 1 つが **Stroop (1935)** である。彼の発見はそれまでほとんど注意されることがなかったが，1960 年代にようやく，ある基本的な認知過程の古典的証明であると認識され関心を引き始めるようになった。Stroop の実験は，ある色の名前が異なるインクの色で書かれている（たとえば「青」という語が赤のインクで書かれている）とき，インクの色を呼称するのに時間がかかることを明らかにした。この発見は当時ほとんど無視されたが，後の研究者たちはストループ効果（この名前で知られるようになった）に立ち戻った。というのは，この効果が競合する入力間の干渉を証明するとともに（語の意味についての）自動的処理の優れた例を提供したからである。今日では，Stroop の論文は 30 年の休眠を経て古典的研究となった。Stroop の研究については 6 章で論じる。

2. 14 の古典的研究

　記憶や健忘症に関する私たちの理解は，"H. M." として知られる重篤な健忘症患者についての **Scoville & Milner (1957)** の論文の刊行によって劇的な変化を受けた。H. M. は，その健忘症が両側頭葉に施された外科手術によって引き起こされたという点で，それまで研究された患者とは異なっていた。したがって，H. M. の健忘症の発症の日が，脳損傷の場所と同様に正確にわかっていることになる。William Scoville と Brenda Milner は 1953 年の手術以来，H. M. が新しい記憶をつくり出したり記憶に蓄えたりすることができないことを発見した。しかし，手術以前の記憶を検索する能力は比較的損傷を受けていないように思えた。このことから Scoville と Milner は，H. M. が受けた主な障害は，新たに記憶を符号化し貯蔵することができないということであると結論づけ，側頭葉内側部とりわけ海馬の損傷と関係することを明らかにした。Scoville と Milner はまた，H. M. の短期記憶が損なわれないままになっていることを示した。H. M. やその他の健忘症患者に関する研究において事態はむしろ複雑になっていることをその後の研究は示しているが，Scoville と Milner の研究は，健忘症の研究にとって古典的なものであり，極めて重要な転換点となった研究である。彼らの研究（およびその後の研究に与えた影響）について 7 章で論じられる。

　H. M. のような健忘症患者の研究は，短期記憶と長期記憶とではまったく異なるメカニズムが関与していることを示唆しているが，その段階では，極めて短い時間を超えて記憶を貯蔵する別の記憶システムが存在することがなぜ必要なのかは，まったくはっきりしていなかった。**Baddeley & Hitch (1974)** は短期記憶が心的作業空間として働くことを示唆する実験を行い，これを「ワーキングメモリ」と呼んだ。彼らの研究はワーキングメモリがいくつかの成分，とりわけ中央実行系と，次の処理がなされるまで情報を非常に短い間保持する記憶ループなどからなっているという証拠を提供した。Alan Baddeley と Graham Hitch によって提案されたワーキングメモリ・モデルについては 8 章で論じられ，評価される。

　Tulving (1972) による研究は長期記憶が下位成分に，つまり意味記憶（知識や事実を貯蔵する）とエピソード記憶（個々の出来事の記憶を貯蔵する）に分けられることを示唆した。Endel Tulving は（初めて）意味記憶とエピソー

5

ド記憶が異なる特性をもち，異なる処理条件を示すということについて，説得力のある証明を行った。しかし，エピソード記憶と意味記憶の正確な関係は今なお完全にははっきりとしていない。特性は異なるが，両者間にはかなりの程度のオーバーラップと相互作用があると仮定されている。エピソード記憶と意味記憶の違いについての Tulving の仕事は 9 章で論じられる。

他の重要な記憶研究は Tulving & Thomson（1973）によってなされた。彼らはエピソード記憶がうまく検索されるかどうかは，検索手がかりの情報と貯蔵された記憶痕跡の情報との一致の程度にかかっていることを明らかにした。これが符号化特殊性原理〔encoding specificity principle: ESP〕として知られるようになり，記憶がどのようにして検索されるかということについての最も重要な理論の 1 つとなっている。ESP は転移適切性処理や文脈依存記憶といった十分に確立したいくつかの認知現象を説明してくれる。Tulving と Thomson の研究については 10 章で述べられる。

認知の他の側面の研究には思考や問題解決の研究がある。**Newell, Shaw, & Simon (1958)** は人間の問題解決の理論を試すためにコンピュータ・シミュレーションを使ったパイオニアである。一連の情報処理操作を用いて問題をコンピュータに解決させることを可能にするプログラムは人間の情報処理と問題解決のモデルとなり得ることを示唆した。Newell らのコンピュータ・シミュレーション・アプローチは認知心理学の多くの領域で影響力のあるものとなった。これについては 11 章で説明される。

Tversky & Kahneman (1974) は人間が判断を下す場合に生じるバイアスについて明らかにした。彼らは人間がコンピュータのように必ずしも合理的に判断せず，すべての関係のある証拠を考慮することができず誤りを犯す傾向があることを発見した。人間が判断を行うとき，これまでに十分試された方略やヒューリスティックを適用する傾向があることを示した。それらは明らかに過去にはうまくいったが，実際はシステマティックなバイアスを与える傾向があるものである。これらの発見は認知の領域だけでなく，心理学の他の多くの領域でとてつもない影響を与えてきた。Tversky と Kahneman の研究とその影響については 12 章で取り上げられる。

その後の研究において，**Kahneman & Tversky (1979)** は人が意思決定を

する場合に生じるさらなるバイアスについても明らかにした。たとえば，成功の可能性が非常に低い場合（宝くじに当たるといった），人は生じ得る利得以上のリスク志向を増す傾向があるが，生じ得る損失以上にリスク回避を行う傾向がある。しかし，結果の確率が高い場合にはこの状況は逆転し，人は生じ得る損失以上にリスク志向性を高める傾向がある。これらの発見が Kahneman と Tversky のプロスペクト理論の基礎を形作り，認知心理学だけでなく金融的判断を行うエコノミストにとっても大きな価値をもつことがわかった。この研究によって Kahneman は 2002 年にノーベル経済学賞を得た。これについては 13 章で述べられる。

　言語の使用は認知心理学者の興味を引くもう 1 つの重要な機能である。言語機能障害の研究から豊富な情報が得られることがわかった。**Chomsky (1957)** は言語の研究に対してまったく新しいアプローチを始めた。言語習得に関する以前の理論は，行動主義の教義に根ざしており，言語が強化の過程によって習得されると仮定していた。Chomsky は，複雑な文法の学習にとって「強化」はまったく不適切であることを明らかにし，言語習得は，文法規則のセットから発話や言語的出力を生成する内的能力に依存すると論じた。この理論は極めて大きな影響を与え，心理言語学という新たなサイエンスの構築を導いた。Chomsky の研究については 14 章で議論される。

　言語の研究はまた言語障害の研究から大いに恩恵を受けている。その大きな影響を及ぼした 1 つの研究が **Marshall & Newcombe (1973)** である。彼らは数多くの後天性失読症を研究し，それらの症例はすべてが同じ原因から発症するわけではないと結論づけた。Marshall と Newcombe は後天性失読症にはいくつかの別個のサブタイプがあることに気づき，それぞれのサブタイプを説明するモデルを構築した。各サブタイプは，モデルの異なる成分の損傷から生じるとした。このアプローチはその後多くの研究者に受け継がれ，認知神経心理学という新たな科学の基礎を提供した。Marshall と Newcombe の研究は 15 章で述べられる。

3. 古典的研究：一般的レッスン

本書で議論された，限られたサンプルサイズ（N=14）の古典的研究から一般的な結論を導き出すことには明らかに危険がある。しかし，傑出した研究に関係があると思えるさまざまな要因について考えることには興味を引かれる。

(1) 若々しい創造性

一般的通念として，最も傑出した研究（おそらくとりわけ化学や物理学などのハードサイエンスにおいて）は，創造性が最高に達している若い研究者によって生み出されるというものがある。これを支持する有名な証拠には，Albert Einstein の最初の相対性理論が彼がわずか 26 歳のときに生み出されたということがあげられよう。

Jones & Weinberg（2011）は若々しい創造性はかつてほど明らかに重要ではなくなっていることを発見した。1905 年以前あるいは 1985 年以降に物理学，化学，医学の分野でノーベル賞を得た研究者に焦点を当てた。初期の頃は研究者が最も傑出した研究を生み出した平均年齢は，それぞれ 37 歳，40 歳，45 歳であった。しかし後の時期では平均年齢はそれぞれ 50 歳，46 歳，45 歳であった。このように，傑出した研究が生み出された年齢には平均 8 歳以上の劇的な上昇があった。

なぜ傑出した科学的業績が生み出される年齢に上昇があったのか？　第 1 に研究者が最高学歴を得る年齢がかなり上がってきたことがある。Jones & Weinberg（2011）は，研究者が基礎的な知識を得るのに必要な時間の増加が最上の研究を生み出す年齢を予測することを見いだした。第 2 に理論家たちは実験家たちよりも 4.4 歳早く最高の業績をあげており，理論的な傑出した研究の割合は低下してきていることがある。

遅ればせながら認知心理学者たちがその古典的研究を生み出した年齢について立ち戻ってみよう。各研究の全著者の平均年齢を求めれば 40.4 歳であり，予想よりも高い年齢である。実際，共同研究者ではなく中心的な研究者に限ってみれば 41.6 歳（切り上げれば 42 歳）である。

3. 古典的研究：一般的レッスン

　本章を準備している間に，私たちは Franses（2014）の研究に出会った。それはゴヤ以降の偉大な芸術家が最も傑出した絵画を生み出した年齢を調べた研究である。偶然にもその平均年齢は42歳であった。おそらく，人生，宇宙，万物についての究極的な問いに対する答えは42であると主張した Douglas Adams は正しかったのだ！

　私たちの古典的研究の大部分には理論的貢献と実証的貢献の両方が含まれているので，理論家と実証家をきちんと分けることはできない。しかし，その貢献が主に実証的である研究者は，全体的に研究者の平均よりもわずかに若かった。このように他の科学的学問分野では Jones & Weinberg（2011）の発見について支持は得られなかった。

　上に述べたように，Jones & Weinberg（2011）は研究者が最上の研究を生み出す年齢は時の経過とともに上昇するということを見いだした。私たちは14の事例について1950年代かそれ以前に行われた研究（N=5）か1970年代かそれ以降に行われた研究（N=9）に分けた（奇妙なことに1960年代の研究は存在しなかった）。Jones & Weinberg（2011）とは反対に前者の研究を生み出したときの研究者の年齢はおおよそ後者よりも1.4歳上であった。

　最後に私たちは古典的研究を大きな研究領域（知覚，注意，記憶，言語，思考，問題解決）に分類した。各カテゴリ内のサンプル数は小さい。しかし，こんなことは価値があるかどうかわからないが，記憶研究者は最も年齢が高く（44.2歳），言語研究者は最も年齢が低い（37.7歳）。

(2) 独創性：一番手と二番手

　私たちは傑出した研究はほとんど完全にオリジナルなものだと仮定するかもしれない。このことは，経済学やマーケティングにおける一番手の利点という考えと似ている。それに対して，傑出した研究は以前の理論的な考えを発展させることもしばしば含むと仮定するかもしれない。これは二番手の利点という考えと似ている。しかし，ここでオリジナリティという概念はいくぶん主観的であり，一番手と二番手には絶対的な区別はないということに注意する必要がある。

9

私たちが古典的研究について考えるとき，1950年代以前の研究は1970年代以降の研究よりも明らかに一番手という概念に合致しているきらいがある。たとえば，Gibson（1950），Cherry（1953），Scoville & Milner（1957），Newell et al.（1958），Chomsky（1957, 1959）がそうである。あらゆるケースにおいてそれらの研究は以前の研究や理論化には，比較的，ほとんど頼ってはいない。Gibson（1957）は視知覚における運動の決定的な重要性を発見したし，Cherryは選択的聴覚的注意の基本性質のいくつかを発見した。それらは以前にはほとんど無視されてきたトピックである。ScovilleとMilnerは，長期記憶にとって極めて重要な脳領域が，以前信じられてきたものよりもずっと限られた領域であることを発見した。Newellらは初めて，計算論的モデリングが人間の問題解決の理解の向上に役立ち得ることを示した。Chomskyは言語に対する以前のアプローチ（特に行動主義によるアプローチ）がひどく不適切なものであることを示し，言語に関係する諸過程について，独創的で強力な理論的分析を提供し続けた。

1970年代以降の研究については状況は異なっている。エピソード記憶と意味記憶の区別に関するTulving（1972）の古典的研究について考えてみよう。この区別は1972年よりかなり以前に何人かの心理学者や哲学者によって提案されてきた（Tulving, 1983を参照）。しかし，私たちの意見ではこのことはTulvingの貢献の重要性を損ねるものではない。なぜなら，Tulvingはその区別を発展させ，その区別に関する実験的研究のプログラムの土台をつくった最初の心理学者であったからだ。

Kahneman & Tversky（1979）のリスク下の意思決定に関する理論的説明は当然のことながら極めて大きな影響を与えた。しかし，彼らのプロスペクト理論は以前の期待効用理論に基づいたものであり，その仮説のいくつかを組み込んだものであった。彼らの研究は以前の理論の最も不適切なところを除去し，新たな強力な理論的仮説を加えたがゆえに，古典的なのである。

以前の有力理論に基づき構築された古典的研究の他の例は，Goodale & Milner（1992）の研究である。Mishkin, Ungerleider, & Macko（1983）は対象知覚と空間知覚は別々の皮質経路に依存すると論じる理論を提案した。GoodaleとMilnerはこの理論を実質的に発展させ，拡大させ，ワクワクする

ような新しい実証的な発見を報告した。

Baddeley & Hitch（1974）のワーキングメモリ・モデルは短期記憶について
の以前の概念化，とりわけ Atkinson & Shiffrin（1968）の影響を強く受けたも
のである。しかし，彼らのモデルは以前の理論を実質的に発展させたものであ
り，短期記憶は数多くの記憶以外の課題（たとえば，問題解決や言語理解）に
おいて大事な役割を果たすという，決定的に重要な洞察を含んでいた。

結局のところ，私たちが取り上げた古典的研究のうち，9つ（Stroop, 1935;
Gibson, 1950; Cherry, 1953; Chomsky, 1957, 1959; Scoville & Milner, 1957;
Newell et al., 1958; Marshall & Newcombe, 1973; Tvesky & Kahneman, 1974;
Marr, 1982）が一番手の利点を表している。対照的に，5つの古典的研究
（Tulving, 1972; Tulving & Thomson, 1973; Baddeley & Hitch, 1974; Kahneman
& Tversky, 1979; Goodale & Milner, 1992）が二番手の利点の例である。一番
手の研究は平均して 1960 年に刊行されているのに対して，二番手の研究は平
均して 1978 年に刊行されている。これは驚くにあたらない。なぜなら，新た
な理論を展開させるうえでの基礎として使える有力理論の数は時の経過とと
もに増える運命にあるからである。

4. 主要なアプローチ

人間の認知を理解するためには4つのアプローチがある（Groome, 2014;
Eysenck & Keane, 2015）。第1は実験認知心理学であり，これは健康な実験参
加者に行う実験室的研究に基づく伝統的なアプローチである。第2は，認知
神経心理学であり，脳損傷の人について行う実験室的研究を含んでいる。第3
は認知神経科学であり，さまざまな課題条件下の行動と同様に脳活動の測定値
を得ることを含んでいる。第4は，計算論的認知科学であり，これには人間
の実験参加者の行動を模倣する計算モデルを構築することが含まれる。

研究者が，特定の研究領域においてある主要なアプローチをとる最初の人で
あった場合，傑出した研究がなされるであろうと仮定することは妥当であろう。
新たな洞察と独創的な発見は明らかに一方向上で生じる。

上記の考え方は少なくとも部分的には私たちの古典的研究のいくつかには応

用可能である。3つの研究（Scoville & Milner, 1957; Marshall & Newcombe, 1973; Goodale & Milner, 1992）について，彼らが古典的地位にあるのは，1人以上の脳損傷患者から得られた発見のおかげであり，こうして認知神経心理学の領域に収まるのである。他の2つ（Newell et al., 1958; Marr, 1982）は計算論的モデリングを用いたそれぞれの研究領域において系統的な理論的説明を発展させた最初の試みである。

　そのことは「夜吠えない犬（期待外れ）」を思い起こさせる。つまり認知神経科学である。認知神経科学において劇的に研究が増えたにもかかわらず，私たちは古典の地位に値する認知神経科学の研究を考えることができない。これにはおそらく2つの説明があり得る。1つは認知神経科学が他のアプローチよりも比較的最近のものであり，広範に用いられるようになったのは1990年代以降にすぎない——したがって，認知神経科学の中で古典的研究が登場するにはもう少し時間がかかるということなのかもしれない。第2に，認知神経科学は既存の理論を検証するうえではますます重要であることはわかったが，ごくわずかな新しい理論を発展させるまでにしか至っていないということである。この理由は（認知神経心理学とは異なり）認知神経科学は驚くべき劇的な発見をまれにしか生み出していないからであろう。

(1) 反証性，一般性，緻密さ

　科学哲学者たちは長い間，科学の進歩の本質について議論してきた（Okasya, 2002）。Karl Popper は科学理論は反証可能であるべきだ，つまり，（少なくとも原理的には）間違いであることが証明され得る，一定の予測を立てるべきであると主張した。このことによって，反証する証拠が得られたときに理論を棄却すべきだという考えが導かれる。

　Popper の意見に同意する理論家たちは緻密さあるいは詳細さの点で低い，比較的特殊なあるいは狭い理論を展開してきたのであろう。そのわけは，そのような理論は典型的には，より野心的な理論よりも反証することが困難だからである。

　Popper は，予測が一貫して反証されるような理論を私たちは信用しないと

いうことを論じた点で正しい。しかし，Popper のアプローチは単純すぎる。Lakatos（2001）はより望ましいアプローチを提案している。彼によれば，すべての偉大な科学理論は，「変則性の大海〔ocean of anomalies〕」にすぐに飲み込まれてしまう。このようにして，事実上すべての理論は反証されてしまう。では何が，どの理論がもちこたえられるかを決定するのか？　Lakatos によれば，2 つの要因が決定的である。第 1 に，理論の中の問題に対処するためにたいていの理論は補助的仮説を加える。保持されるべき理論とともに，これらの補助的仮説は徐々に向上していくものであり，生産的であり，理論の予測力を強化させることになる。悲しいことに，理論が徐々に向上していくものかあるいは次第に退行していくものか明らかになるには時間がかかる。第 2 に，理論はそれが優れた理論に取って代わられるまで保持されるべきである。

　私たちの古典的研究は上記の問題にどのような光を投げかけたのであろうか？　第 1 に，これらの研究に含まれている理論の大部分はそれらが提案された時点で間違いであることがわかっていた。このことは Popper よりも Lakatos の考えと合致する。たとえば，視知覚のすべては 2 つの独立した視覚情報処理システムによって理解できる（Goodale & Milner）ということはありそうもないことである。他の例は，Baddeley と Hitch のワーキングメモリ・モデルである。ワーキングメモリ内では積極的な触覚的，運動感覚的な処理が起こり得るが，彼らのモデルからはその両方の処理形式が除かれている（これからも除かれ続けるだろう）。

　第 2 に，一般性の問題がある。認知心理学はパラダイム特異性（たとえば Meiser, 2011）の問題に悩んできた。パラダイム特異性とは実証的研究と理論化は特定のパラダイム，特定の実験課題に過度に焦点を合わせてきた。たとえば，視覚探索の研究について考えてみよう。典型的なパラダイムでは，実験参加者にいくつかのディストラクター（ターゲットではない刺激）を含む視覚配列のランダムな位置に提示されるターゲット刺激を研究することが求められる。このパラダイムを過度に使った結果，理論家たちはターゲット検出時間の最も重要な決定因，すなわち視覚環境の予測可能性〔predictability〕を完全に無視するようになった。あなたが街の景色の中である歩行者を探しているとしよう。その歩行者はビルの壁の途中に引っかかっていたり，空中に浮遊しているより

は歩道や道路にいる可能性がずっと高い（Ehinger, Hidalgo-Sotelo, Torraiba, & Oliva, 2009）。

　上記の例にもかかわらず，私たちの古典的研究のいくつかには非常に一般的な理論が含まれている。たとえば，Marr（1982）は対象認知に含まれる鍵となる過程を特定したし，Tulving & Thomson（1973）は記憶の検索がどのようにしてなされるかを特定した。Baddeley & Hitch（1974）は短期記憶に関する包括的な理論を提案したし，Kahneman & Tversky（1979）はリスキーな意思決定に関する理論化を行った。Goodale & Milner（1992）は視知覚に関する意欲的な理論を提案したし，Chomsky（1957, 1959）は言語に関する包括的な理論を提供した。

　第3に，緻密さあるいは詳細さのレベルの問題である。（特に計算論的認知科学者は）認知心理学の理論は仮定や予測において十分に明確で詳細であるべきだと考える。それは実際，不必要なまでに厳しすぎる要求である。なぜなら，それは過度に理論を歪曲されやすくしてしまう。たとえば，Baddeley と Hitch は彼らのワーキングメモリ・モデルの中で中央実行系の正確な性質についてはわざと曖昧にしていた。それは40年後でも――当時ほどではないにしても――やはりそうである。Tversky & Kahneman（1974）はいくつかの重要なヒューリスティックスとバイアスを特定したが，それぞれがどのような場合に有効なのかということについては詳しく説明しなかった。Goodale & Milner（1992）は彼らがいう2つの視覚情報処理系の特性あるいはそれらの間の交互作用の詳細については述べなかった。Tulving（1972）はエピソード記憶と意味記憶の間のすべての違いについてあるいは両者の交互作用について述べることはなかった。

　要するに，話を単純化しすぎるかもしれないが，最もうまくいっている理論は歪曲を避けている理論よりもむしろ生産的な（たとえば，より重要な研究を導く）理論である。うまくいった理論は対象とする範囲において一般的であり，特に精緻というわけではない。

5. 結論

　私たちは次の2つの考えをもって結論としたい。第1に，あなた方が考えてきたように，私たちは以前「偉人仮説」に論及してきたかもしれない。すなわち，傑出した研究は研究が行われた文脈よりもむしろ個々の天才に依存するという考えである。1人の心理学者（Tulving）が14の古典的研究のうち2つを占める事前確率，2人の心理学者のチーム（Kahneman と Tversky）が2つ以上の古典的研究を占める事前確率は極端に低い。

　最後に，14の古典的研究の著者には20の異なる研究者名があがっているが，そのうち2人だけ（Brenda Milner と Freda Newcombe）が女性である。あらゆる証拠が認知心理学の古典的研究将来版（たとえば，2030年）では女性の比率がずっと大きくなることを示唆している。それは私たちの予測でもあり希望でもある。

2 章

注意 I

Cherry (1953) によるカクテルパーティ問題を超えて
Michael W. Eysenck

1. 古典的研究の背景

　注意はすべての後続する認知過程にとって出発点となるため，注意を理解することは心理学者にとって非常に重要なことである。日常生活について考える限り，私たちは選択的注意に関与した多くの時間を過ごすことになる。選択的注意は私たちの感覚に無数に提示される刺激の中から1つを選択することに関わるものである。このトピックは，アメリカの心理学者である William James (1890) により，重要な意味をもつものであると認識されていた（彼は他のトピックと同様に注意のトピックについても正しいことを述べている）。

　選択的注意の研究は，20世紀前半にわたって続けられてきた。しかしながら，影響力の大きな Woodworth (1938) の実験心理学に関する教科書を熟読すればわかるように，この研究は範囲が限られていた。彼は，注意に対して30の章の中から1つの章をあて，理解の範囲あるいは注意の範囲（短時間提示の後で正確に査定され得る物体の数）や注意の散漫性などのトピックを考察した。この研究のほとんどが視覚的モダリティに関わっており，選択的注意に関する言及はほとんどなかった。概して，William James がその重要性を強調してから，注意は半世紀の間，多くの研究に焦点を向けられることはなかった。

　行動主義の優勢は，研究者たちを注意というテーマで研究を行うことから遠ざけることの一翼を担った。なぜ，そうなってしまったのだろうか？　行動主

義の基本的概念では，客観的に観察可能な刺激と反応に注目する意味で「科学的」であることの必要性が強調されていた。行動主義者たちは，注意という概念は，それが刺激と反応のどちらなのかが明確でなく，加えて正確に測定することが難しいという理由で，問題があると考えていた。このことは，研究者たちが理解の範囲〔span of apprehension〕のような単一課題に注目をし，選択的注意の基礎となる内的メカニズムを調べないとした理由を説明してくれるかもしれない。

Colin Cherry（1914-1979）が心理学者として訓練を受けなかったことは，彼にとってはおそらく強みであった。それゆえ，行動主義が心理学研究に押しつけた制約に気づくことがなかった。Cherry は，実用的性質の大部分について専門的な関心をもっていた。彼は，電子工学技術者の訓練を受け，第二次世界大戦中レーダー研究に従事していた。彼が，1958 年にインペリアル・カレッジ・ロンドンで教授となったときには，彼は電気通信の教授であった。

Cherry の経験と Donald Broadbent の実績との間には興味深い類似点がいくつかある。Broadbent は，1950 年代に選択的注意の分野において私たちの理解を深める一連の成果を得ていた（これらの成果に関して議論されるのはかなり後になってからである）。注意における Broadbent の関心の多くは，第二次世界大戦中レーダー操作者が同時に数名のパイロットとコミュニケーションをとる際に感じる困難さを熟考するところから始まっている。複数のパイロットの声がすべて同じスピーカーから聞こえてくることで，これらの難しさは増した（Driver, 2001）。

1950 年あたりに，Cherry は一般的によく知られている「カクテルパーティ問題」（この用語は彼が考案したものである）に興味をもつようになった。多くの人々が同時に大きな声で話をしているようなカクテルパーティ（悲しいことに，このようなパーティは昔に比べ今ではほとんどみられないが）にいることを想像してみよう。最も印象的なこと（そしてある意味で驚くべきこと）は，特定の 1 人の声に注意をし，多かれ少なかれ他の人々の声を無視することができるということである。Cherry がそのような「実世界」の問題に焦点を当てた理由は，彼のバックグラウンドが実験室での人為的で制約された問題解決というよりも，むしろ実世界での問題解決であったからであろう。

2. 古典的研究の詳細な記述

Cherry は，カクテルパーティ効果を調べることを決めた。これは，私たちがイメージしているよりも複雑で重要な問題である。同時に聞こえる複数の声から特定の声を分離することに成功した自動音声認識システムを発見した専門家が見いだしたことを通して，私たちはこの複雑さをみることができる（Shen, Olive, & Jones, 2008）。

Cherry は彼の古典的研究（Cherry, 1953）の中でこの問題に関する最初の実験での発見を報告した。彼の研究は，比較的簡単なものであった。しかしながら，以下の基本的な事柄に対処していたことから，この研究はかなり重要であった。1つは，2つの同時に聞こえる聴覚メッセージを聴いている人が，1つのメッセージを選択し，もう1つを無視することの困難さは何であるのか？　ということであり，もう1つは，メッセージを聴いている人は，注意を向けていないメッセージからどのような情報を抽出できるのか？　ということであった。

Cherry（1953）は両耳が正確に同じ入力を受けられるように，1つのテープレコーダーから同じ話者によって記録された2つのメッセージを提示することでスタートした。実験参加者は，メッセージの1つを繰り返し，一方で，同時に聞こえてくる別のメッセージを無視するように教示された。また，実験参加者はその課題を実行するのに必要なだけ何度もテープを聴くことを許されていた。この実験で最も印象的な発見は，実験参加者がその課題を達成することが非常に難しく，集中するためにしばしば目を閉じていたことであった。中には正しく認識するために20回以上聴かなければならないフレーズもあった。（正確な数は提示されていないが）いくつかのエラーがあり，そのほとんどは，メッセージの文脈上高確率で出現する可能性のあるものだった。つまりトップダウン処理が大きく影響していたことを示していた。

次の実験において，Cherry（1953）は，リスナーが2つの聴覚メッセージを区別することをさらに難しくした。一連の無関連な決まり文句からなる異なったメッセージ（たとえば，"I am happy to be here today." と "We are on the brink of ruin."）を両耳に同じ声で同時に提示した。リスナーは概してその決まり文句を完璧に繰り返したが，問題はリスナーがそれぞれのメッセージか

19

ら同数の決まり文句をリピートしたことであった。これは 2 つのメッセージを区別することができていないことを示す。前の実験に比べこの実験のほうがさらに成績が悪くなった理由は，2 つのメッセージの間にテーマの違いがないからである。これは，リスナーが聴覚の選択的注意を促進するために，注意を向けたメッセージのテーマに基づいたトップダウン的処理を使えなかったことを意味していた。

その後 Cherry（1953）は，同じ声の 2 つの聴覚的メッセージが同時に提示される一連の実験を続けた。しかしながら，その後，1 つのメッセージを左耳にのみ提示し，もう 1 つのメッセージを右耳に提示するようになった。再び，リスナーは，メッセージの 1 つを繰り返すかシャドウイングするよう指示された。これは，両耳分離聴法であり，この後ずっとこの手法が広く使われるようになった。

Cherry（1953）は，リスナーに提示したことによって起こったこのわずかな変化が示す大きな差異に感銘した。彼自身の言葉を借りると，「実験参加者は，どちらか一方のスピーチを聴き，もう一方の必要のないスピーチを『拒否すること』については何の難しさも感じていない」のである。しかしながら，Cherry は，この実験から生起した別の主要な発見に驚いた。その発見というのは，「もし，実験参加者が続けてもう一方の耳から聴いたこと（無視したメッセージ）を答えるよう指示されるとしても，そのことについても何も言うことはできない」ということである。

この最後の発見は Cherry に，それぞれの耳に 1 つずつ，2 つの聴覚メッセージを提示するさらなる実験を行わせた。この実験では，右耳に提示されたメッセージをシャドウイングしたり，繰り返したりするよう教示された。1 つの実験では，以前の実験同様，男性が話した一般的な英語が，注意を向けないメッセージとして流された。Cherry は，注意を向けてないメッセージをドイツ語に変えてもリスナーは気づかないことを発見した。反転されたメッセージは，どちらか一方が普通のものとして，もう一方は何かしら奇妙なところがあるものとして認知された。これらの実験すべてにおいてリスナーは，注意を向けていない単語やフレーズを同定することに失敗した。

リスナーの行動は，別の実験ではよりよいパフォーマンスを見せた。たとえ

ば，注意を向けていないメッセージが女性の声であるときは（注意を向けた声は男性であった）ほぼ同定することができた。さらに，注意を向けてないものが1秒間400サイクルの純音であった場合も常に検出した。

Cherry（1953）によって得られた発見の概略は，かなり明確なものであったと考えられる。リスナーは，1つのメッセージを繰り返すかシャドウイングするために，2つのメッセージの間の物理的差異を有効的に使用した。彼らは，注意を向けていないメッセージでは単語をほとんど検出できなかったが，注意を向けていないメッセージと注意を向けたメッセージの間の物理的な差異は聴き分けることができた。

他のCherryの実験では複雑な事態が生じた。リスナーは，右耳から聞こえる男性の声を繰り返すか，シャドウイングするように教示された。彼らには知らされていなかったが，右耳から聞こえたメッセージと同じものがさまざまな遅延時間をおいて左耳から提示されていた。ほぼすべてのリスナーは，注意を向けていたものと注意を向けていないメッセージが同じものであるといくつかのポイントで検出した。注意を向けているメッセージと比較して注意を向けていないメッセージの検出時の遅延時間は，だいたいは2秒から6秒の間であった。この発見は，前の実験でリスナーが注意を向けていないメッセージをまったく同定することができなかったという点で驚くべきことである。このことは，注意を向けていたメッセージの中で提示された単語で生じた脳内の活動が，注意を向けていないメッセージにおける検出を促進していることを示唆している。

Cherryの研究に関して記すべき最後のポイントがある。選択的注意に対して経験的貢献という観点において非常に説得力があるということである。しかしながら，驚くべきことは，Cherryが理論的なレベルであまり多くを語っていないことである。たとえば，期待や予測に基づいたトップダウン処理過程の役割を考えてみよう。Cherryはいくつかの彼の発見（たとえば文脈上もっともらしい単語を含むエラー，そっくりそのまま素早く生成される決まり文句など）からトップダウン的処理の過程が聴覚的な選択的注意に役立っていることに十分気づいていた。しかしながら，彼は，リスナーが聴いていることを決定する際にボトムアップ処理やトップダウン処理がどのように相互作用しているのかなど，重要な論理的事柄を述べることに失敗していた。

3. 古典的研究の影響

Cherry の古典的研究（1953）は，非常に大きな影響力をもっていた。Google Scholar によるとこの論文は 2700 回以上引用されており，この回数は例外的に多いものである。私はまた，カクテルパーティ問題のトピックの多数の引用を調べるために Web of Science を用いた。近年，1 年ごとの平均引用数は 350 〜 400 件の間であり，公表から 50 年以上経ってもこれほど関心の度合いが高い研究トピックはあまり存在しない。

Cherry の研究はイギリスの心理学者である Donald Broadbent の理論化に強い影響を与えた。Broadbent は，認知心理学の立ち上げに関わった重要な人物のうちの 1 人（もしかするともっと重要な人物かもしれない）である。理解を進めるにつれて，彼のフィルター理論（おそらく 1950 年代後半に提示されている）は直接的に Cherry の発見を形にしたものである。Cherry が 2 つの同時に聞こえてくるメッセージのうちの 1 つに向けた選択的注意が物理的に違ったものである場合に最も効果的であることを見いだしたことを思い出してほしい。彼のもう 1 つの主要な発見は，リスナーは明らかに，無視されたメッセージの単なる物理的特徴にのみ気づいているというものであった。

Broadbent（1958）のフィルター理論は，上記の 2 つの発見に関連した重要な洞察をまとめている（Driver, 2001）。本質的には，彼は知覚には 2 つの主要な段階が関与していることを論じていた。まず，聴覚刺激の物理的属性（たとえば，ピッチや音源の位置）はすべての刺激に対して並列的に獲得されることである。次に，聴覚刺激のより「抽象的な」属性（たとえば，それらの意味）は直列的に処理がなされているということである。この 2 つ目の段階では，容量が限られているため与えられた物理的特性を処理した刺激のみの入力を許可するフィルターが存在する。

Broadbent のフィルター理論がもっている影響を過大視することはできないだろう。ここでは 2, 3 の例を紹介する。まず，Broadbent の理論はいくつかの連続した処理ステージがあるという情報処理的アプローチを発展させる初期の試みの 1 つであった。その見解は，その後数十年間にわたりかなり影響力の大きいものとなった（Eysenck & Keane, 2010）。

次に，Broadbent が第 2 段階の処理と関連づけた限られた容量は，短期記憶の容量，コンピュータにおける中枢処理ユニットの制限などの概念と重なるところがあった。短期記憶の容量を調べる試みは 1950 年代になされてきた。そのような試みの中で最も有名なものは，「マジックナンバー 7 ± 2」として知られている Miller（1956）によるものである。

3 つ目は，Driver（2001）が指摘しているように，多くの後続の認知理論が，初期の並列的な「前注意的」処理のステージに直列的な「選択的」ステージが続くと議論している点で Broadbent に従っている。これは，意識に関する研究に対して特に明らかである。グローバルワークスペース理論（Baars, 1997）によると，刺激の初期の処理には並列的に操作する特殊目的の無意識的な過程が数多く関与している。その後，意識的な経験が異なった脳の領域にわたって生じる統合された活動あるいは同期的活動に関わっている。この理論的立ち位置に対して多くの支持が存在する（Melloni, Molina, Pena, Torres, Singer, & Rodriguez, 2007）。

Cherry から Broadbent までには直接的な歴史的つながりがあるかもしれない。Broadbent と Treisman を考える場合も，歴史的つながりがあるというのは正しい。Anne Treisman は Broadbent の博士課程の学生の 1 人であった。そして，彼女は選択的注意の理解を深める傑出した貢献をし続けた。ここで特に関連があることは，Treisman（1964）の減衰理論は，Broadbent のフィルター理論の改訂版であり，拡張版であることだ。

1950 年代の選択的注意に関する研究は大部分聴覚的な注意に関するものであったのに，それ以降はほとんど視覚的注意へと移行したことは歴史的に非常に興味深いことである。もちろん，1950 年代の聴覚的注意の優勢は，Cherry の研究の恩恵をかなり受けている。聴覚刺激に比べ視覚刺激のほうが実験的に正確に制御しやすい（たとえば，正確なタイミングという観点で）という理由もあり，視覚的注意に関する研究へと移行したと考えられる。また，ほとんどの人において視覚は優勢な感覚であるということも聴覚研究から視覚研究への移行理由として考えられる。

Cherry の研究や Broadbent の理論づけは，1960 年代の視覚的注意研究に大きな影響を与えた。たとえば，Sperling の方法論（Sperling, 1960）を用いた

研究を考えてみよう。いくつかの文字（3つの文字が4列に並んでいる）が整列して提示され，後で全体報告か部分報告かがなされた。全体報告は，配列のすべての文字を報告することが参加者に求められる。これに対して，部分報告には部分報告をするための手がかりが含まれ，その手がかりが示した文字のサブセットのみを報告するよう求められた。実験参加者は，全体報告よりも部分報告のほうが成績がよく，配列の文字に関する情報の急速な崩壊が全体報告条件のパフォーマンスを悪化させたことを示唆している。Cherryの研究に最も関連しているのは，選択的報告は一般的に，文字の関連性のあるなしがいくつかの物理的属性（色など）で異なっている場合のほうが，より抽象的な属性（数字 vs. 文字など）で異なっている場合よりも成績がよくなったことである。この発見は，聴覚刺激を用いて得られたCherryの発見と明らかに似ている。

　Cherry（1953）によって報告されていた最も印象的な発見の1つは，聴覚の選択的注意はかなり効率のよいものであり得るということであった。認知神経学者が，この高いレベルの有効性に関連した脳のメカニズムの証拠を明らかにし始めたのはこれから随分経った後であった。聴覚システムの中で起こっていることの多くは，"winner-takes-all〔勝者がすべてを得る〕"状況である。これは，注意を向けている聴覚刺激（winner：勝者）がその他の聴覚入力で生じる脳の活動を抑制するというものである（Kurt, Deutscher, Crook, Ohl, Budinger, Moeller, et al., 2008）。このことは，リスナーが片方の耳の聴覚メッセージに注意を向け，もう片方の耳から提示されたメッセージを無視するように教示された実験で，Horton, D'Zumura, & Srinvasan（2013）によって明らかに示された。注意を向けたメッセージによる脳の活動促進は，注意されていないメッセージに関連した脳の活動抑制と結びついていた。

　聴覚の選択的注意の有効性を示す強力な証拠は，Mesgarani & Chang（2012）によって報告された。彼らは，聴覚野内に埋め込んだ複数の電極を用いた。この方法を用いることで，かなり直接的な方法で活動を記録することができた。リスナーは，同じ耳に2つのメッセージを提示されたが，1つのメッセージのみに注意を向けるよう教示された。2つのメッセージを弁別しやすくするために，1つのメッセージは男性の声で，もう一方は女性の声であった。

　MesgaraniとChangは何を見いだしたのだろうか？　聴覚野内での反応は，

まるで1人の話者のメッセージを聴いているかのように，注意を向けた話者のスペクトラム特性（音の周期に基づいた）と時間的な特徴を反映していた（Mesgarani & Chang, 2012, p.233）。Cherry はこれらの発見を知ったとしても驚きはしなかっただろう。

4. 古典的研究への批判

　事実上心理学におけるすべての研究と同様に，Cherry の先駆的な研究はさまざまな制約があった。その制約のうちのいくつかは私が以前述べたものである。たとえば，最近では，研究者らは際立って小さなサンプルサイズ（N = 1）の実験を公表することは非常に難しくなってきた。加えて，どのように実験を行ったのか，その詳細がほぼ完ぺきに欠落しており，データの妥当な公表も正式な統計的分析もなかった。最近では，そのようなずさんな方法で研究を実施し，報告した大学生は高い評価を受けることを期待できないだろう。

　Cherry（1953）は，彼の実験においてリスナーが示した選択的注意におけるすべての欠如は，聴覚入力の複雑性と類似性によるものであったと仮定した。しかしながら，そうすることによって彼はリスナーが遂行しなければならなかったシャドウイング課題の必要性を軽視した。シャドウイング課題を遂行することは多くの処理容量を必要とし，このことは選択的注意課題におけるパフォーマンスを悪化させた。

　私たちはシャドウイングをすることの処理要求が，持続的にシャドウイングを行っている人ではかなり軽減されると仮定することによって，上記の見解をテストすることができる。イギリスの心理学者である Neville Moray は，カクテルパーティ問題についての数多くの実験を行った。彼は，注意を向けたメッセージをシャドウイングする一方で，注意を向けられないメッセージに対して数字の検出課題を行った。彼は，これらの数字の67%を検出し，あまり実験を行ったことのない参加者の検出率8%に比べ大幅に成績がよかった（Underwood, 1974）。

　Cherry（1953）は，特にリスナーの他方のメッセージを無視しながら，一方の聴覚刺激に注意を向ける能力に興味をもった。結果として，もし実験参加

者が，同時に絵を提示されながら聴覚メッセージを繰り返していたならば何が起こるのか，という点について考慮していなかった。Allport, Antonis, & Reynolds（1972）が詳細にこれを実行し，実験参加者がシャドウイングする聴覚メッセージと同時に提示された絵のうち 90％を記憶していることを発見した。これに対して，シャドウイングした聴覚メッセージと同時に聴覚的に提示された単語の再生はほとんどできなかった。したがって，Cherry（1953）によって報告された，注意を向けられていないメッセージの最低限の処理および記憶は，注意を向けられていないメッセージが注意を向けたメッセージと異なったモダリティであるときには見いだされなかった。

　Cherry の研究の最も重要な欠点の１つは，注意を向けられていないメッセージに対するリスナーの処理を測定する方法に関係していた。本質的には，Cherry の実験での課題が単純に回顧的な質問から成り立っていることである。すなわち，実験参加者は実験終了時に，注意されていないメッセージについて何か気づいていたか尋ねられた。このアプローチは，以下の２つの理由から，注意を向けていないメッセージの処理の過小評価につながった可能性がある。１つは，リスナーはそのときには気づいた無視されたメッセージの処理を，後で尋ねられたことで時間経過により忘れてしまった可能性があるためである。もう１つは，Cherry の古典的研究の後で数十年の間にますます認知されるようになってきたことであるが，かなり多くの処理は，意識的な気づきがないまま生起し得るためである。

　本当に必要なことは，オンラインで（すなわちその処理がなされている最中に）注意が向けられていないメッセージの処理を調べることである。たとえば，Von Wright, Anderson, & Stenman（1975）の研究を考えてみよう。彼らは，実験参加者に１つの単語リストをシャドウイングし，もう１つのリストを無視するよう教示した。以前電気ショックに関連していた単語が注意を向けられないリストに提示された場合，電気皮膚反応という形で生理学的な反応が生じることもあった。彼らは，以前のショック単語と，音的にもあるいは意味的に似ている単語が注意を向けられていないリストに提示されたときも，同じ効果を得た。他にもさまざまなテクニックが用いられた（Driver, 2001 を参照）。その証拠は一般的に注意を向けられていない単語の部分的な処理が存在し，そ

してそのような処理は意味的なレベルまで拡張できるという見解を支持している。

上記の発見の最もふさわしい解釈について，いくつかの議論が依然としてあることに注意をすべきである。1つの可能性は，注意を向けられていない刺激が意味的な処理を受けることができるということである。もう1つの可能性は，Lachter, Forster, & Ruthruff（2004）によって提案された。彼らは，注意を向けられていなかったとされている刺激の意味処理は，彼らが "slippage" と呼んでいることのために起こったかもしれないと指摘した。この "slippage" は，注意を向けられている刺激から向けられていない刺激に注意が時々シフトする現象であるとし，このような現象が生じる可能性があると提言している。"slippage" の存在は，注意を向けられていない刺激にも最低限の処理がなされているという Cherry（1953）の主張と一致している。

Lachter らの理論的位置づけをサポートする研究もいくつか存在する。たとえば，Dawson & Schell（1982）が Von Wright et al.（1975）が行った研究とよく似た研究を実施し，なんとか彼らの発見を再現した。しかしながら，彼らもまた，以前にショックを受けた単語に対する増大した生理的反応は，リスナーが注意をこれらの単語に移行したような試行において生起することを見いだした。

Lien, Ruthruff, Kouchi, & Lachter（2010）は，短時間プライム刺激，その後ターゲット語を提示し，実験参加者にターゲット語が特定のカテゴリ（たとえば，スポーツなど）に属しているかどうか判断するように教示した。彼らは特にプライム語がターゲットと同じカテゴリに属しているとき，プライミング効果があるかどうかに興味をもっていた。これらの単語は実験の過程でそれぞれ160回繰り返されプライミング効果が起こり得る可能性は高かったにもかかわらず，プライム語が注意を向けられていないときにはまったくプライミング効果はなかった。この発見は，意味処理が注意を必要としている（少なくとも視覚モダリティにおいては）ことを示している。

Cherry の研究は，聴覚の選択的注意に関与したメカニズムが，比較的単純でわかりやすいもの（Broadbent のフィルター理論にみられるように）であることを示していた。意外でもないが，後続研究では，実際のメカニズムは著し

くより複雑であることが明らかになった。たとえば，物理的な属性（たとえば，空間的位置）での1つの違いに焦点を当てることによってリスナーが1つの聴覚入力に注意を向け，他方を無視すると議論することは正しい（不十分ではあるが）。実際の生活の中では，もちろん，2つ以上の聴覚的入力がある場面がしばしばある，そして，これらの入力はいくつかの属性においてお互いに異なっている。

Shamma, Elhilali, & Micheyl（2011）は与えられた聴覚入力の物理的な属性（たとえば，音質，ピッチ，周波数，空間的位置）は時間的な一貫性を示す傾向があることを議論した。それが意味していることは，これらの属性それぞれに関連した神経反応は，お互いに密接に関連している傾向があるということである。これらの関連した神経反応は，与えられた聴覚入力の属性をグループ化するための基盤を与える。入力属性をグループ化するあるいは結びつける過程は選択的注意によって促進される。つまり，聴覚における効果的な選択的注意は，Cherryによって想定された方法よりもかなり複雑な方法で，多くの刺激属性にわたって情報を組み合わせることに関与していた。

先に指摘したように，Cherry（1953）は聴覚における注意が今まさに提示された単語が何であるかを予測するための文脈仕様に基づいたトップダウン処理に一部依存していることを示す証拠を得ていた。Cherryがしなかったことは，文脈が聴覚的注意と知覚に影響を与え得る2つの対照的な方法を用いて区別することであった。まず1つは，文脈的情報が単語認識の前の初期段階で言語の聴覚処理に影響を与えるという相互作用説を唱える人々の立場である。もう1つは，単語認識の後の処理に影響があるという自律説の立場である。

この領域の研究は若干矛盾している（Harley, 2013）。しかしながら，一般的に相互作用説の立場は劣化したスピーチが提示される状況に応用可能である。これに対して，自律説の立場は音声信号が明らかであるときに応用可能である。

つまり，Cherry（1953）の古典的研究はいくつかの方法において限界がある。1つは，彼は自然のままの方法論的アプローチを採用した点である。2つ目は，シャドウイング課題によって強いられた要求の重要性を理解していなかった点である。3つ目は，Cherryはおそらく回顧的な内省法に頼りすぎていたために注意を向けられていないメッセージが処理される範囲を低く見積もっていた

点である。4つ目は，彼は期待によって引き起こされるトップダウン処理が選択的注意にとって重要であると気づいている一方で，そのような処理における初期の効果と後半の効果との間に区別をしなかった点である。5つ目は，Cherry は他の聴覚入力すべてを除外して1つの聴覚入力に注意を集中することに関与する複雑さを過小評価していた点である。

5. 結論

　カクテルパーティ問題に関する Cherry（1953）の研究は，選択的注意に対する研究を誘発するのに大きな役割を担っていた。彼の古典的研究が公表された後で，選択的注意は認知心理学の分野で最も活発な領域の1つになった。加えて，彼の研究がかなり影響力のあるものに発達した理由の1つは，彼が大変単純な課題とはいえ，実世界に直接適応可能な課題を考えたからである。残念なことに，その頃のほとんどの実験室研究は，日常生活との関連性が明確でない，かなり人為的な課題を使用していた。

　生態学的妥当性の欠如は，その歴史を通して認知心理学を悩ませてきた。悪名高い1つの例は，視覚探索における研究で見いだされた。ごく最近まで，視覚探索に関するほとんどすべての研究は，ターゲット刺激が視覚ディスプレイ内のランダムな位置に提示されるといった課題を用いていた。このことは，根本的に日常生活とは異なっている。たとえば，もしあなたが駅で友達を見つけようしているならば，駅の天井や空を探さず，むしろ床や通りのそばに注意を向ける。近年の研究（Ehinger, Hidalgo-Sotelo, Torraiba, & Oliva, 2009）では，実生活での視覚探索において最も重要な要因（しかしその要因は研究者によって何年も無視されてきたが）は視覚スペースにおけるどんな領域がターゲットの位置として潜在的に関連しているか，それとも関連していないかということであると指摘している。

　私の意見としては，Cherry（1953）の古典的研究が今日の研究者に対して与えた教訓は「どうすれば生態学的妥当性をもっている研究を実行するチャンスを最大限にすることができるか」を示した点である。Cherry がしたことは，日常生活における重要な心理現象に気づき，実験室での状況下でこの現象を研

究する単純で独創的な方法を考案したことであった。このストラテジーは，まったく疑う余地のないように思われるかもしれない。しかしながら，認知心理学の数多くの研究者はこのストラテジーを採用しない。

さらに学ぶために

Cherry, E. C. (1953). Some experiments on the recognition of speech with one and two ears. *Journal of the Acoustical Society of America*, **25**, 975-979.

Driver, J. (2001). A selective review of selective attention research from the past century. *British Journal of Psychology*, **92**, 53-78.

Harley, T. A. (2013). *The psychology of language: From data to theory* (4th edn). Hove, UK: Psychology Press.

Mesgarani, N., & Chang, E. F. (2012). Selective cortical representation of attended speaker in multi-talker speech perception. *Nature*, **485**, 233-U118.

Shamma, S. A., Elhilali, M., & Micheyl, C. (2011). Temporal coherence and attention in auditory scene analysis. *Trends in Neurosciences*, **34**, 114-123.

3章

知覚

Gibson (1950) による直接知覚を超えて
Vicki Bruce & Yoav Tadmor

1. 古典的研究の背景

　20世紀の多数の心理学的発見や理論は戦争という緊急事態によりもたらされた。James Jerome Gibson の考え方は，1940年代にアメリカ空軍の心理学研究班における研究により形成された。当時，非常に多くの若者がある種の飛行訓練義務を課せられた。それは国中の大学に共通に課せられる義務と同じようなものであった（Gibson, 1967, p.15, in Reed & Jones, 1982）。Gibson と彼の同僚はそれらの若者を訓練し選別するために雇われた。戦争が始まる少し前，Gibson & Crooks (1938) は，運転の問題，つまり障害物を避け，ハンドルを切る際に視覚がどのように利用されるかを分析する試みを一緒に行った。彼らはその課題を後の Gibson の研究にみられるものと同じようなやり方で分析を行った。しかし，Gibson による「奥行き知覚」の最初の批判と再分析は，航空機の飛行と着陸の問題を契機としてなされたものであった。
　「奥行き知覚」は，私たちがどのようにして物体や広がる面の世界を3次元的に見ることができるかを表す用語である。外界における立体性や広がりは，単眼における網膜像（それはしばしば2次元の「絵」のように記述されるが）に何かがつけ加わったもの，あるいは奥行きに関係するものや，手がかりから推論されると考えられることが多かった。このような考え方は，Johannes Kepler が1604年に，「視覚は，網膜の凹面に形成された物体の絵によっても

たらされる（Crombie, 1964, p.150, in Wade, 1998）」と述べ，網膜像が発見されたときまでさかのぼることができる。Kepler は，現代的な考え方でいうと，ボトムアップとトップダウン処理に近い用語を用いて，この絵がどのように，そしてどこで解釈されるかを理解することに奮闘した。

> 私は，この像あるいは絵が網膜と神経において視覚に関わる精神的な原則によりまとめられるのか，そして脳内の魂あるいは精気に基づく視覚能力による決定がなされる前に現れるのか，あるいはまるで魂によって任命された判事が，脳の中の審議室から出て下級裁判所に出向くように，視覚神経や網膜上にある絵を調べに行くことによってまとめあげられるのか，という議論については，自然科学者らに任せたい（Crombie, 1964, pp.147–148, in Wade, 1998）。

それ以来，他の研究者もこの難問に取り組んできた。視知覚の中心的問題は，1枚の，あるいは2枚の網膜像により視覚がもたらされると考えると，対象の立体性や，空間の広がりに関する3次元性が失われてしまうので，どうにかしてそれを回復しなくてならないという点にあった。単眼の網膜におけるある特定の興奮パターンは，様々な方位や距離にある異なった形をもつ多数のものによって引き起こされる（図3.1）。網膜像にこのような根本的な多義性があるために，網膜像は解釈されるべきものであり，視知覚が認知的媒介過程を含むという見方が主流となってきた。

2次元的な網膜上の「絵」を奥行きの観点から解釈する問題は，ちょうど画家がキャンバスの平面に奥行きを描く問題と密接に関係すると捉えられた。ル

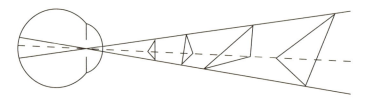

図3.1　ある単一の網膜投影像をもたらす大きさ，方位，距離の多義性を表す古典的な記述
(Bruce, Green, & Georgeson, 2003 より作成)

1. 古典的研究の背景

ネッサンス期の画家は，距離感の印象を得ることを可能にする遠近法の規則を明確にした。これらの遠近法の規則は，線路を描いた単純な絵を見たときによく表れている（図3.2——ただし矢印については後で解説するので無視してほしい）。線路のラインを描いた絵では，平行なラインは絵の中で収束している。一定の大きさであるはずの枕木は，それぞれの距離に依存したサイズで絵の中で描かれている。物理世界の中では同じ水平の面上にある枕木は，遠くになるに従って，絵の中ではより高い位置にある。平行線の収束と，距離に応じた対象の相対的な大きさの変化，そしてそれらの高さの変化は，芸術家が3次元世界を絵の中に描くときに使う技術の一部である。そしてそれらは，伝統的な理論に基づけば，2次元画像から奥行きを推定する際に脳が使う「合図」や「手がかり」の一部といえる。これらの「静的」な絵画的手がかりに加えて，運動視差（観察者がある場面で移動するときに，より近くにある対象の像はより遠くにある対象の像よりも網膜上を速く横切る）という「手がかり」もある。そして観察者は横方向に離れた2つの眼をもっているので，これらのわずかに異なる世界の見え方は統合され，より近距離範囲において立体視による3次元世界をつくり出す。

　飛行機を操縦する場合（とりわけ着陸）では，パイロットは飛行機が対象や

図3.2　線路の遠近法的見え方（Bruce, Green, & Gerogeson, 2003より作成）
絵の中に描かれたたくさんの矢印は，列車が後退する際，観察者が線路を見下ろしたときに現れる光学的流動パターンを表している。

33

平面に対してどのような方位を向いているかを察知することが求められる。飛行場に接近するときには距離やそれらの時間変化の把握が含まれているので，奥行きの「手がかり」（相対的な大きさや，高さなど）は，とりわけ両眼立体視が使える範囲を超えた場合には有効であろう。しかし Gibson は，「奥行き手がかり」テストを使った適性検査や訓練は，パイロットの選別と確保には役に立たないことを見いだした。このことは彼が奥行き知覚に関する問題を再構成するきっかけとなった。彼は知覚に関する理論について 3 冊の本を書いたが，1950 年に最初のものを出版した。その最初の本は『視覚世界の知覚〔The perception of the visual world〕』というものであり，前世紀において知覚の研究に重要な寄与をした最も興味深い書物の 1 つといえる。しかし不幸なことに，3 冊の本とたくさんの論文で展開された Gibson の理論は，後に研究者を分かつことになってしまった。科学者たちの一部は Gibson の考え方に過剰ともいえる批判を行い，単に無視をしてしまう人もいた。一方，熱心な信奉者にとって Gibson の研究と理論はカルト的ともいえるものとなり，急進的で，ややもすると孤立した学派ができるきっかけにもなってしまった。

　この章の残りの部分では，Gibson 独自の知的な旅の短い概要を述べるが，彼の後期の研究には彼を無視する方向に向かわせてしまったものもあるので，より重要な初期の研究，特に 1950 年の本について述べる。そして彼の初期の研究の広い影響について述べ，それらの評価を行う。

2. 古典的研究の詳細な記述

(1) Gibson の「古典的」貢献：テクスチャの勾配と光学的流動

　Gibson の 3 冊の本は，それぞれ少なくとも 1 つの大きなアイデアを含んでいる。1950 年の研究における貢献に注目する前に，非常に多くの批評家や Gibson 自身もまとめているように，以下の 3 つのアイデア全部について記しておくことは重要である。しかし，彼の後期の研究はより多くの論争を引き起こした。

　3 つのアイデアとは，

2. 古典的研究の詳細な記述

1．動きの結果によって生じる視覚入力の全体的に構造化されたパターンとその変容の仕方は，視覚世界についての情報を提供する。このように考えたとき，3次元性は決して失われず，復元される必要もない（Gibson, 1950）。
2．知覚と動作には相互補完性がある。感覚は「知覚システム」として解釈されるべきものであり，刺激の受動的な受容物ではない（Gibson, 1966）。
3．事物の意味——アフォーダンス——は，構造化された光パターンにおいて直接的に特定される（Gibson, 1979）。

　彼の理論的アイデアを発展させるときに，Gibson はかつて William James の学生で，哲学者でも心理学者でもある E. B. Holt に強く影響を受けた。Holt は世界から心的／表象的なものを分離することを否定する「新現実主義」を信奉するグループの 1 人であった。物事の意味は頭ではなく世界の「中」にあるとした。加えて Holt は行動主義者であったが，彼にとって動物とは刺激により動かされるのではなく，目的によって駆動されるものであるとした。Holt の考えの中に，Gibson の中心的研究——彼の 2 番目の著書である『知覚システムとしての感覚〔*The senses considered as perceptual systems*〕』（1966）に組み込まれたいくつかの要素を見いだすことができる。

　Gibson も「直接的現実主義」と呼ばれる観念的な立場を主張し展開した。彼は，知覚はいかなる種類の解釈にも媒介されないことを彼の後期の研究で最も強く主張した。「外在するもの」についての無意識的推論は不要である。私たちが外界の性質を的確に理解するときに必要な十分な情報はすでにあるので，外在するものは，そこにまさに「見えたもの」である。Gibson は，人工的な実験室的状況において，文脈のない貧弱な刺激の知覚について研究することは，内的な推論——現代的用語でいえば認知的あるいは計算的過程が光の受容と世界の知覚を媒介するものとして必要であるといった間違った考えに科学者を導くとした。

　少なくとも彼の初期の研究では，「実世界」の知覚がいつも誤りなしに生じるとは主張していなかった。「日常の知覚は選択的で，つくりもので，はかなく，

35

不正確で，一般化されたもの，そしてステレオタイプ化されたものであり，またその他のすべての欠陥が知覚のせいにされがちである。しかし，これらの欠陥を理解するのに一番望ましいことは，まずはじめに，知覚が適切で正確である場合をよく考慮することである（Gibson, 1950, p.10）」。しかも彼は生理学的過程が知覚に含まれているのを否定しなかったし，網膜像の形成の重要性も否定しなかった。彼が否定したのは，静的な「網膜像」をあたかもそれが光景のスナップ写真であるかのように，説明の最初に置くことであった。

　網膜像に関する Gibson の立場は，しばしば誤解され，時折，他の科学者から冷笑されたこともあったが，彼が実際に何を述べたかについては詳細に検討する必要がある。1950 年に，網膜から脳への投射は「像」として捉えられるべきではないと主張した。「それは光から構成されるものではなく，神経細胞の発火から成り立っている（p.50）」。そして同じ本の後のほうでは，「その像は世界の 1 つの「投影」であって，世界の複製ではない（p.53）」。「対象は像の中にコピーされているのではなく，「関係性」をもっている（p.54）」。

　Gibson は，知覚が，網膜像も含めて，眼から脳への経路における活動によって媒介されていることを否定してはいない。しかし彼はこの活動の静的なスナップ写真が，私たちが立体性や広がりをどうやって見ているかを理解するときに，出発点とされることを否定しているのである。

3. それでは何から始めるのがよいのか

(1) テクスチャの勾配

　Gibson にとって，知覚を理解するときに出発点となるのは，空中に浮かぶ孤立した対象ではなく（図 3.1 参照），人や動物が動き回る地面である。「視覚的空間は，抽象的な幾何学的空間と違って，何がそれを満たしているかによって知覚される（Gibson, 1950, p.5）」。Gibson は，「連続する背景面の知覚がない場合には，空間の知覚のようなものは存在しない（Gibson, 1950, p.6）」という可能性を指摘した。この考え方は，私たちの知覚と，私たちが受け取るパターン化された光の全体性の間の関係性を詳細に説明するもので，彼のグロー

バルな心理物理学の根底をなしている。これは19世紀のWeberとFechnerによる要素的な心理物理学とは異なったアプローチであり，20世紀の視覚研究における方法論の基礎を築いたものである。

　地面はどれもある種のテクスチャ，たとえば自然の世界においては芝生の葉先，砂浜の小石などであり，農地であれば土であり，人工的なものであれば舗装の敷石など，さまざまなテクスチャをもっている。テクスチャにおいて重要な点は，それが何から成り立っていようと，ある種の規則性をもっており，観察者から遠ざかる面のテクスチャの像の中に，テクスチャの要素が投影された大きさの勾配，つまりテクスチャの勾配があることである（これはテクスチャのすべての要素が互いに同一なものであることを意味するのではなく，それらが統計的な規則性をもっているということである）。そのような勾配は距離や方位を特定するための連続的スケールを与える（Gibsonの主張を支持する証拠としては，Sinai, Ooi, & He, 1998を参照。また例としては図3.3の（a）（b）

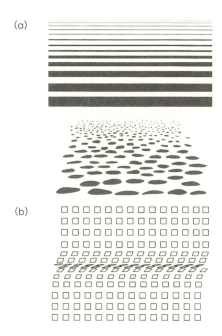

図3.3 距離を特定するテクスチャの勾配と(a)，面の方位変化を特定するテクスチャの勾配(b)
（Bruce, Green, & Gerogeson, 2003より作成）

を参照)。地面に現れるテクスチャの勾配は，奥行き知覚の古典的な問題について まったく異なった見方をもたらす。

「3次元性についての難問は，私たちが実際に見ている光景と，人間の行動にとって実際的に重要な光景についてまず最初に調べることにより，非常によりよく理解することができる (Gibson, 1950, p.2)」。Gibson によると，私たちは奥行きを見るのではなく，地面の配置を見ることになる。私たちは手がかりを用いるのではなく，配置の相関性を利用している。もしテクスチャの要素に勾配がない場合，そのような面は観察者にとって垂直な方位に存在する。投影されたテクスチャの要素に勾配がある場合には，観察者の位置から広がる面があることになる。テクスチャの勾配それ自体が面の傾きを特定している。

Gibson の「地面」説と，古典的な「空気」説の対比を最もよく示している例示の1つ（図 3.1）は，大きさの恒常性をどのように考えるかについての違いも示している。大きさの恒常性とは事物が観察者からの距離の違いにかかわらず一定の大きさに見えることである。対象の網膜像の大きさは，その距離が観察者から遠くなるにつれて縮小する。古典的な説明では，脳が対象の見かけ上の距離を考慮に入れ，その対象の見かけ上の大きさを拡大しなければならなかった。

しかし，Gibson にとっては，対象は異なった距離においても同じ大きさであり続けるので，正確にいうと，対象は縮小して見えるのではない。ここでの大きさの恒常性とは，その対象が，底面において，いつも同じ量だけ背景となるテクスチャを隠し，遮蔽することを意味している。たとえば，耕された畑の地面の土にはテクスチャがあり，畑の上を向こうに行ったり，こっちに来たりするトラクターの大きさに観察者が注目していることを考えてみよう。トラクターの大きさは距離が2倍に離れたからといって半分の大きさに縮小して見えることはない。それは，Gibson によれば，たとえばトラクターの車輪がいつも同じ量の土塊を隠しているからである。Gibson (1947) は，ちょうどそのような畑の中で，異なった距離に置いた支柱の大きさを観察者に判断させる大きさの恒常性に関する実験を行った。彼は，古典的なモデルに従えば，大きな距離においては，正確な距離はわからないので，見かけ上の大きさを拡大させることには利用することができず，大きさの恒常性は成り立たなくなるだろ

うと考えた。ところが，距離が増すにつれて大きさの判断はより大きなばらつきを示すが，しかし全体的にみると，正確性が低下するようなことはないということを彼は見いだした。

大きさの恒常性が働かなくなる複数の状況がある。それは，飛行機あるいはとても高いビルなど，非常に高い位置から物体を見たときなどである。伝統的な説明では，これは非常に高い位置から見る場合には私たちがいつも使っている奥行きの手がかりが与えられなくなくなってしまうことによる。Gibson にとっては，これは大きさを判断するときのスケールとなる「地面」やテクスチャ，地平線がなくなってしまうことによるとされる。

「エイムズの歪んだ部屋」というとても有名で興味深い大きさの恒常性に関する錯視がある。そこでは，見かけ上は通常の直方体の部屋の中を人が横切って歩くときに，その人は小人になっていくようにみえる。もちろんその部屋は通常のものとはかけ離れており，単一の観察点から見たときに，直方体に見えるように巧みにつくられている。伝統的な見解によれば，人の大きさはその見かけ上の距離に対して判断される。部屋が歪んでつくられているために，部屋を横切って歩く人は，実際の距離よりも近くにみえるので，人の大きさは十分には拡大されなくなるので，縮んで見える。Gibson はこのような錯視をどのように説明するであろうか。まず，彼は，全部ではないにしても多くの錯視には，人工的につくられた状況が存在すると主張するであろう。それらの錯視は，観察者が1つの覗き穴から単眼で（両眼立体視が使えない状態で），そして動かないで（つまり運動視差も使えない状態で）観察を行ったときのみ生起する。さらに，その部屋に任意の「テクスチャ」をつけることによって，見え方のスケールを誤らせ，人の見かけの大きさをそのスケールに一致させるようにする不正な細工がなされていると指摘するだろう。

(2) 光学的流動

テクスチャの勾配だけでは，飛行機の方位を調整して安全に地面に着陸を試みるパイロットが直面する問題に大きく役に立つものではない。そのため，私たちが移動することにより生じるテクスチャの勾配の変化に含まれる情報がい

かに豊かなものであるかを考察する必要があり，そこから Gibson がパイロットのために戦時中に発展させた最も重要なアイデアである光学的流動という考え方が導き出された。

観察者の視界に飛び込んでくるテクスチャのついた面からの情報全体（Gibson は後の研究では光学的配列と呼んだ）を視覚に対するインプットであると考えると，私たちが世界の中を移動するとき，このインプット全体レベルにおける秩序だった変化がどのように生じるかを理解することが容易になる。もし私たちが，世界のある地点に向かって接近しようとすると，視野の周辺にあるテクスチャの像は速く流れ，私たちが向かおうとする場所の方向にあるテクスチャの像は静止したままの状態になる。したがって，このような流出は接近を特定する（この点に関する Gibson の古典的な例示は図 3.4 を参照）。もし私たちがある地点から後退するのなら（図 3.2），流入が生じる。テクスチャ要素の視野周辺から中心への流れ込み（流入）は，私たちがある地点から後退しようとしている方向に集中して生じる。光学的流動の変化率は，移動の速度に依存する。このように，光学的流動パターンは，移動の方向と速度の両方を特定することができる。さらに，光学的な運動の全体パターンは，その動きがどこから生じたのかに関する曖昧さをなくすことができる。もし私たちが，空中にぶら下げられた1個の対象を単眼で観察しているような「伝統的」な状

図 3.4 飛行機を着陸させるパイロットに現れる光学的流動野
（Gibson, 1950 より複製）

況を考えると，そこには，網膜上の運動が対象の動きにより生じたものか，それとも眼の動きにより生じたものか，曖昧さが発生する。しかし，現実世界に置かれた対象や面を見ている観察者に到達するインプットを考えると，そのような曖昧さはない。観察者の移動は常に光学的配列の全体的変化を伴うが，対象の移動は局所的な微細変化しか伴わないので，像の動きが自分の，あるいは対象の動きによるものかという問題の曖昧さを解消してくれる。

4. 古典的研究の影響

Gibson による光学的流動野の分析の最も大きな影響の1つは，David Lee と彼の同僚たちによる，人間や動物の動作の誘導に利用される光学的流動についての研究にみることができる（Lee, 1980）。Lee の初期の，そして最も強力なデモンストレーションの1つは「揺れる部屋」であり，その実験室の中に立っている観察者の姿勢は，壁のわずかな動きによって影響を受ける。部屋の中で一方の壁に向かって立ち，その壁に投影されたテクスチャの光学的流動を見つめているとすると，光学的流動の変化は自分自身の動きで生じているはずなので，それを補正するように姿勢を調整する必要に迫られる。揺れる部屋では，床は固く静止しているが，壁はつり下げられており，それに向かって立っている観察者に気がつかれないように壁をわずかに近づけたり，遠ざけたりすることができるようにつくられている。部屋の動きによって身体の動揺が引き起こされ，歩き始めの幼児や，片足で立っている大人は，意識的には知覚できない部屋の動きによっても，転倒しまうことがある（Lee, 1980）。

拡張する光学的流動パターンは特定の面への接近を示し，その拡張の割合が接近の速度が一定であることを示すとすると，その面にどれぐらいで接触するかを簡単に特定することができる。自分が動いているとき，あるいは対象が自分に接近してくるときに，その面に接触するまでの時間は，動作に結びつけて表すと，距離を事象関連的に言い換えたものである。パイロットや鳥が着陸するとき，障害物をよけてハンドルを切るとき，ボールをキャッチするためにつかもうとするときなど，人や動物は，Lee が「タウ〔tau〕」と呼んでいるこのパラメータを利用することができる。

41

Lee と同僚たちは，いろいろな種類の生物でも，また様々な状況においても，タウの検出に基づいた方略を使うことで，動作のタイミングがとられていることをたくさんの証拠を用いて示した。たとえば，Lee & Reddish（1981）は，北海で魚をめがけてダイブするカツオドリの映像を用いた測定を行った。カツオドリは，羽を傷めないように，海に飛び込むときには羽を畳み込まなくてはならないが，一方で飛び方を調整するために可能な限り長い時間，羽を広げていなければならない。カツオドリはどうやって羽をしまい込むタイミングをとるのだろうか。異なった持続時間をもつ飛び込み動作について，羽を畳み込む時点から接触までの時間を計測すると，タウに基づく方略が（ダイブを行う鳥には加速度があるので計算は複雑になるが），他に可能な方略よりも，記録されたデータとよく対応した。Lee, Young, Reddish, Lough, & Clayton（1983）は，さまざまな高さから落ちてくるバレーボール（したがって重力による加速度をもつ）を強打するよう参加者に頼み，そのタイミングを調べた。タウに基づく方略では，重力による加速度があるので，より高い位置から落ちるボールに対しては，より素早く強打がなされるはずである。膝や足首の屈折を計測すると，このような状況でもタウが利用されていることに一致する傾向が得られた。

Gibson の影響は，光学的流動の利用に関する考察からもさらに大きな広がりをみせたが，ここでは，簡単に３つの領域について述べることにする。

第１に，自然的光景が生態学的に妥当な刺激であり，視覚の研究において用いられるべきという Gibson の認識は基本的に重要なものであった。彼の知覚に関する新しい考え方は，神経的表象や感覚過程の本当の目的に関する制約条件について，私たちの考え方に変革をもたらすものであったが，この考え方の変革は即座に生じたわけではなかった。彼のパイオニア的見解は認められる機会は少なかったが，それでも，その後の 35 年の間に，自然的光景の統計学的特性と視知覚の間の相互依存性に関する研究が相次いで出版されたことをもし Gibson が目の当たりにすることができたとしたら，彼は大変喜んだであろう。今日では，感覚，知覚，そして認知システムの機能的構造や反応特性をより十分に理解するには，それらのシステムが処理するように進化してきた情報について，さらに研究し，理解し，そして特徴を浮彫りにする必要があることに反対する研究者はほとんどいない。

たとえば，自然的光景における局所的輝度コントラストの統計量を特定することで，哺乳類の視覚ニューロンが，それらの応答の可動範囲が限られているにもかかわらず，輝度コントラストの最適表現を可能にしていることが示された（たとえば Tadmor & Tolhurst, 2000）。同様に，自然界の色信号の統計量を特定することで，霊長類の L 型や M 型の光受容器の特殊なスペクトラム同調性は，葉を背景にして熟した実を検出するのに適していることが示された（Osorio & Vorobyev, 1996; Regan, Julliot, Simmen, Vienot, Charles-Dominique, & Mollon, 2001; Parraga, Troscianko, & Tolhurst, 2002）。さらに，自然的光景の空間的・時間的特性を調べた研究から，大脳皮質の神経や回路がそのような情報の相関や冗長性を利用することによって，私たちが食べるものを効率よく表現することができ，また局所的特徴が私たちの眼球運動をどのように誘導するかを示すことが可能となった（概説として，Simocelli & Olshausen, 2001; Geisler, 2008 を参照）。

　第 2 に，Gibson（1950 年とそれ以降）は，実世界の中における「自然な動作」に着目し，いかに観察者が適切な情報を取得して自身の動作を導くかを理解することが重要であることを強調した。それは観察者が日常的課題を行っているときの眼球運動を測定する面白い研究の先駆けとなった。自然な動作をしている間の眼球運動を調べた複数の研究は，即座に対応しなければならない課題に必要とされる実際的な情報が，観察者がどこを見るかを決める要因であることを一致して示している。また，自然な動作をしているときには，ある重要な箇所を見る際の時点と箇所は，異なった観察者でも類似したものとなる。たとえば，運転をするときには，異なった運転者でも全員が，前方の曲がった走行路の接点にあたるポイントか，あるいはそれに近い位置を見る（Land & Lee, 1994）。同様に，サンドウィッチを切るときには，最初にナイフが接触するポイントをみて，次にナイフの先のカットする場所に沿って視線を動かす（Hayhoe, Shrivastava, Mruczek, & Pelz, 2003）。同じように，やかんに水をいれ，お茶を立てようとするときの 3 人の参加者の凝視パターンや順序はとても類似している（概説として，Land, Mennie, & Rusted, 1999 と Tatler, Hayhoe, Land, & Ballard, 2011 を参照）。

　そのような一貫性は，観察者は，動作の誘導に必要なすべてを直接的に特定

できる光学的配列を抽出しているとする Gibson の主張と一致するものである。観察者が異なっても，この自然界の豊富な情報を同じように抽出しているのである。

　最後に，Gibson の研究は，知覚研究において，またそれを超えた広範囲でも，急進的な「生態学的心理学」の発展をもたらす影響をもった。この動向は Michaels & Carello（1981）によって詳しく記述されている。知覚においては，たとえば顔の年齢のような複雑な次元を特定する不変項をパターンの中に示す面白い試みがなされてきた。そして知覚の問題を超えて，Gibson は，人工的な実験室的設定は，現実の状況における私たちの注意，思考や記憶をどのように理解したらよいのかを制限してきたと主張する，広い領域の理論家たちに影響を与えてきた。たとえば，Ulric Neisser（1976）の『認知と現実世界〔*Cognition and reality*〕』という著書は認知心理学の批判を行ったが，Gibson の研究によって強い影響を受けた。

5. 古典的研究への批判

　Gibson の研究は，どのような情報が動作を導くのに利用され得るのかについて調べることを啓発したが，概していうと，そのような情報が実際に利用され，あるいは Gibson や支持者が示したようなやり方で利用されているかを確証した例示はむしろほとんどない。「タウ」（接近する面や対象に接触するまでの時間）を例にとってみよう。Wann（1996）は，Lee とその同僚たちが使ったデータを再分析し，タウの利用が確証できない場合があること，また出版された元データには明らかに支持されない場合があることを示した。Wann は，動物や人間の動作は，ターゲットまでの距離における閾値の変化によってよりよく記述できるとした。距離は，この章で最初に述べたように，テクスチャの勾配以外にも含まれる「手がかり」の範囲内でも算出することができる。最近のアプローチ（要約について Bruce, Green, & Georgeson, 2003 を参照）によると，接近を特定する光学的流動パターンは，両眼視差を含む距離についての他の情報源とともに並行して使われている可能性が示されている。このことは，光学的流動が観察者の動きに関して有用な情報を提供していることを否定する

ものではないが，観察者の動作が直接的にこの情報のみによって導かれているとする考え方をかなり弱めるものである。

　環境や経験によって決定される情報の融通性に富む利用は，他のいろいろな状況においても信頼性を保証するであろう。たとえば，慣れたコースを運転するレースドライバーは，普通のドライバーと異なった視点方略を採用している（Land & Tatler, 2001）。同様に，没入的な仮想現実環境における研究では，ある特定の環境内の同一の物体に向けられる視点位置は，参加者が接近しようとするときと，それを避けようとするときでは，かなり異なることが示されている。この結果は，視点の置き方を理解するときには，それぞれの注視の機能を理解することが重要であることを示した（Rothkopf, Ballard, & Hayhoe, 2007）。このように，まさに同じ自然環境であっても，異なった課題が情報の抽出の仕方に影響を与える場合がある。そのような変化は，後に Gibson が行った目的を伴った動作の分析からすると，必ずしも特別なことではない。「知覚システムが，しかしながら，学習によって影響を受けることは明白である。訓練の後では，個々人は，もっと正確に向きを定位することができ，より注意深く聴くことができ，訓練前よりももっと鋭敏に見ることができるであろう（Gibson, 1966, p.51）」。しかし，見る方略の変化と観察者の注意のシフトは，認知的媒介過程を仮定する枠組みの中でより容易に調整することができるように思える。

　Gibson は動作を導くのに使われる情報を特定することができると仮定したが，そのような情報をどのようにして取得するのかという問題は，あまり重要ではない生理学的な細かな問題であるとした。このことにより，Gibson の研究は最も大きな批判を受けることになった。Marr（1982）は，知覚に関する正しい問いかけをしたことについては，Gibson の貢献を評価しているが，しかし以下のような不満も明記している。

　Gibson の分析の精度には欠点があることが指摘されているが，私の見解では，大きな致命的な欠点はより深いレベルにあり，それは次の2つのことを考慮するのに失敗したことにある。第1に，面表象のような物理的な不変項の検出は，現代の用語でいえば，それこそが正確で詳細な情報処理の問題の1つであるということである。第2に，彼はそのような検

出の問題の真の困難さを非常に過小評価した点である（Marr, 1982, p.30）。

　Gibson が即時的で直接的な自然環境の知覚を提案した際に，彼は明らかに高次レベルの視覚情報処理を問題としていたが，その際，視覚に関わる低レベルの感覚と知覚メカニズムもまた，当然のことながら，進化や適応によって最適化されてきたことを正しく評価できていなかった。光の包囲配列から簡単に直接的に知覚することができるという彼の印象は，私たちの視覚系が初期段階から自然環境の統計的構造を最適に処理することができるように進化してきたことをまさに反映していたのかもしれない。

6. 結論

　Gibson の研究は，自然世界における動作を導くのに有効な情報の源泉をしっかりと考察するように広範囲の視覚科学者を導いた点で，非常に重要である。彼は，私たちの感覚や知覚の仕組みを研究するためには，人工的な実験室的刺激から離れて，自然環境に着目することの必要性を最初に説いた功績者である。
　この革命的な動向のおかげで，なぜ私たちの感覚の組成が特異的な特性をもつように進化してきたかを理解できるようになった。たとえば，以下のようなものがあげられる。網膜における中心－周辺構造をもつ受容野，皮質上の楕円状の構造をもつ受容野，これらの神経の限定された動的応答範囲によってもたらされるコントラスト応答関数の特異的な形状，そして L 型と M 型錐体のような光受容器が葉を背景に実を検出することに適したような特異的な色同調性をもつことなどである。また私たちの知覚と認知ネットワークもなぜそのように機能するか理解できるようになった。このような視覚的－神経的－生態学的な認識は，私たちと同様に生態学的適所を確保した他種の生物が異なった知覚世界（たとえば，昆虫と鳥は紫外線の範囲にある信号も処理することができ，蛇は赤外線の範囲を処理することができるなど）の中で生きていることを正しく理解する前提でもある。
　生物学的な視覚システムがいかに自然の情報を処理するよう進化してきたかに関する精緻な分析とともに，ロボット応用も含む分野において，光学的流動

パターンの分析を可能にする人工的システムの開発などの，極めて生産的な研究もなされてきている。まさに，逆説的でもあるかもしれないが，生物に着想を求めるロボット学の分野で，Gibson の最も大きな影響が続いているといえるのかもしれない。

さらに学ぶために

Lee, D. N. (1980). The optic flow field: the foundation of vision. *Philosophical Transactions of the Royal Society of London*, 290, 169-179.
光学的流動パターンが動作を導く情報をどのようにもたらすかを理解するための包括的な枠組みを，Gibson (1950, 1966) によって啓発された考え方がいかに提供したかについて，記述されている。

Bruce, V., Green, P., & Georgeson, M. (2003). *Visual Perception* (4th edn, and earlier editions too). Hove, UK: Psychology Press.
この教科書は，4版にわたる改訂がなされているが，視覚の研究における異なったアプローチ（特に David Marr や J. J. Gibson によるもの）が，私たちや他の動物がどのように世界を知覚するかについて理解することを助ける枠組みを提供している。この教科書はしたがって，Gibson の研究や影響をより広い文脈の中に位置づけている。

Geisler, W. S. (2008). Visual perception and the statistical properties of natural scenes. *Annual Review of Psychology*, 59, 167-192.
自然的シーンにおける輝度や色，時空間的規則性や相関など，異なる統計的特性の多様性を示した包括的概説である。

Marr, D. (1982). *Vision: A computational investigation into the human representation and processing of visual information*. San Francisco, CA: W. H. Freeman.
この本は Gibson とは非常に異なるアプローチによる視覚研究の画期的な枠組みを提供しつつ，Gibson の貢献についても評価をあらわしたものである。

Michaels, C., & Carello, C. (1981). *Direct perception*. Englewood Cliffs, NJ: Prentice Hall.
知覚研究の「生態学的」アプローチについて，伝統的な諸理論と明確に対比づけ，一貫した議論を行ったものである。不変項を調べた研究について（たとえば加齢についても）述べられている。本文についてはオンラインでも入手できる。http://ione.psy.uconn.edu/docs/MC.pdf

4章

知覚の計算論的アプローチ

Marr（1982）による視覚の計算論的アプローチを超えて
George Mather

1. 古典的研究の背景

　知覚に多大な影響を及ぼしたゲシュタルト・アプローチは数々の体制化原理や法則を見いだした。それは視覚パターンがいかに構造化されるかを記述したものである。たとえば，近接の法則に従えば，パターンの構成要素が互いに近い距離にあれば，それらは知覚的に群化される傾向にある。ゲシュタルト法則の一般的な論旨は，近接性，方位，運動方向や共線性のようなある特性を共有するパターン要素はまとまった群として知覚されるということである。ゲシュタルト心理学はその法則が網膜像に対して適用される理由や方法を説明しようとしなかったという点で基本的に記述的であった。1950年代の末に，神経科学における新しい発見によって，これらの疑問の少なくとも一部が答えられる見通しが得られた。Hubel & Wiesel（1959）はネコとサルの脳の個々のニューロンがたとえば輪郭線の方位や運動方向のような単純な視覚特徴を表現しているようだということを発見した。その後の十数年には，認知心理学者や計算機科学の研究者が人間の知覚のモデルを考案し，実装しようと試みた。これらのモデルは皮質ニューロンの活動によって符号化されていると考える単純な視覚特徴の集合に基づいたものであった。しかし，1970年代の初めまでにこの計画は失敗する運命であることが明白になった。それは知覚の計算機モデルを構築しようとする初期の試みから，特徴検出が Hubel & Wiesel の実験から考え

られたものよりもはるかに難しいことが明らかにされたからである。さらに知覚は特徴の集合以上のはるかに多くのことを含んでいるのである。したがって計算機モデルは単純なおもちゃの領域か「積み木の世界」（幾何学的な物体が配置された線画で書かれたシーン）に限定しなければならなかった。そしてそこでは特徴があらかじめ与えられており，可能性のある物体の種類も極めて制限されたものであった。錯覚や残効のような知覚現象を説明する理論も概して一般性がなく，知覚のより広い機能的な文脈についてほとんど説明することはなかった。

　したがって，David Marr が MIT 人工知能（AI）研究所に 1973 年に加わったとき，真に汎用性のある視覚の理論をつくる見通しは暗かったのである。しかしながら Marr は人間の知覚に関する利用可能な生物学的・心理物理学的データを説明するための重要な候補モデルとして扱える，視覚の新しい計算論的解法を考えようという野心的な目標をもっていた。Marr と彼の共同研究者がこの研究を開始するとすぐに，彼の理論はいくつかの非常に有力な雑誌論文の基礎となる一連の AI メモに発表された。Marr は彼の理論的プロジェクト全体に対する声明から始めた。そしてそれは明確に異なる 3 つの記述レベルで視覚は理解できるという考えに基づくものであった（Marr & Poggio, 1976）（詳細は後に述べる）。

　その後，一連の詳細な論文が書かれ，そのほとんどは 1976 年から 1979 年の間の Royal Society of London に公刊された。Marr の理論的アプローチの全容は『ビジョン〔Vision〕』と題した本に要約された。彼は 1980 年に 35 歳という若さで白血病で亡くなったが，共同研究者によって彼の死後に完成され，1982 年に初版が出版された。Marr に対する主な貢献が彼の同僚である Ellen Hildreth, Ken Nishihara, Tomaso Poggio と Shimon Ullman によってなされたことを認識することは重要である。『ビジョン』は本章の主題である古典的研究を構成している。

　私はイギリスのレディング大学の大学院生であった 1970 年代の終わり頃，たまたまロンドンへ列車で行ったとき，私の学部で習った年配の指導教員であった John Frisby 教授と出会った新鮮な記憶がある。John は Marr の論文を読んでいた。そして彼はかなり初期の転向者であり，彼は Marr の論文に視覚

50

研究の未来を見たのであった。John は Marr のアプローチが視覚科学のパラダイム・シフトであると固く信じていたし，今も Marr の思想に傾倒している（Frisby & Stone, 2010）。Frisby は個人的にもまた学会においても非常に影響力のある人物だったので，そのとき私は Marr の研究についてもっと勉強する必要があると理解できた（しかし当時，私にとって最も優先すべきは学位論文を完成させることであった）。幸い『ビジョン』が出版された年に私はポスドクでトロントのヨーク大学に移った。ここは視覚研究グループがちょうどこの本をページごとあるいは章ごとに読み始めたばかりであった。同様の活動がおそらく当時世界中の多くの視覚研究室で行われていただろう。偶然この期間に最初のデスクトップのパソコンが利用できるようになった（1977 年に世に出た Apple II と 1981 年の最初の IBM PC）。そこで多くの視覚研究者はプログラミングを学び始めた。そして Marr によって刺激され，彼らの仕事の中で日常的に計算論的モデル化が行われるようになった。全体的にみて，1970 年代の終わり頃から数十年間の視覚科学の分野における Marr のアプローチのインパクトはどれほど強調してもしすぎることはないだろう。

2. 古典的研究の詳細な記述

(1) Marrの主張

　Marr の主張は 2 つに分けられる。まず，視知覚の研究と理解のための一般的な枠組みである。これは上述した 3 つの記述レベルの間の区別に基づいている。主張の第 2 の部分は一連の視覚の脳内表現という形で，視覚処理のある具体的な理論を提案したことである。処理過程の出発点は入力画像の構成要素の基本的な記述である。そしてその最上位にはシーン中にある物体の 3 次元記述がある。

(2) Marrの枠組み

　Marr は情報処理課題を実行しているいかなる機械も 3 つのレベルで理解で

4章　知覚の計算論的アプローチ

きると提案した（Marr, 1982, p.25）。

- 計算理論：計算の目標は何か。その計算はなぜ適切なのか。それを実行するための論理的な方法は何か。
- 表現とアルゴリズム：この計算理論はどのように実装できるか。特に入出力はどのような形式で表現されるか。そしてその変換のアルゴリズムは何か。
- ハードウェアによる実装：どのようにして表現とアルゴリズムは物理的に実現できるか。

　ここでは立体視を取り上げ，これら3つのレベルの間の区別をみてみよう。両眼のそれぞれで世界の少し異なる網膜像をつくる。それは世界のある一点は両眼の網膜像では少しずれていることを意味している。この位置のずれは距離を評価するのに用いることができる。しかしここに照合問題または「対応」問題が存在する。脳はそれぞれの目のどの点とどの点が対応しているのかをどのように決定しているのか。立体視に関する Marr の計算理論は許容可能な対応に対する3つの制約を定義した。それらによって正しい対応が保証されるのである。そして黒い点と白い点のみからなる画像として簡単化すれば次のように記述できる。

- 適合性：黒い点は黒い点だけに対応する。
- 一意性：1つの画像の黒い点はもう1つの画像のただ1つの黒い点とだけ対応可能である。
- 連続性：対応のずれ（視差）は画像のほとんど至るところで滑らかに変化する。

　次に Marr はこれらの制約を用いた立体視の対応問題を解く2つの異なるアルゴリズムを記載した。第2のアルゴリズムにはそれぞれの画像において粗く，そして大きくずれた特徴を最初にマッチングする処理が含まれている。そしてその対応関係を用いて順により細かなスケールでのマッチングをガイドするの

52

2. 古典的研究の詳細な記述

である。最後に Marr は第 2 のアルゴリズムの神経回路による 2 つの可能性の
ある実装を示唆した。しかしその時点で利用できる神経生理学的データだけか
らではいずれかを排除することはできなかった。

　この例で示されるように Marr の見解では 3 つのレベルの記述はごく弱く関
連しているだけである。ある特定の計算理論は異なるアルゴリズムを用いるこ
とによって実装可能であり，それは異なる物理的形態で実現される。彼にとっ
ては計算理論が概念的な優先権をもっている。すなわち実行されている課題を
考察することによってのみ，抽象的な計算論レベルで真に一般的な機能的視覚
理論をつくり出すことが期待できるのである。計算理論がなければ知覚を説明
するいかなる試みも最終的には見当違いのものになると思われる。彼は実験的
神経科学を次のように批判した。

　　……神経細胞だけを研究することによって知覚を理解しようとする試みは，
　　羽だけを研究することによって鳥の飛翔を理解しようとするようなもので
　　ある。それは不可能だろう（Marr, 1982, p.27）。

　Marr によればある処理問題の計算理論の重要な側面は，1 つの解を得るこ
とを可能にする計算に対する制約を見つけることである。制約が特定されると
それは異なるアルゴリズムで利用でき，異なるハードウェアで実装することが
できる。彼の具体的な理論では，視覚処理を一連の連続する段階に分割してい
る。それぞれは特定の制約に基づいている。

(3) Marrの処理理論

　Marr の処理理論はその時代を反映したものであった。1970 年代の AI はシ
ンボル処理が支配的であった。Marr が彼自身の理論をつくった MIT AI ラボ
では LISP（LISt Processing）と呼ばれるプログラミング言語を用いていた。
そしてそれはシンボル処理（論理的表明の生成と操作）のために設計されたも
のであった。プログラムはデータに関して新しい論理的表明をするために，た
とえば「積み木の世界」における特徴のシンボル的記述を操作する関数から構

53

成されていた。AI に対するこのアプローチに合わせて Marr は画像の特徴ま
たはプリミティブのシンボル的記述を行った。それらは彼の理論全体の基本的
要素であり，3つの分離された段階を構成している。それぞれの処理段階は画
像の内容に関する基本的な表明を構成するシンボルの限られた語彙の生成と操
作を含んでいる。

- 原始スケッチ：画像の強度変化とそれらの幾何学的分布や構造の記述
- 2½ 次元スケッチ：可視表面の方位と大まかな奥行きおよび画像の輪郭
  線の不連続の記述
- 3次元モデル表現：物体中心座標系で形状と形状間の空間的構造の記述

　この理論は低次の処理段階から高次の処理段階へと一方向に情報が流れる
「ボトムアップ」理論である。第1段階で，原始スケッチの目的は光の強度画
像から抽出されるシンボリックな基本特徴の小さな集合を用いて画像から重要
な情報を明示することである。これらの特徴にはエッジ，棒，塊〔blob〕と端
点がある。いくつかの仮定や制約によって，画像を可視表面の幾何構造を表現
する領域に分割したり群化することが可能となる。たとえば基本的特徴を1つ
の領域に群化するのを助ける仮説は「空間的連続性」と呼ばれる。

　　……単一のプロセスによって面上に生成された模様〔marking〕はしばし
　　ば空間的に組織化される。それは曲線や直線に配置されており，おそらく
　　より複雑なパターンをつくり上げている（Marr, 1982, p.49）。

　これらの群化の仮定はもちろんこれまで述べてきたゲシュタルトの原理を強
く思い出させるものであるが，厳密な機能的文脈で組み込まれたものである。
　処理の第2段階は 2½ 次元スケッチである。これは画像におけるすべての
可視表面の高密度の奥行き地図をつくっている。これは面から垂直に突き出る
「針」として，局所的な面の方位を表現する基本的特徴を用いている。Marr は
この奥行き地図は，「両眼視差，動き，陰影，テクスチャおよび輪郭線情報を
解釈する，異なる，しかもおそらく独立した多くの処理過程」からの情報が統

合されたものであると提案した（Marr, 1982, p.129）。彼はこれらのモジュールの詳細なモデルを提示した。そしてそれぞれのモデルでは，特定の制約に基づく特定の計算理論が考えられた。両眼視差モジュールはすでに概略を示したとおりである。

最上位の処理段階は3次元モデル表現であり，これは物体中心座標系での形状やそれらの空間的構成を記述するものである。言い換えればこの表現は観察者の視点とは完全に独立したものである（これより低い2つのレベルでは観察者中心表現や画像を基礎とした表現が含まれていた）。このレベルで用いられる基本的特徴は単純な3次元（体積をもった〔volumetric〕）幾何学的形状を用いて体積や形状を表現する。この表現はかなり図式的，階層的であり，1つの物体がいくつもの円筒によって構成されている。それは針金細工の人形やゴム風船をねじってつくる動物のモデルではない。そこで物体認識の課題は能動的に記述された3次元モデルを，記憶されている3次元モデルのカタログと照合することである。

3. 古典的研究の影響と批評

Marr のアプローチは非常に影響力があったにもかかわらず，彼の「3つの水準」の枠組みは非難され，現代の研究ではそれほど使われていない。さらに，彼の具体的な理論の多くは，長くは続かなかった。ここでは，Marr の枠組みと理論に分けて評価する。

(1) 枠組み

Marr の枠組みについて，彼が考えた特定の計算のゴールと制約を中心に評価する。彼はどこからそれらを得たのか。そして，どのように，それらは正当化できるのか？

生物学的情報処理システムで実行される計算は，しばしば観察された行為か，神経構造とその機能から推論される。『ビジョン』の最後に書かれたフローチャートの中で，Marr は，計算のゴールが日常的な経験または「粗い心理物

理的観察」（Marr, 1982, p.332）によって示唆され得ると述べた。彼は，「あたかもレシピがあるかのように時々示唆してきたが，この種の研究の本当のレシピはない」（p.331）と認めている。したがって，計算理論が他の2つのレベルに優先されるべきであるという主張は揺らぐのである。それはアルゴリズムや実装から完全に独立しているのではなく，むしろ元々これらのレベルとは密接に関係しているのである。計算のアイデアはこの枠組みにおける他のレベルの考察から創発されるかもしれない。両眼画像を得るために共働する2つの眼の存在や奥行き知覚の心理物理的観察によって，処理課題すなわち立体視について示唆される。しかし，立体視のゴールが高密度の奥行き地図の計算であるということにはならない。システムは奥行きの不連続だけを計算しているのかもしれない。Marrは人間の視覚系に対して彼が提案してきた計算を，カエルやハエのような単純な生物のシステムによって実行される計算と対比した。彼は次のように述べている。

「カエルはハエを検出しているのではなく，およそ適切な大きさの小さな動く黒いスポットを検出しているのである。同様にイエバエは周囲の視覚世界を表現しているのではなく，単に一組のパラメータを計算しているにすぎない（それによってイエバエは高い確率で仲間を追いかけることができる）。それに対して私たちは外界の現実にある可視表面の明示的特性を明確に計算している……」（Marr, 1982, p.340）

彼の主張はおよそ次のようである。すなわちカエルやハエのような単純なシステムは人間の視覚のように世界の客観的な特性を生成しているのではなく，彼らが生存するのに十分なだけのより単純な主観的記述で間に合わせているのである。すなわち自然淘汰が適合性にのみ依存しているので「真実」をみる必要はないのである。このような特徴づけにはやや傲慢さを感じる。人間と単純な生物は私たちが考えているよりずっと類似しているという可能性を認めなければならない。私たちの知覚表象はカエルやハエよりも客観的真実に近いとはいえないかもしれない。Stevens（2012）が述べたように，Marrの計算理論に関する基本的な問題は視覚の基礎を成す課題を発見し，それを吟味する方法

論の欠如である。

(2) 処理の理論

視覚皮質でどのような計算がされているのかを完全に理解するにはまだ長い道のりがある。しかし、近年 Marr が考えたようにボトムアップで自動的に作動しているわけではないことが明らかになってきた。さらに、認知処理は、ある段階において記号的になるという点については疑いのない事実だが（Quiroga, 2012)、原始スケッチにおける視覚分析のような極めて早い段階で記号的表現がつくられるという Marr の主張は、大多数の研究者には受け入れられていない。今日の理論では、画像の内容を推論するためにボトムアップとトップダウンの処理が相互作用していると考えられている。最近の研究から、早い段階での画像特性の視覚計測は、離散的で記号的な少数のプリミティブの集合として記憶されているのではなく、多くの細胞の活動の連続分布によって表現されていることが示唆されている（ニューロン集団による符号化〔population coding〕——Pouget, Dayan, & Zemel, 2000)。無意識的推論としての知覚の概念は長い歴史をもつ。それは少なくとも Hermann von Helmholtz までさかのぼることができ、Irvin Rock や Richard Gregory の著作の中に現代の支持者をみることができる。与えられる付加的な知識や仮説が一般に成り立つものではなく、当該のシーンにのみ成り立つものだという理由で、Marr はこの種の視覚に対する問題解決アプローチを嫌った（Marr, 1982, p.271)。「トップダウン情報は、時々利用されるし、必要でもある」（Marr, 1982, p.101）と考えていたが、彼は、それが二次的に重要なだけだという見解に傾き、主にボトムアッププロセスに焦点を合わせた。しかしながら、最近の 15 年間の研究は、この見解に異議を唱える。画像処理システムが直面する多くの問題が、入力される感覚情報と事前知識の相互作用なしには処理するのが困難であることが、より明白になった（コンピュータ科学では「再入可能処理〔re-entrant processing〕」と呼ぶこともある)。ベイズ推論は現在の入力を過去の経験と統合する厳密な方法を提供する。そして、現在このアプローチは視覚の計算論的神経科学に深く組み込まれている。また、現代の理論的アプロー

チでは，異なる情報源の信頼性の変動に適応できる処理の柔軟性が必要であることが認められている。ベイズ推論が使われた一例として，課題実行中に（Marrは，独立したモジュールによって抽出されると仮定した）異なる視覚手がかりに与えられる重みを調節させるものがある。

　急速に拡大し変化する研究領域ではよくあることだが，Marr の具体的な提案の多くが最近の研究に取って代わられた。たとえば，原始スケッチの段階における空間的特徴の符号化に対する Marr の理論やアルゴリズムに関しては，実験的証拠をもつ対立候補がいくつか存在する（Morgan, 2011）。視覚運動検出の場合，Adelson–Bergen の運動エネルギーセンサとして知られる今日の「業界標準」モデルは，『ビジョン』でも記載された Marr と Ullman のモデルとはまったく異なるものである。同様に，立体視に関する Marr と Poggio のアプローチから発展し，さまざまな立体視モデルが誕生した。また Marr は，中間段階における視覚系の目標がすべての可視表面までの高密度な距離（奥行き）地図を生成することであると考えたが，それも今では誤りだと考えられている。知覚研究によって，人間の視覚系は正確なユークリッド構造を復元するのが苦手であることが示されたからである（Warren, 2012）。

　Marr は彼自身が提案した処理過程の計算量については考えなかった（Tsotsos, 1990）。計算量を測定することによって，時間（プログラミングのステップ数）や空間（記憶またはプロセッサのサイズ）という観点で，処理問題の解に到達するコストを扱うことが可能である。現在多くの研究者は，視点不変な 3-D 物体モデルの生成に必要な計算があまりにも複雑であると考えている。Marr が提案した，一般的な方法で画像ベースの表現から 3-D モデルの生成をすることには，いまだに誰も成功していない。したがって『ビジョン』が出版されて以来，視覚認識の研究では対象物の 3-D 物体ベースの表現と 2-D 景観ベースの表現の間の議論が非常に活発に行われている（Hayward, 2003）。外界に存在するものについての真実を，視覚は人間に教えてくれるという前述の Marr の仮説を踏まえ，Marr の 3-D 物体モデルは定義上「客観的」な記述である。一方，現在の理論で用いられる景観ベースの表現はカエルやハエが用いる「主観的」記述に類似したものである。

　Marr の理論の詳細に関してはこのような大きな問題があるにもかかわらず，

視覚研究者のすべての世代に対してインスピレーションを与えた。彼らは，Marr の計算理論やアルゴリズムに関する妥当性を検証するため新しい研究プログラムを開始させた。その過程で多くの研究者は彼ら自身の計算モデルを考案し，検証するという方法を採用するようになった。視覚処理の多くの観点に対して検証可能な，強力な理論や対立仮説をつくるための概念的な道具を提供したという点で，『ビジョン』は凋落する設計者であった。たとえば Pollard, Mayhew, & Frisby（1985）は Marr & Poggio（1976）が考えもしなかった立体照合の制約に対する心理物理学的証拠を発見した。

4. 結論

Marr の具体的な理論の多くは支持されなかったので，彼の 3 水準の枠組みがおそらく最も重要な遺産であろう。Marr の枠組みでは，知覚の適切な理論は課題の計算論的な分析に基づかなければならず，しかも現実に実装できるアルゴリズムによる検証を必要とすると強調された。彼のアルゴリズムを実装しようと彼自身が試みた結果，視覚分析に必要な最も初期段階の計算でさえ固有の複雑さが露呈された。そしてこの過程において視覚は見かけよりもはるかに難しいことが示されたのである。

Marr は計算理論を強調することによって，知覚の理論的問題に対する研究者の思考様式を変えた。現在では，提案されたアルゴリズムの計算論的目標や神経機構が重視されている。Marr のアプローチはしばしば引用されたが，知覚の理論構築の方法論として広く採用されることはなかった（Frisby & Stone, 2010 などの少数の例外を除いて）。おそらくこのように熱意をなくした背景にある根本的な理由は，研究者が理論を確実なものにし得る「魔法の解決法」を Marr がもっていなかったからである。Marr は計算レベルの理論を構築したり，検証する手法を提供しなかったのである。今日においても，計算理論の問題や解法を示唆したり，検証する場合，現象学，神経科学，心理物理学の場当たり的な併用に頼らなければならないのである。しかし視覚研究において計算論的考察が前面に打ち出されてきたので，これは大きな進歩であるといえるだろう。

さらに学ぶために

Frisby, J. P.（1979）. *SEEING: Illusion, Brain & Mind*. Oxford, NY: Oxford University Press.
（村山久美子（訳）（1982）．シーイング　錯覚―脳と心のメカニズム―　誠信書房）

Marr, D.（1982）. *Vision: A computational investigation into the human representation and processing of visual information*. New York, NY: W. H. Freeman & Company.
（乾　敏郎・安藤広志（共訳）（1987）．ビジョン―視覚の計算理論と脳内表現―　産業図書）

5章

知覚と行為

Goodale & Milner (1992) による2つの視覚経路を超えて
Glyn W. Humphreys

1. 古典的研究の背景とその内容

(1) 知覚と行為：神経心理学の事例

　1991年，David Milner らは一酸化炭素中毒によって物体の視覚認識の能力が低下した "D. F." という患者についての最初の実証的な報告を行った（Milner, Perrett, Johnston, Benson, Jordan, Heeley, et al., 1991）。D. F. は物体の名前をあげることと，たとえばエッジ〔edge〕が特定の方向を向いているかなど形の基本的特徴を判断することが非常に困難であった。彼女（D. F.）は単純な線画を模写することに問題があり，また視覚要素同士がまとまるかどうかを判断することができなかった。これらの重度の視覚に関する障害にもかかわらず，視覚情報を使って手の行為を誘導する能力については D. F. は非常に良好であったと Milner らは報告した。たとえば彼女はさまざまな傾きをもつ投入口〔slot〕に手紙を入れることができた。だが一方で，投入口がどのくらい傾いているかを知覚的に判断するように求められたときに，投入口の傾きに合うように手紙を回転させることができなかった。Milner らが論じたところによると，D. F. は物体認識のための高次視覚表象にアクセスする過程が損傷を受けていた。この損傷は脳への視覚入力の初期領域（後頭皮質）から，認識が生じると考えられている側頭皮質へと進む，「腹側」視覚経路に沿った情報変換に

61

影響を与えていた。重要なのは，行為を誘導するために視覚情報を使用する別のシステムがあり，腹側を損傷しても少なくともいくつかの形の属性（たとえばエッジの方向）からその別のシステムにアクセスすることが可能であったということである。手紙を実際に投函する課題で働く，行為のための視覚情報の使用を決定する神経構造へのアクセスが残されていたのである。

1991 年の論文で Milner らは D. F. の事例と視覚性運動失調の患者との差異にも注目した。視覚性運動失調の患者は典型的には後頭皮質から脳の最上部の後部頭頂皮質への情報伝達に関わる「背側」視覚経路に損傷を受けている。これらの患者は臨床的な物体認識検査には優れた成績を示すが，物体を扱うために手の運動を誘導する能力が低下している（Perenin & Vighetto, 1988）。D. F. と視覚性運動失調の患者との差異は二重乖離を示し，一方の患者（D. F.）ではある処理（物体認識）は損傷を受けるが別の処理（行為）は損傷を受けずに残されており，別の患者では反対のパターンを示す（視覚性運動失調でみられるように物体認識は損傷を受けていないが行為は損傷を受けている）。このような二重乖離は典型的には機能と神経の両方で基礎となる処理に分離が存在することを示すと考えられている。つまりここでは皮質の腹側ストリーム〔ventral stream〕によって支えられている物体認識のための視覚と，背側ストリーム〔dorsal stream〕によって支えられている行為のための視覚との分離である。

Milner, Paulignan, Dijkerman, Michel, & Jeannerod（1991）によって報告された研究成果は，他の研究者の成果とともに，大きな理論展開を導くに至った。Goodale & Milner（1992）はこれらの理論展開を，腹側ストリームと背側ストリームの重大な違いを説明した非常に影響力の大きい論文の中で論じた。1995 年に刊行された *The visual brain in action* の中でも Milner と Goodale はこの違いを論じて展開させた。彼らの主張によれば，腹側視覚ルートは視覚的なパターン認識や物体認識を支えており，このルートの損傷は視覚失認を導くことになる。しかしながらこの場合は，オンラインで行為を誘導するために使用される背側視覚ルートが損傷されずに残されているかもしれない。対照的に，視覚性運動失調でみられるように，背側ルートの損傷では行為を誘導するために視覚情報を使用することは損傷を受けるが，視覚的な物体認識の機能は残っているだろう。これら 2 つの皮質の視覚ストリームの区別を図 5.1 に示す。

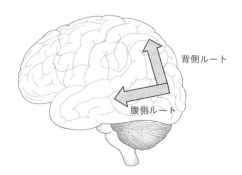

図 5.1　背側ルートと腹側ルート

興味深いこととして，Milner と Goodale は，腹側ストリームは視覚刺激の意識的な気づき〔conscious awareness〕に関連するが，D. F. が行為のための視覚情報を使用する能力に（少なくとも最初は）気づいていなかったように，背側ストリームは無意識的〔unconscious〕であることも示唆している。

　皮質における腹側ストリームと背側ストリームの区別自体は新しいものではなかった。脳の視覚処理は分けることができて，異なる機能処理が対照的な脳領域で作用していることがこれまでに多くの研究者によって論じられている（この論拠に対しては Ettlinger, 1990; Ingle, 1973; Schneider, 1969; Trevarthen, 1968 を参照）。おそらく最もよく知られた腹側視覚ストリームと背側視覚ストリームに関する論拠は Mishkin & Ungerleider（1982）によるものである。彼らは，腹側視覚ストリームは物体認識を支えると提案したが（彼らはこれを"what"システムと名づけた。これは Milner と Goodale の説明に類似したアイデアである），背側ストリームは空間的な位置を符号化〔code〕していると論じた。それゆえに，腹側皮質を損傷したサルは報酬を得るために物体を同定する反応を行うことには問題があったが，位置に対して反応することはできた。対照的に，背側皮質を損傷したサルは報酬を得るためにさまざまな物体を区別することはできたが，位置に基づく報酬の学習は困難であった。しかしながら，Milner と Goodale による論拠はこれ以上のことを説明するものであった。彼らが述べるところによれば，D. F. は刺激の位置に反応する（たとえば視覚ターゲットの位置に正しくポインティングする）ことができただけ

でなく，そこへ落下する物体の方向にも反応することができて，その方向の情報を使って到達把持〔reaching and grasping〕のために自分の手を形作ることができた。これらの追加の能力は，背側ストリームは物体位置の符号化以上のことを行っており行為の視覚運動制御に関与する，というアイデアに合致する。

(2) 背側ストリームと腹側ストリームのさらなる特徴

　Milner & Goodale（1995）は，視覚と行為の間にある乖離を単に示すだけでなく，これらのシステムのその他の対照的な特徴を示すことにも取り組んだ。重要な論拠の1つがストリームの時間的特徴に関するものである。彼らは，背側視覚ストリームはオンラインでの行為誘導に特化していると論じた。出現する物体に対して速くリアルタイム〔real-time〕で行為を起こさなければならない場合（たとえば，動く物体を把持する場合），背側ストリームは視覚手がかりに対して素早く反応する必要があるだろう。一方で，腹側視覚ストリームはゆっくりと作用して，時間をかけた安定した物体認識を支えるかもしれない。腹側ルートが行為に寄与する条件であってもこの時間の違いは適用されるかもしれない。たとえば物体の名前が与えられて行為を生成することを考えてみよう。すでに覚えている物体の特徴（既知の大きさや形）の認識に関与する腹側領域は，それらの物体の特徴の想起を支えるために働くかもしれない。この種の行為の「オフライン」制御はおそらくゆっくりで，物体のオンラインの特徴に対しては応答しないであろう。

　物体が直接提示されているときの行為と，視覚情報の利用可能時と実行時とに遅延がある場合の行為を比較することで，つまり即時に実施する行為と遅延がある行為とを比較することによって，行為のオンライン制御とオフライン制御の違いが調べられてきている。D. F. は背側視覚ルートは働くが腹側視覚ルートに損傷を受けている患者の非常に典型的な事例であるが，興味深いことに，遅延のある行為を行わなければならない場合と，刺激の記憶に基いて到達把持を行わなければならない場合には著しく機能が低下した。これは物体の視覚情報を直接利用できる，即時に実施する行為とは明らかに異なった。この結果は，背側ストリームはこのような遅延のある行為には関与せず，腹側ストリームは

刺激の特徴を記憶内に保持するために必要である，というアイデアと合致する。

　ここで，課題の難しさを理由にこの議論に反対する人もいるかもしれない。ここで留意しておくことは，（物理的に提示された物体というよりは）記憶した物体に到達把持を行うことは私たちにとって直接到達動作を行うよりも難しいということである。このような場合にはおそらく上記のデータが生じた理由として，行為課題が難しくなりD. F. が通常以上に難しさの効果を示したということがあげられる。これは遅延のある行為は腹側ルートに依存しており，速い行為が依存する背側ルートによっては支えられていないという説明とは異なるものである。しかしながらこの論拠は視覚性運動失調の患者のデータによって否定される。つまり視覚性運動失調の患者はD. F. との関連で二重乖離を示すのである。この二重乖離は行為に関する遅延の効果に基いている。Milner et al.（1999）は極めて直感に反する結果を報告した。D. F. や健常な実験参加者と異なり，視覚性運動失調の患者は物体が提示されているときに比べて物体が取り除かれたときに到達把持行為が実際より<u>うまくいく</u>のである。つまり，課題の難しさという一般的な効果があり，そのことがD. F. と視覚性運動失調の患者との違いを生じさせているということにはなり得ない。なぜなら視覚性運動失調の患者は明らかに難しい課題で成績がよいのである。このことから，Milner & Goodale（1995）は，オフライン，つまり遅延のある到達把持は腹側視覚ストリーム（これは視覚性運動失調では損傷されずに残っており，D. F. では損なわれている）によって支えられていると論じた。対照的に，背側視覚ルート（これは視覚性運動失調では損なわれ，D. F. では残っている）はオンラインの到達把持の誘導に特化しており，遅延のある行為を支えてはいないのである。

（3）健常な実験参加者から得られる複数方向からの証拠

　Milner & Goodale（1995）は神経心理学から得られる証拠〔evidence〕の範囲を超えて，腹側視覚ストリームと背側視覚ストリームの違いは健常者の知覚や行為にとっても重要な意味をもつはずだと論じた。腹側視覚ストリームは刺激の意識的な知覚判断を支えるはずであるが，一方で背側ルートは無意識的に

作用するかもしれず，また意識的な知覚判断に入り込むいくつかの形式の情報によっても影響を受けないかもしれない。ここで注目すべき例として錯視があげられる。人間の知覚に関する最初期の実証的研究から，私たちの意識的な知覚判断は時に錯覚により影響されることが言及されてきている。1つの例にエビングハウス錯視（図5.2）があげられる。この錯視では，中心円の大きさの判断がその円を取り囲む刺激要素〔item〕の大きさに影響を受ける。つまり私たちは，中心円が大きい円に取り囲まれたときにその中心円を小さく判断して，中心円が小さい円に取り囲まれたときにその中心円を大きく判断する。これらの錯覚は腹側視覚ストリームの特徴なのであろうか。また背側視覚ストリームはこの錯覚に影響されないのであろうか。つまり背側視覚ストリームは行為の制御中には中心円の視覚情報を直接使用することのみに関わるのであろうか。

　錯視を利用した健常な実験参加者の知覚と行為の違いについての初期の報告が，Bridgeman, Kirch, & Sperling（1981）によってもたらされている。彼らが注目したのは，動くフレームの背景に対して提示される静止した点がフレームの反対方向に動いているように見える現象である。これはフレームの動きによって生み出される錯視である。しかしながら，意識的には錯覚が生じていることに気づいているにもかかわらず，実験参加者が点の実際の位置に弾道的なポインティング〔ballistic pointing〕を行うように求められると正確に行うことができる。どうやら「行為システム」は，点が動いているという意識的な知覚判断の変化にはだまされないようである。健常な観察者においても意識的な知覚判断のための視覚と，行為のための視覚との間に乖離が存在するのである。

　Aglioti, DeSouza, & Goodale（1995）はエビングハウス錯視を用いて同様の

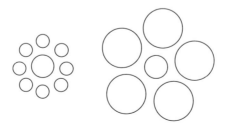

図 5.2　エビングハウス錯視

結果を報告した。彼らは2つの条件を比較した。1つは実験参加者が刺激についての意識的な知覚判断を行う場合で，もう1つは中心の刺激へ到達把持を行わなければならない場合であった。意識的な知覚判断はターゲットの円が置かれる文脈に影響を受けた（小さな刺激要素と一緒に提示される文脈だとターゲットの円は大きく判断され，大きな刺激要素と一緒に提示される文脈だとターゲットの円は小さく判断された）。対照的に把持で指を開く量〔grasp aperture〕は実際の刺激の大きさに対して調整されていた（たとえば，中心円が囲まれて配置されるのが小さい文脈刺激要素でも大きな文脈刺激要素でも，その中心円に対して指を開く量は同じであった）。これらのデータは脳における視覚処理を説明する Milner と Goodale による「2つの視覚ストリーム」に起因する主張を支持するものである。「知覚システム」は視覚的な文脈を考慮に入れるためこのような文脈的な錯覚にだまされることがある。しかしながら「行為システム」はより分析的であり，行為のパラメータ（たとえば把持を行う最中に指を開く量）を決めるために重要な，局所的な情報に直接応答するのである。

ここで，健常な実験参加者から得られる証拠は二重ストリームの説明に対して重要となる「複数方向からの証拠〔converging evidence〕」を提供する。それは一方向の証拠（特に1人の神経心理学的患者からの証拠）に依存するだけでなく，意識的な知覚と行為の間に存在する同じ差異を指摘する，別方向の証拠による支持も得ていることを示している。

2. 古典的研究の影響

Milner & Goodale（1995）が腹側視覚ストリームと背側視覚ストリームを特徴づけたこと，そして意識的知覚と行為の間に存在する差異に関連づけたことは，疑いようもなくその研究領域における大きなインパクトをもたらした。1992年の *Trends in Neurosciences* に掲載のレビュー論文（Goodale & Milner, 1992）は，執筆時点で2000件を超えて引用されている（Web of Science より）。これらの神経心理学的研究は広範囲に及ぶその他の障害を論じるための枠組みを与えている。これには視覚消去〔visual extinction〕（患者は1つの刺激要素

が損傷と反対側の領域に提示されたときにはそれを報告することができるが，同時に2つ目の刺激要素が損傷と同側の視野に提示されると1つ目の刺激要素に気づくことができなくなる）や視覚無視〔visual neglect〕（たとえば，患者は1つの刺激要素であっても損傷と反対側の空間に置かれると気づくことができなかったり，損傷と反対側の物体の領域に気づくことができなかったりする）が含まれる。たとえば視覚消去の患者については損傷と反対側の刺激が行為を誘発しないときよりも誘発する可能性があるときのほうがその刺激に対する報告がよくなることが見いだされている。Di Pellegrino, Rafal, & Tipper（2005）はカップを用いた研究でこの結果を示した。この研究では，損傷と反対側の領域にあるカップの取っ手が損傷と反対側もしくは同側の方向に向けられた（たとえば左側の消去を示す右半球損傷の患者に対しては，反対側の方向は取っ手は左向き，同側の方向は取っ手は右向きである）。取っ手が損傷と反対側（左側）に向けられた場合に，つまり左側に対してより行為を誘発する可能性がある場合には消失は少なかった。機能を果たさない取っ手のような刺激がカップの横につけられたときには同じ結果は示されなかった。Di Pellegrinoらはこのような患者では意識的な知覚判断が損なわれていたにもかかわらず，行為のための視覚は維持されていたと論じた。同様に，視覚無視の患者は意識的な知覚判断よりも行為を行っているときに無視が少なくなることがある。たとえば，Robertson, Nico, & Hood（1995, 1997）は患者に，①棒の中心を指差す意識的な知覚判断を行わせるか，もしくは，②棒に手を伸ばしてつかむ直接的な行為を行わせた。意識的な知覚判断は体系的に損傷と同側の領域に偏り，損傷と反対側の空間の無視を示した。一方で到達把持行為はもっと中心で棒の重心付近への偏りを示した。この結果も，脳損傷によって意識的な知覚判断に損傷を受けた場合でも（この場合では空間的な偏りが生じる），相対的には行為のための知覚が残っていると解釈できるものであった。

　神経心理学的研究と同じように，錯覚への影響の受けやすさに関する研究もまた，非常に多くのさらなる実験を生じさせている。それらは知覚的判断と行為の違いが本当に「知覚－行為」の区別を反映しているのかを証明しようとしていたり，さまざまな錯覚で得られる結果の一般性を実証しようとしたりしている。健常な実験参加者を対象とした多数のfMRI研究も行われており，知覚

と行為が腹側皮質ストリームと背側皮質ストリームで独立に作用しているかどうかを証明しようとしている。たとえばポインティングと到達把持の対比では背側頭頂皮質は到達把持に対してより強い活動を示しており，これは背側頭頂皮質がオンラインの到達把持で作用することと一致する（Culham, Danckert, DeSouza, Gati, Menon, & Goodale, 2003）。この重要な知覚－行為の違いに基く研究の多くは，二重ストリームの説明によってその対立を和解させることができる（たとえば最近のレビューとして Goodale, 2014 を参照）。しかしながら，研究の進展につれて重要な要注意点〔caveats〕も出てきている。これらの要注意点は脳内の知覚と行為の関係性に関する新しい制約を生じさせる。

3. 古典的研究への批判

(1) 要注意点 1：D. F. について

　知覚－行為の区別は，当初は失認症の患者 D. F. がパターン認識において深刻な損傷を示すのに比べると行為のために視覚情報を使用する能力はかなりの部分が残っているという論拠に基いていた。しかしながら D. F. の行為のための視覚は正常なのであろうか。その後の研究は，D. F. が行為のために視覚情報を使用することにはいくらかの制限があることを示している。たとえば Dijkerman, Milner, & Carey（1998）の報告によれば，D. F. は 10 ピンのボーリングのボール（3 つの穴があいている）を持ち上げるときのように，指を互いに位置づける必要がある到達把持行為を行う能力に損傷を受けていた。この複雑な行為は腹側視覚ストリーム内で符号化された情報，たとえばその行為の視覚ターゲットの空間関係に関する情報を必要とするように思われた。たとえオンラインでの行為を求められても，このことは背側ストリームだけでは達成させることはできなかった。

　Hesse, Ball, & Schenk（2012）は中心視〔central vision〕に提示された物体に対して到達把持を行う場合と周辺のターゲット〔peripheral targets〕に対して同様の行為を行う場合における D. F. の能力を比較した。そして D. F. が周辺のターゲットに対して行為を行うことに損傷を受けていることを見いだした。

この場合もやはり，行為のための視覚は D. F. の場合には損傷されずに残って
いる背側ストリームを通じて十分に制御されるという考えに矛盾するもので
あった。Himmelbach, Boehme, & Karnath（2012）は中心視における D. F. の
到達把持を再度調べて，統制群と比べたときの D. F. の成績を厳密に評価した。
Hesse et al.（2012）と同様に，D. F. は視覚的に行為を誘導することに損傷を
受けておりそれが十分には保存されていないことを Himmelbach らは示した。
それゆえ，D. F. はある能力（行為）は完全に残っていて別の能力（意識的な
知覚）はそうではないという完全なる乖離を示していないことになる。つまり
両方の能力が損なわれているがその程度が異なるのである。神経学的な損傷の
予測のつかない変化を前提とすると（たとえば D. F. は一酸化炭素中毒を被っ
たが，これは脳内で多数に広がる損傷を発生させるかもしれない），もし背側
ストリームが腹側システムと一緒に影響を受けたならば，このようなことが生
じるのは予想され得ることである。

(2) 要注意点 2：視覚性運動失調について

　知覚－行為の区別を支持するために用いられている 2 つ目の神経心理学的
データは視覚性運動失調の患者からもたらされている。しかしながら患者 D.
F. と同様に，そのデータがどれくらいしっかりと厳密な二重ストリームの説
明に合致するのかについて懸念が生じてきている。

　Jeannerod, Decety, & Michel（1994）は視覚性運動失調の到達把持を調べて，
なじみのない物体に対する行為と見慣れた刺激要素に対する行為とを比較した
（木製のブロックと口紅の容器に対する到達把持の比較）。彼らは，行為が見慣
れた物体に対して行われるときに大幅に改善されることを見いだした。この場
合には，損なわれた背側ストリームではなく損傷されずに残された腹側の認識
システムによってオンラインの行為が駆動されたように思われる。

　視覚性運動失調の患者で明らかな到達行為の損傷は主に周辺のターゲットに
対してであり，中心のターゲットに対する行為は概して損傷を受けずに残って
いることを報告する研究者もいる（レビューは Pisella, Sergio, Blangero,
Torchin, Vighetto, & Rossetti, 2009 を参照——Hesse et al., 2012 によって報告

された D. F. に対するデータとの類似性に注目）。Pisella et al.（2009）は，行為にとって中心の情報と周辺の情報の使用では違いがあり，それらは別々に損傷を受ける可能性があることを示唆した。実際，視覚性運動失調の患者で損傷されている背側領域の機能の 1 つは，通常は連結している眼と手の運動システムが切り離されていることであるかもしれない。そのため，眼は中心位置に保持され，ポインティングは周辺位置に行われる，ということがあるかもしれない。

　知覚的な能力が視覚性運動失調で必ず損傷されずに残されているかを調べた研究もある。Pisella と Rossetti ら（Pisella, Striemer, Blangero, Gaveau, Revol, Salemme, et al., 2007; Rossetti, Revol, McIntosh, Pisella, Rode, Danckert, et al., 2005）は視覚性運動失調の患者の周辺のターゲットの変化を検出する能力を調べた。そして刺激の位置や大きさ，方向が変化したときの検出が損なわれていることを発見した（Perenin & Vighetto, 1988 も参照）。Pisella et al.（2009）はさらに，これらの患者は周辺の位置に注意を向ける合図が出されたときにそこへ潜在的に〔covertly〕注意を配分することに損傷を受けていることを報告した。さらに Kitadono & Humphreys（2007）は，視覚性運動失調の患者はターゲットが提示された位置に対して行為を行うように合図が出されると，そのターゲットに対する知覚報告が減少することを示した。そして視覚刺激に対して行為をプログラムするときの損傷が，処理資源を減少させ，知覚報告が減少したと考えた。

　これらの種々の結果は，視覚性運動失調は，行為のオンライン制御は損傷されるが，知覚は損傷されずに残っているとは単純には考えることができない証拠をもたらしている。

(3) 要注意点 3：錯覚と行為

　元々の研究は知覚判断と到達把持に関して錯視効果が乖離することを強調したが，これに続く結果は多くの対立する結果を生み出してきており，いくつかのグループは錯覚効果の共通性を報告している（たとえば Franz, Fahle, Bulthoff, & Gegenfurtner, 2001; Franz & Gegenfurtner, 2008; Franz,

Scharnowski, & Gegenfurtner, 2005）。ここで議論となっているのは，到達把持では知覚判断とは異なる注意の制約が課され（到達把持はしばしば局所的な要素により多くの焦点を当てるため，周囲の文脈の効果を減少させる），また到達把持では行為を行うときの視覚フィードバックが存在するメリットがある，ということである（Foster, Kleinholdermann, Leifheit, & Franz, 2012）。しかしながら上記の要因に対する統制を試みたときには乖離したままであると主張する研究もある（たとえば Goodale, 2014）。

　健常者を対象として錯覚の効果を調べた機能的イメージング研究からは，いくつかの錯覚の効果は初期視覚野（V1）に表象されていること（Schwarzkopf & Rees, 2013），背側ストリーム領域の活動は文脈的な錯覚によって変調すること（Plewan, Weidner, Eickhoff, & Fink, 2012），腹側領域と背側領域の結合が決定的な意味をもつ可能性があること（Plewan et al., 2012）が示唆されている。錯覚がいつどのように行為および知覚に影響を及ぼすのか，またそれらの効果を支えるのはどの脳領域なのかを突き詰めるにはもっと多くの研究が必要になるのかもしれない。

（4）要注意点 4：背側ストリームにおける知覚と腹側ストリームにおける行為

　機能的脳イメージングは皮質領域の処理の特化性を評価する 1 つの方法である。物体認識には腹側ストリーム，到達把持には背側ストリームが介在しているとする確かな証拠はあるものの（Culham et al., 2003），この区別には複雑さが存在する。たとえば，Konen & Kastner（2008）は刺激が繰り返されると神経信号の強度が減少することを利用した fMRI アダプテーション〔fMRI adaptation〕を使用して，さまざまな皮質領域の物体同定に対する感受性を調べた。そして背側および腹側視覚領域で，特定の位置や視点とは無関係に物体に特化した活動調整を示すことを見いだした。そしてこの結果は行為に関連した刺激に限定されることはなかった。Konen & Kastner は，背側ストリームのニューロンは空間と物体の符号を統合する働きをもつかもしれないことと，物体に特化した反応は知覚において機能的な役割を果たすことを示唆した。

パターン認識における背側皮質の欠かすことのできない関与を示した別の証拠が Lestou, Kourtzi, Humphreys, Lam, & Humphreys (2014) によって報告されている。この研究では，統制群の実験参加者と神経心理学的患者の両方に「グラスパターン〔glass patterns〕」の区別を求めた。グラスパターンは，局所的な点がランダムに配置されているか，同心円状の輪〔concentric ring〕，放射状パターン〔radial pattern〕，もしくは並進運動パターン〔translational pattern〕を形成するように配列されているかのいずれかであった（図5.3）。健常な実験参加者がパターンのあるディスプレイを見たときには（ランダムなディスプレイを見たときと比較して），腹側と背側の視覚領域の両方で活性化がみられた。両側の腹側皮質を損傷したある失認症の患者では，パターンのあるディスプレイを検出することができて背側領域での正常な活動を示した。背側の脳損傷がある視覚性運動失調の患者では，パターンのあるディスプレイを検出することが難しく，パターンのあるディスプレイとランダムなディスプレイとで腹側領域の活動の差異を示さなかった（統制群では活性化がみられた）。またこの領域がこの患者において構造的，機能的に損傷を受けていないことも著者は示している。これらのデータは，パターンのあるディスプレイの区別は

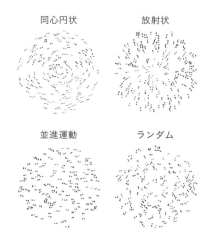

図5.3 Lestou et al. (2014) によって使用されたグラスパターン
同心円状，放射状，並進運動の刺激は大局的なパターンをもっているがランダムな刺激はもっていない。

視覚性運動失調の患者で損傷を受けている背側領域に支えられており，この領域が損傷を受けると腹側の視覚皮質でパターンの区別がもはやできなくなってしまうことを示している。この証拠は腹側視覚ストリームでのパターン認識において，背側皮質が欠くことのできない役割を果たしていることを示している。

背側ストリーム内での物体の符号化を指摘する機能的イメージングの証拠と同様に，腹側視覚領域における「行為の符号化〔action coding〕」に関する証拠もある。Roberts & Humphreys（2010）は図 5.4 に示したようなディスプレイを実験参加者に提示した。実験参加者は 2 つの風景に注意を向けてそれらが屋内か屋外かを判断するか，もしくは物体に注意を向けてそれらの物体が関連しているかどうかを判断した。物体が相互に影響し合うように配置されたときは，相互に影響し合わない配置と比較して，腹側視覚ストリームでの活動上昇がみられた。この結果は物体に注意を向けているかどうかにかかわらず生じた（つまり風景を判断しているときでも生じた）。そして物体が見慣れたペアであるかどうかに必ずしも依存しなかった（つまり物体が影響を及ぼし合うように見えればよかった）。これは結果が物体間の学習された（意味的な）関連に起因したのではなく，物体同士が合わさって行為を「可能なものにしていた（アフォードしていた〔afforded〕）」かどうかに起因したことを示唆する。この結果は別の研究結果とも一致する。その研究（Riddoch, Humphreys, Edwards, Baker, & Willson, 2003）では，背側頭頂葉を損傷した患者がその知

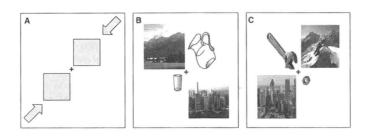

図 5.4　Roberts & Humphreys（2010）で使用された刺激の例
Aでは，ディスプレイ中の 2 つの対角線のうちの一方に沿って提示される刺激に注意を向けるための事前手がかりが出される。実験参加者はその対角線の刺激に対して判断を行い，別の刺激は無視する。Bでは実験参加者は水差しとコップに注意を向けてそれらの刺激が関連しているかどうかを決定しなければならない。Cでは実験参加者は物体を無視して風景に注意を向ける。

覚報告において，物体間の行為の関連性の存在に感受性があるままであったことが示されている。機能的イメージングデータが示唆するのは，腹側視覚ストリームは物体間で生じる可能性がある潜在的な行為を記録しており，上記のような場合の知覚報告は，損傷を受けずに残っている腹側視覚ストリーム領域の活動に依存するかもしれないということである。さらに，物体に一致する行為を準備することはその物体の知覚を促進する可能性があり（Humphreys & Riddoch, 2001），このことは運動システムとの相互作用を示している。

4. 結論

背側皮質ストリームと腹側皮質ストリームの区別，そして（それぞれの）知覚と行為における皮質ストリームの役割は，過去20年間の視覚認知の主要な基本理論であった。しかしながら元々の論拠に続く研究は，おそらく最初に提案された考えよりも込み入ってきている。注目すべきこととしては，腹側視覚ストリームは見慣れた物体に対するオンラインの行為を支えている可能性があり（Jeannerod et al., 1994），またこのストリームは物体間の行為の関係性を記録している（Robert & Humphreys, 2010）ということがあげられる。一方で背側視覚ストリームはパターンと物体の情報に感受性があり（Konen & Kastner, 2008; Lestou et al., 2014），背側の損傷はオンラインでの行為の視覚制御と同様に知覚の側面にも損傷を与えるかもしれない（Pisella et al., 2009）。さらに，ただ1つの背側視覚ストリームが存在するのか，あるいは後部頭頂皮質に機能的に独立した複数のストリームが存在する可能性があるのかについての議論もある（たとえばRizzolatti & Matelli, 2003を参照）。McIntosh & Schenk（2009）が論じたところによれば，知覚－行為区分は研究を方向づけるための有益なヒューリスティックとして働いているが，私たちがどのようにして視覚世界を見て行動するのかを決める詳細でダイナミックな処理を理解するためにはストリーム間の相互作用に焦点を当てた研究が必要である。機能と神経の双方のレベルにおいて，いったいどのようにしてこうした相互作用が行われているのかを明らかにすることが今後の研究の重要な問題となる。

さらに学ぶために

ここで論じた問題の多くに関する現在の動向を示した有益な参考文献をあげる。

Goodale, M. A. (2014). How (and why) the visual control of action differs from visual perception. *Proceedings of the Royal Society of London*, B281, 20140337.

McIntosh, R. D., & Schenk, T. (2009). Two visual streams for perception and action: Current trends. *Neuropsychologia*, **47**(6), 1391–1396.

Pisella, L., Sergio, L., Blangero, A., Torchin, H., Vighetto, A., & Rossetti, Y. (2009). Optic ataxia and the function of the dorsal stream: Contributions to perception and action. *Neuropsychologia*, **47**, 3033–3044.

Schenk, T., & McIntosh, R. D. (2010). Do we have independent visual streams for perception and action? *Cognitive Neuroscience*, 1(1), 52–62.

6章

注意 II

Stroop (1935) による色名単語干渉現象を超えて
Colin M. MacLeod

1. 古典的研究の背景

　実験心理学の黎明期において，Wilhelm Wundt の指導のもとで James McKeen Cattell が博士学位論文研究を実施し，対象や色が命名されるときに比べると単語は読むスピードが速いということを発表した。そして単語や文字の場合は，概念と名称とに連合が生じやすくプロセスが自動的になりやすいのに対して，色と絵画の場合は名称を意図的に努力して選択しなければならないと結論づけた（Cattell, 1886, p.65）。そのときに，現代の自動性概念が生まれたのであり，その考えは認知的処理に関する私たちの有力な考え方になっている（レビューについては Moors & De Houwer, 2006 を参照）。もちろん，行動の自動性の考えは非常に長い歴史をもっている。それは，アリストテレスの徳の分析にみられるようにギリシャ哲学者の記述をみれば明らかである。

　その後 50 年間，Cattel の発見の基礎にどのようなメカニズムがあるか，練習量によって決まるという考えを多くの研究者たちが検証した。この考え方はもう 1 つ別の考え方，すなわち異なる干渉あるいは競合という考え方と対比される，つまりある特定の反応習慣が単語単位で結びつくようになるのに対して，色の場合は，結びつきはばらつきがあり，反応傾向の多様性が生じる」（Peterson, Lanier, & Walker, 1925, p.281）。このアイデアは Woodworth & Wells（1911）が最初に表明したが，Joseph Peterson がその考えに反論した。

つまり，当時，Cattel の報告からさらに 50 年がすぎていたが，Peterson が指導する 1 人の学生が単語と色という 2 つの次元を単一の課題に結びつけたのである。その結果，心理学全体の中でも最も有名な現象になった——つまりストループ効果が生まれた（より詳細な背景は MacLeod, 1991a を参照）。

2. 古典的研究の詳細な記述

John Ridley Stroop は博士学位論文の研究の中で，干渉現象を探求しようとした（Stroop の伝記的な概略は MacLeod, 1991b を参照）。そのとき以降，干渉〔interference〕という現象は，ほとんどの場合記憶の文脈で研究され，以前に学習した情報を思い出すのを妨害したり，新しい学習を妨害したりする現象を指す言葉になっている[1]。Stroop（1935）は，今日では「オンライン」処理と呼ばれるテーマを本当は研究したかった。そして 1 つの刺激の中の 1 つの次元がもう 1 つの次元と同時に提示され競合する，干渉について研究を行った。その研究は，今日では記憶研究よりも，注意研究のほうに親和性が高い。彼は単語の読みと色の命名を Peterson と共同で探求し，彼の簡潔ながら力強い洞察力が，単語にインクで色をつけて印字し，2 つの次元が互いに拮抗するような刺激を作成した。

Stroop の研究のエッセンスは一般に広く知られているが，正確に何を行ったのか，その報告が誤っていることが非常に多い。したがってまず，彼の研究を正確に記述することが重要である。彼は 2 つの問題に答えようとした。つまり，合成刺激を構成する各次元が他の次元の反応にどのように効果をもたらすのか（実験 1 と実験 2），そして次元の交互作用が練習によってどのように影響を受けるのか（実験 3）の問題に答えようとした。本書では，かなり複雑な実験 3 の練習に関する議論は省略する。そして，現在ストループ現象として彼の名前で呼ばれるようになった有名な現象として最初の 2 つの実験を強調したい。

実験 1 で彼はワードの音読課題に及ぼす不一致インクカラーの効果を計測

訳注[1]　日本で interference は，記憶研究において，順向抑制，逆向抑制のように「抑制」と訳される。

した（たとえば，「あか」というワードがみどり色のインクで印字されている
場合に，正しい反応は「あか」と言うことになる）。彼は5つのワードとそれ
に対応するインクカラーを用いた。つまり，あか，あお，みどり，ちゃいろ，
むらさきである。実験条件では，それぞれのワードが，10個×10個の刺激を
含む1枚のカード上に，ワードに一致した色以外の4つのインクカラーで均
等に出現した。また2番目のカードでは刺激が逆の順番で出現した。統制カー
ドは，実験カードと同一だったが，ワードはすべて黒色だけで印字されていた。
実験参加者は，読みのエラーは修正しながらも，できるだけ速くワードを音読
しなければならなかった。表6.1の上の行は，実験1でテストした70人の実
験参加者から得られたデータを示している。実験参加者は，実験カードの100
個のワードを読むのに統制条件に比べて平均2.3秒長くかかったが，この5.6%
の増加は有意ではなかった。

　実験2では，課題はカラーを声に出して命名することだった（たとえば，上
の例では，「みどり」と言う）。統制カードは，ワードの彩色に使われた5色
でそれぞれ塗りつぶされた正方形だった。ワード読みからカラー命名に切り替
わったという重大な変更を除いて，実験カードと手続きは実験1と同一だった。
実験2を受けた100人の実験参加者から得られたデータは表6.1の下の行に
示している。実験参加者のカラー命名は，色のついた正方形に比べて不一致ワー
ドのインクカラーの命名のほうが平均47秒長くかかった。それは74%の増加
であり著しく有意だった。ほぼ60年後に再現された実験（MacLeod, 1991a）
では，Stroopの結果とほぼ同一の結果が得られている。

　Stroopの研究は，教科書や論文の導入では，Stroopが単一の実験で色命名
を調べたかのような記述がみられたり——あるいは，Stroopが単一の実験で

**表6.1　オリジナルの Stroop（1935）の実験で得られたデータ：1枚のカード100項目あたりのトータ
ル反応時間の平均値（秒）**

実験	実験条件	統制条件
実験1：ワード読み	43.30	41.00
実験2：カラー命名	102.27	59.76

注：実験1では，実験条件は不一致な色で印字されたワードの読みであり，統制条件は通常の黒のフォ
ントで印字されたワードの読みだった。実験2では，実験条件は，不一致の色名で書かれたワードの
色命名であり，統制条件は，カラーパッチの色命名だった。

ワード読みと色命名を比較したかのような記述がみられたりすることが非常に多いが、実際には、彼は2つの独立した実験を行ったのである。さらに、Stroop のワードの読みの結果（実験1）の記載がないことが非常に多い。よくみられる最大の誤りは、おそらく彼の実験が一致条件（たとえば、赤色で彩色された「あか」というワードに対して「あか」と反応する）を含んでいたと記述されていることである。実際には Stroop は一致条件を含めなかったのである。その理由は、色を命名せよと教示されたとしても、おそらく実験参加者が「ごまかして」ワードを読んでしまうということに気づいたためであろう。一致の場合、ワードを読んでも、カラーを命名しても反応が同一になるためである。一致条件の実験は単一試行の記録が論文に現れるまで行われなかった。そして、実に 30 年も経って、Dalrymple-Alford & Budayr（1966）によって、その実験が導入されたのである。

　Stroop は、簡潔にエレガントに干渉現象を探求した。全般的にみて、彼は2つの実験で得られる非対称的な干渉のパターンを練習量の違いで説明した。つまり、ワードの読みはカラーの命名に比べて非常に多く練習されているのである。彼は、ワードはワード読み反応だけを喚起するのに対して、カラーは複数の反応を喚起するという Peterson et al.（1925）の意見に賛同し、そのアイデアは、3年後さらに詳しく検証を進めたときに確かめられたと見なした（Stroop, 1938）。彼の名前で呼ばれるストループ効果は、その信頼性と効果量と簡潔性のゆえに、ほぼ 80 年間研究者たちの関心を引きつけてきた。

3. 古典的研究の影響と批評

　心理学のほとんどすべての導入教科書や、認知心理学の教科書でストループ効果が主役になっていることから、Stroop が与えた特筆するべき課題インパクトが過大評価されていると見なすのは困難だろう。その影響は、長い時間をかけて減少するどころか増加してきた本当にまれな現象である。その証拠に、Web of Science によると、Stroop 効果のトピックは 2800 件の論文に現れており、7万件以上の引用がなされている。ストループ効果に関する多くの論文が彼の古典的な論文の中身を引用しているのではないことに私は気がついた。そ

の理由は，「全員がストループ効果を知っている」ためである。したがって，これらの数はかなり少なめに見積もられている可能性があり，実際はもっと多いだろう。ストループ効果に関する論文数は，1980年代の42件から1990年代の462件，2000年代の1350件へと増加した。これら30年間の各10年間に発表された論文の引用数は，それぞれ1406件，2万5813件，3万8765件である。それは実に並外れた影響力をもっている。

しかし，ストループ研究は最初からこの方向へ展開したのではなかった。確かに，研究が発表されてからの30年間は，ストループ現象そのものを追求する研究や，ストループ現象を説明しようとした研究はみられなかった。つまり，顕在的に発表された研究は心理計測検査の一部としての使用に限られていたのである（たとえば Thurstone, 1944）。しかし，Jensen & Rohwer（1966）がストループ課題の応用的な使用をレビューしたときになって初めて，注意と学習に関する基礎的な認知研究領域に注意が引きつけられることになったのである。

注意と学習のような基礎的な認知プロセスを探求する方法として「ストループ干渉」として現在知られている現象に関心を引きつけている重要な要因は，3つある。第1の重要な要因は，ストループ現象を探求し新しい世代に再導入する系統的な研究である。この研究は，Klein（1964）によって行われた。この論文の中で，Klein が示したのは，無視するべき音声言語項目がどれだけ干渉を引き起こすのかは，音声言語項目の性質によって決まるということだった。つまり，無関係な不一致ワードが，カラー名の命名の構成メンバーのとき，干渉が最大になった。そして，不一致ワードが，反応セットに含まれない他の色名単語になると干渉は50%まで低下し，不一致ワードが高頻度ワード，低頻度ワード，ワードではない綴りに変わるにつれて徐々に干渉が低下した。Klein の研究は第2の重要な方法，つまり新しい方法と発表時期が一致していたため，関心を再燃するのにタイミングがよかった。すなわち，コンピュータ制御の実験の出現とともに，試行ごとの反応時間を得るために個々のストループ試行の提示の可能性が現れたのである。その手続きは，Dalrymple-Alford & Budayr（1966）が可能であることを示し，そのとき以来圧倒的に優勢なパラダイムとなった。確かに，1960年代の急速な関心の増加は，3番目の重要な要因を導いた。つまり，Dyer（1973）は，基礎的な認知現象としてストループ

効果を総括的に捉えるレビューを初めて行った。そのとき以来，過去を振り返ることはなくなった。つまり，ストループ効果に関する数千の研究が，過去40年あまりの間に現れた。

　Klein（1964）の研究の後10年あまりは，ストループ効果に関する研究の多くは処理系列においてどこで干渉が生じるのかに注目した。この注目は，継時的に実行される一連の系列として処理を捉える当時優勢な考え（Sternberg, 1969を参照）に合致していた。干渉は，処理の相対的なスピードの結果だと多くの研究者が考えていた。つまり，課題がカラー命名であるとき，誤った次元が勝ってしまうという競争が生じる。この考えは，「ホースレース」モデルだと呼ばれることが多かった。しかし，正確にいうと，干渉は時間的にみてレースのどこで生じるのだろうか？　ある研究者は，干渉はスタート付近で生じると考えた。つまりコード化の際に生じ，干渉を「早期選択」の問題だと考えた。知覚コード化説の中で，Hock & Egeth（1970）は，インクカラーの情報のコード化のスピードは（ニュートラル統制ワードに比べて）不一致な色名ワード情報の影響で遅延すると論じた。この説は証拠が得られたが，しかし，後にこの説に対する反証が得られた。最も影響力のある説明は反応選択説となった。この説では干渉が「後期選択」の問題であると考える（たとえばMorton & Chambers, 1973; Posner & Snyder, 1975）。Posner & Snyder（1975, p.57）はこれを次のように，非常に明快に説明している。

　　第1に，通常ストループ効果は，視覚提示ワードに対するボーカル反応と視覚提示インクカラーに対するボーカル反応が競合するために生じる。……第2に，干渉の方向性は関与する時間関係に依存する。ワード読みのスピードは，カラー命名のスピードに比べて速い。したがってワード読みがインクカラーから受ける干渉に比べて，カラー命名反応はワードからより強い干渉を受ける。……第3に，ワードは，共通の色名をもつカラーのボーカル出力のスピードを速めることが多い。……これら3つの結果から考えられることは，カラー命名と読みが出力される直前までは同時並行で干渉を伴わずに進むということである。

3. 古典的研究の影響と批評

1970 年代の中頃から終わりまでに，処理が厳密に継時的に進むという考え
は認知心理学の中でみられなくなった。そして並列的処理の考えの方向に動く
ようになった。それは，Townsend（1976），Taylor（1977）や，他の研究者
たちの研究にみられるとおりである。並列処理の考え，つまりワードとカラー
が同時に処理され，その処理の間クロストークが続くという考えは，Posner &
Snyder（1975）の自動性の説と調和がとれた。そしてそれ以来，それは，反
応に無関係なワードの処理が「自動的だ」と見なされようと，反応に関係のあ
るカラーの処理に比べて単に流暢だと見なされようと関係なく，優勢な見方と
なった。

　2 つの研究がこの並列処理の見解と合致し，直列処理の見解に合致しない結
果を示している。最初に，Glaser & Glaser（1982）による研究を考えてみよう。
彼らは，個別項目手続きを用いてカラーとワードを分離して，継時的処理スピー
ドの考えを直接検証した。彼らは刺激の提示開始のずれの時間を一定の範囲内
で変動させ，ワードをカラーに先行提示させたり，カラーをワードに先行させ
たりした。彼らの重要な発見は，課題がカラー情報先行提示だったときのワー
ド読みの結果から得られた。意外なことに，不一致なカラーがワードに 400
ミリ秒先行して提示したときでもワード読みと干渉が生じるという証拠は何も
得られなかったのである。継時的処理スピード説によると，カラーがワードに
先行提示される場合には，逆ストループ効果が生じるはずである。つまり不一
致のカラーがワードの読みと干渉する効果が生じるはずである。しかし，この
状況で干渉が何もみられなかったことは，継時的処理スピード説と食い違う。

　その直後，Dunbar & MacLeod（1984）は，異なったアプローチをとり，空
間的に変換させることでワードの読みやすさを操作した。たとえば，上下逆に
したり反対方向から読むようにしたりしたのである。色名単語の音読にかかる
時間は，通常みられない方向で提示されたときに急激に増加した。しかし，ワー
ドの印字カラーを命名するときに比べて色名単語読みが遅くなったとしても，
ストループ干渉は——実質減少したが——頑強にみられた。おそらく最も印象
深いのは，標準的なストループ効果とともに逆ストループ効果が現れたこと
だった。Glaser & Glaser（1982）の知見と同様，このパターンのデータは継
時的処理スピード説と食い違っている。確かにストループ課題を使った研究は，

83

系列的処理の枠組みの見解から並列的処理の枠組みの見解に，優勢な見解が変わるうえで役立った。

1970年代と1980年代を通して，ストループ課題とその亜型の研究に非常に大きい成長がみられた。それはMacLeod（1991a）がレビューしたとおりである。2，3の説明のとおり，ストループ課題は注意の理論（たとえばNeill, 1978）と自動性の理論（たとえばKahneman & Chajczyk, 1983; MacLeod & Dunbar, 1988）を検証するために使用されただけでなく，意味記憶の理論（たとえばKlein, 1964; Warren, 1972），バイリンガルの記憶体制の理論（たとえばMägiste, 1984; Preston & Lambert, 1969），読みの理論（たとえばMartin, 1978）を検証するために使用された。アメリカ心理学会〔American Psychological Association〕の創設100周年に際し，Stroop（1935/1992）の論文は，再出版の価値のある古典の1つとして選出され，注意の測度の黄金標準として，時間経過とともに関連研究が減衰するのではなく反対に成長し続けている広く知られた数少ない課題の1つであると捉えられた（MacLeod, 1992）。

過去20年間，ストループ干渉に対する関心は弱まっていない。確かに，ストループ課題は，基本的な大脳プロセスとさまざまな異常性によって引き起こされる健常な大脳プロセスの撹乱に関心がある認知神経科学者にとって主流になってきた。このことは，2000年にはすでに当てはまっていたが（MacLeod & MacDonald, 2000を参照），認知の基本的な大脳メカニズムに関するStroopの関連研究は，それ以来干渉が，fMRIや他のイメージング技法によって捉えられる大脳領域における抑制の測度として，エピソード記憶検索の測度（たとえばEgner & Hirsch, 2005）として，さらにそれよりもはるかに多く認知コントロールの測度（たとえばCarter et al., 2000; Herd, Banich, & O'Reilly, 2006）として使用される（たとえばMitchell, 2005）ことが，ますます増加してきた。臨床研究は，さらに多くみられ，統合失調症（たとえばMinzenberg, Laird, Thelen, Carter, & Glahn, 2009）やADHD（Bush, Frazier, Rauch, Seidman, Whalen, Jenike, et al., 1999）のようなさまざまな症例に関する研究で，研究者たちは疾患によって影響を受ける大脳領域を捉えようと探求してきた。

4. 新しい説明

　理論的研究もまた過去 25 年間で発展してきた。さまざまな認知領域から得られた新規の理論が現れた。1 つ目の，そして最も有名な理論は，Cohen, Dunbar, & McClelland（1990）の理論である。出発点として，彼らはMacLeod & Dunbar（1988）の知見を取り上げた。つまり次元間の干渉が各次元のトレーニングあるいは練習のダイレクトな関数であるという知見である。そのことは自動性が連続体であって，全か無かではないということを意味する。その後並列分散処理のフレームワークで Cohen らが論じたのは，ネットワークにおいて，パスウェイの強度は過剰トレーニングを通して増加していき，自動性はその処理パスウェイの強度に依存しているということであった。ニューラルネット・モデルがワード読みについて多数トレーニングを受けていくほど，Stroop 文献のキーとなる重要な知見の多くを産出することができた。自動的なワード読みは，連続体のようだった。練習が進むにつれて徐々に出現していく。このモデルは，Stroop 領域の範囲の中と範囲の外の両方に，このモデルが導入されて以来，行われた多くの理論的な展開をシミュレートしてきた。

　Roelofs（2003）は，この連合ベースのアプローチに対して論争し，それに代わってワード産出の心理言語学的理論に基づき，同時に産出システムルールのアイデアに基づいて，モデルを構築した。基本的に，彼が論じたのは，ストループ効果が言語産出システムの範囲内で行われる処理の交互作用の結果であり，ゴールに準拠したコントロールプロセスの結果であるというものである。彼の見解では，ストループ課題で行われる注意選択は，実際は発話反応の選択なのである。この選択は，アクション，詳しくいうと，発話アクションに関する個別のゴールに基づいている。つまりこのモデルは，発話反応の自動的な要素と期待に基づく要素の両方を組み込んでいるモデルである。またこのモデルは，MacLeod（1991a）がどんな理論でも捉えなければならない決定的に重要な知見と考えた，多くの知見を包含するのに成功している。

　しかし，別のアプローチで，Melara & Algom（2003）が構築したのは，基本的な知覚原理に基づくモデルだった。その中で，注意選択は 2 つの記憶ベースの構造の結果得られており，注意選択は，刺激次元内と刺激次元間の情報を

処理することによって動的に達成されている。そしてそれは意識を必要としない。提示された次元の値と，提示されなかった次元の値の両方の記憶が，試行ごとに検索され，したがって，つい最近生じた事柄——だけでなくずっと以前に生じた事柄——がともに現在に影響するのである。これらの構造の1つが，**次元の不確実性**〔dimensional uncertainty〕であり，次元の値が相互にどれだけ相関しているかを表している。そして同時に，両次元の値がともに出現することが記憶に基づいた場合，どれだけ期待できないかを表している。もう1つの構造は，**次元の不均衡性**〔dimensional imbalance〕である。これは，次元の値がどれくらい目立っているかを表している。一般的にいうと，実験者は課題として色命名を特定しているが，実験参加者はワードの読みの経験のほうが多い。これらの構造がそれぞれターゲット次元に生じる期待を統括するのに何らかの役割を果たしている。同様に，ディストラクター次元に使われる抑制と，先行エピソードの記憶に使われる抑制を統括するのにも何らかの役割を果たしている。

Melara & Algom（2003）のモデルは，Melara & Mounts（1993）の実証的な研究に基づいて展開されてきた。彼らの研究は，ストループ干渉が相当量エピソードの履歴の結果に応じていることを示している。——ストループ干渉は，実験中に出会った刺激の確率の変動の経験に応じている。このことが，このモデルの中で次元の不均衡構造の源泉になっている。基本的にみて，彼らの主張は，ワードとカラーの随伴性が問題であり，Stroop の文献の中では過小評価されてきた問題である。主要な意義は，他の要因が等しい場合は，より頻繁に出現する刺激に対する反応は，あまり出現しない刺激に対する反応に比べてスピードが速くなるというものである。このことは，ストループ課題では一致試行のほうが不一致試行に比べて反応スピードが速いことをうまく説明できているようである。研究者は，各条件で均等の試行数になるように通常実験をデザインするが，このことは必然的に，試行間で一致刺激に比べて不一致刺激の数が多くなることを意味する（たとえば，4色の場合を考えてみると，色とワードの一致の組み合わせは4通りであるが，不一致の組み合わせは12通りある）。このアイデアと合致しているが，Melara & Mounts（Sabri, Melara, & Algom, 2001 も参照）は，条件を均等にするのではなく刺激を均等にした。すると，

一致項目に対する平均反応時間は急激に減少した。次元の傑出性構造に関して，彼らが論じたのは，一般的にみて，ワードのほうがカラーに比べて弁別しやすいということである。そのことがカラーに対して注意を注入させよという教示にもかかわらずワードを目立たせることになっている。彼らは次元の弁別可能性を操作した。その結果彼らが見いだしたのは，カラーを弁別しやすくしたり，弁別しにくくしたりすると，どちらもストループ干渉を急激に低下させるということだった。彼らの理論と一致しているが，さらにこれらの結果が示唆するのは，ストループ実験がどのように構築されているかについて，さらに熟考する必要があるということである。

5. 古典的研究がどのように思考を進展させるか

Stroop 自身，ストループ課題が普及し続け人々に影響を与え続けていることを知ることはできなかっただろう——興味深いことに，Jensen (Jensen & Rohwer, 1966) が 1960 年代の半ばに Stroop にストループ課題のことを語ったとき，Stroop はあまり関心を示さなかったのである（MacLeod, 1991b を参照）。彼の博士論文の時代，Stroop のプロジェクトは，その時代の主潮からかけ離れていた。その時代に優勢だったのは，行動主義だった。まったく明らかであるが，行動の効果のサイズ——私たちが課題を遂行し始めると同時に感じることができるが——だけでなく，パラダイムの単純性もまた研究者にとって強い魅力となってきた。同時に，干渉は種類にかかわらず，私たちが認知メカニズムを探求するのに現実に利用できる数少ないツールとなっている。ストループ干渉は，疑いなく干渉の最もよく知られた測度である。

すでに指摘したように，ストループ課題が多くの亜型を含むとすると，非常に多様な用途に利用されてきた。最もよく普及している亜型には，絵画ワード課題がある（それは絵画の上に印字されているワードを無視し，単純な絵画を命名する課題である。これら 2 つの課題がどのように似ているのかに関する議論については Dell'Acqua, Job, Peressotti, & Pascali, 2007; van Maanen, van Rijn, & Borst, 2009 を参照）。また普及している亜型課題には，カウンティング・ストループ課題（画面に含まれる数字の数をカウントしながら，1 セットの数

字を無視する）がある。しかし，臨床文献に由来する亜型で最も多く頻繁に使用されている変形は，情動ストループ課題である（レビューについては，Williams, Mathews, & MacLeod, 1996 を参照）。この課題では，精神病理学に関係するワード（クモ恐怖症の患者にとってのクモに関係するワード）は，統制ワードに比べてカラーを命名するのが遅くなることが見いだされている。この課題は，真のストループ類似物かどうかが論議されているとしても，臨床診断の対象者を探求するのに非常に多く使用されてきた。概念分析と一連の実験に基いて，情動ストループ課題では，統制ワードに比べて情動ワードで観察される干渉が，情動ワードに埋め込まれている脅迫によって引き起こされた包括的な減速を表しており，古典的な色名単語ストループ効果を基礎づけている選択的注意を表してはいないという Algom, Chajut, & Lev（2004）の議論に賛同したい。人々は，情動ストループ課題に非常に緩慢に反応するが，それはまるで情緒に関係したワードに用心しているようである。さらに，情動ストループ課題には，古典的なストループ効果に不可欠の反応競合が欠けている。

　この時点で問うべき理屈に合った問題は以下のとおりになるだろう。「ストループ課題が測定しているのは何なのだろうか？」この課題が広く頻繁に使用されているにもかかわらず，この問題に対して答えることは一般に考えられているほど容易なことではない。最も広く受け止められているのは，注意の選択性を測定しているか，あるいはもっと正確にいうと注意の選択性の失敗を測定しているかというものである（たとえば Melara & Algom, 2003）。これに対して，ストループ課題が抑制を測定している，つまり神経的な抑制を測定していると捉えられることもある（たとえば Brittain, Watkins, Joundi, Ray, Holland, Green, et al., 2012）。私や私の研究者仲間たちはこの抑制の見解に反論してきた（たとえば MacLeod, Dodd, Sheard, Wilson, & Bibi, 2003）。また Miyake, Friedman たちの研究（たとえば Friedman & Miyake, 2004）が論じてきたのは，抑制の概念が拡大解釈されすぎているということだった。Stroop（1935）自身が主張したようにストループ課題が単に学習量の指標だと論じる研究者もいた（たとえば MacLeod & Dunbar, 1988）。過去 20 年間で，ストループ課題はエクゼクティブ・コントロールもしくは認知コントロールの指標になってきた（たとえば Meier & Kane, 2013）。確かに，将来の研究が目指すゴールは，ス

トループ干渉が実際に認知処理で何を測定しているかを明確にしようとすることだろう。それは私たちに認知処理をよりいっそう普遍的に理解するのを助けることだろう。

6. 結論

　この非常に単純な課題は私たちがこころの働きを考えるのに多くの洞察を与えてきた。活動の中でそれを考えるには，我々はどのようにこころが失敗するのかを知る必要がある——つまりこころの働きが遅れたり，エラーが起こりやすくなったりすることを知る必要がある。ストループ課題ほどこの失敗をはっきりと示している状況は他にはない。十分学習を受けてきた情報は，あまり学習していない情報を妨害し，自動的な反応がよりコントロールされた反応に優先する。そして，新規な反応を行えるようにするために慣れた反応を食い止めなければならない。ストループ課題は，これらの状況をすべて表している。ストループ課題は，基本的な認知機能の探求とともにその機能の妨害の探求の有用なツールを与え続けている。

さらに学ぶために

MacLeod (1991a) は，膨大な Stroop の文献について，その発表から 20 年以上にわたって大量の研究が出版され続けている中でも，最も総括的なレビューを行っている。

MacLeod (1991b) は，その学位論文によって彼の名前で呼ばれる課題の研究を始めた人物 John Ridley Stroop の経歴を短くまとめている。

Cohen, Dunbar, & McClelland (1990) は，ストループ課題について最初にまとめたモデルを示している。またコネクショニスト・モデリングの世界でも重要な論文である。

Melara & Algom (2003) は代替説を提出している。ストループ効果の知覚寄りの説であり，方法と解釈の重要な問題を指摘している。

Stroop (1935/1992) は，自身の学位論文研究を含む古典的論文である。明確で魅力的な形で書かれており，注意，学習，記憶に関係する「全体的な枠組み〔big picture〕」に向かう単刀直入な分析と関連性を含んでいる。

（書誌情報は巻末の文献リストに記載されている）

7章

健忘症

Scoville & Milner (1957) によるH. M. に関する研究を超えて
Howard Eichenbaum

1. 古典的研究の背景

ScovilleとMilnerの画期的な論文（1957）が発表されるまでの数年間は，記憶機能を脳内に別個の心理学的機能として局在させることに対する進歩は見込めない状況であった。脳損傷患者を対象とした研究によって，解剖学的には明白に区分される特定の皮質領野を損傷すると，記憶機能にかなり特異的な障害が生じることが示されてきた。たとえば，側頭－頭頂皮質の損傷は，普通名詞の記憶障害を引き起こした。しかし，このような材料に特異的な記憶障害は，記憶機能自体の障害というよりは，関連するモダリティ内の情報処理過程が崩壊したことによって二次的に生じたものと見なされており，実際，「全般的な」（材料に依存しない）記憶障害は，皮質以外の部位の損傷によって引き起こされていた。さらに，Karl Lashley（1950）が，ラットの迷路学習に関するとても有力な一連の実験計画を実施し，皮質内のある特定の経路や領野を破壊しても，記憶が局在化されている事実は見いだせないという結論を下していた（Eichenbaum & Cohen, 2001 を参照）。その代わりとして，Lashleyは自身の発見から，記憶障害の程度はどこの部位を損傷したかというよりむしろどのくらい皮質を損傷したかによって決まると結論づけていた。

後に，William ScovilleとBrenda Milnerが，海馬領域に損傷を負うと選択的かつ重篤な記憶障害が引き起こされると報告すると，状況は一変した。彼ら

の論文の中でも認められているように，海馬領域の損傷によって記憶障害が起こることはこれまでにも報告されていた。しかしながら，これまでの事例では，海馬と記憶との決定的で明白な関連性が示されていなかった。知覚的な障害や知的な障害を伴わない持続性のある全般的な健忘が，特定の脳領域の損傷に帰属され得ることについて初めて説得力のある説明をしたのが，Scoville と Milner の論文であった。それゆえ，彼らの論文は記憶研究に革命をもたらした。この論文を現代の神経科学的な記憶研究の起源だと特徴づけても誇張ではない。

2. 古典的研究の詳細な記述

Scoville & Milner（1957）の論文は，外科的に切除した海馬領域の場所や程度と，手術後に患者に実施したウェクスラー知能検査や記憶検査の成績とを関連づけた複数事例研究であった。彼らは，扁桃体や異なった大きさの海馬，さらにはこれらの構造物の周囲にある大脳皮質の一部を含んだ両側の側頭葉内側部を切除した 10 例について詳述した。これらのうち 7 例は統合失調症患者で，1 例は大うつ病患者，もう 1 例は内側側頭葉領域に腫瘍があった。またこれらの手術例のうちの 2 例は，側頭葉内側部が切除されたうえに眼窩前頭皮質の下のほうが切り取られていた。そしてこれらの患者のうちのもう 1 人が Henry Molaison であり，彼は亡くなるまで，科学的な出版物の中では彼のイニシャルである "H. M."（図 7.1）としてだけ身元が確認されてきた。H. M. には慢性的な発作があったが，抗けいれん薬の服用ではよくなる兆しがないうえ，発作を引き起こしている病巣も特定されていなかった。両側の海馬領域を切除したことによって，あらゆる種類の新奇な材料を想起する能力がほぼ完全に失われてしまったうえに，その障害がもっぱら記憶に選択的であり，精神疾患や他の病理，あるいは外科的なダメージといった他の交絡要因によってもたらされている可能性は考えられなかったがゆえに，この事例は重要なものとして引き継がれてきたのである。

H. M. が手術を受けたとき，彼は 29 歳の高卒の巻き取り作業員〔motor winder〕であった。彼の発作は 10 歳のときに始まり，多発性の大発作を毎日引き起こして，もはや働くことさえできなくなるほどだんだんと悪くなって

図 7.1 Henry Molaison

いった。1953年の9月1日に手術が行われ，初めて回復した後に，つい先ほど獲得した記憶を維持することに著しい障害があることがすぐさま顕著となった。医師や他の者たちによって検査が繰り返しなされたものの，H. M.は彼らに会ったことをすぐに忘れてしまい，会ったことに対する記憶をもっていなかった。手術の19か月前までに起こった出来事についての逆向性の全般的な健忘があり，3年前までの期間に部分的な記憶の喪失が認められたが，手術よりもずっと前に獲得された記憶——一般的な知識や少年時代の個人的な思い出——は正常であった。正式な検査の結果，H. M.のウェクスラー・ベルビュー知能検査における全検査知能指数は正常で，手術後に発作の頻度が減少したためなのか，手術前のスコアよりも実際は少し上昇していた。一方で，ウェクスラー記憶検査におけるスコアは極めて低かった。たとえば，難易度の高い対連合学習は0点で，繰り返し練習しても上昇しなかった。また，彼はその課題から注意をそらしてしまうやいなや，テストセッションの経験を完全に忘れてしまった。

　他の9名の患者についての発見も，付加的に得られた心理学的発見や解剖学的発見を解釈するうえでは制約があるとはいえ，比較対象としては有用であった。ScovilleとMilnerは患者を記憶障害の重篤さに基づいて3つのカテゴリに分類した。最も重篤に障害されていたのがH. M.と47歳の妄想性の統合失調症患者と55歳の躁うつ病患者であった。このグループでは，海馬の損傷は海馬の前端から5.5〜8cm後方まで達していた（図7.2を参照）。中等度の

7章 健忘症

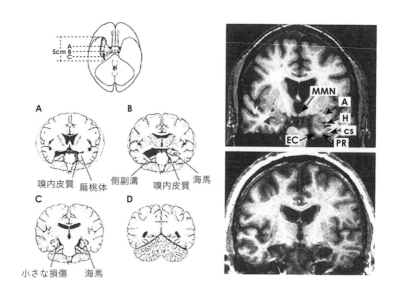

図 7.2 H. M. の損傷部位（Corkin et al., 1997 より改変）
左：H. M. の損傷を再構成したもので，脳の右側だけに示されている。左側も同様の損傷を負っているが，ここでは健常な海馬を視覚化するために無傷の状態のままにした。右：健常な脳の MRI 画像（上）と H. M. の脳の MRI 画像（下）。海馬領域に損傷があることに注目せよ。MMN (mammillary nuclei)：乳頭体，A (amygdala)：扁桃体，H (hippocampus)：海馬，cs (collateral sulcus)：側副溝，PR (perihinal cortex)：嗅周野，EC (entorhinal cortex)：嗅内皮質。

健忘症を発症していたグループは5人の統合失調症患者で構成されおり，海馬の前端から5〜5.5cm に達する海馬に損傷を負っていた。最後に，彼らは持続性の記憶障害を示さないグループについても記述した。このグループには，海馬の前端から4cm に損傷が達している統合失調症患者と，海馬の前端から9cm に損傷が達しているものの片側しか切除していない脳腫瘍の患者が含まれていた。

健忘症の重篤さと海馬の損傷の程度との関係性は明白で，海馬組織を少なくとも 8cm 根治的に切除すると，新しく学習した材料を想起することに重篤な障害がもたらされる（前向性健忘）とともに手術の前に獲得された長期記憶の一部が喪失されてしまう（逆向性健忘）という暫定的な結論を，Scoville と Milner は下した。H. M. の短期記憶の能力は正常であり，前向性の記憶喪失は，新しく獲得した情報を長期記憶内に定着できないことに特徴があった。だから，

心理検査に参加できたこと（短期記憶）からもわかるように，彼は新しい情報を心の中で符号化し保持することはできた。しかし，彼の注意がそらされるやいなや，検査を受けたことやその内容に対する記憶は失われてしまった（長期記憶から検索することに欠陥がある）。また，手術の少し前に獲得された記憶は失われてしまったが，数年前に獲得された記憶は失われていなかったというように，前向性の記憶障害は一定期間の逆向性健忘を伴っていた。さらに，海馬領域の組織を極限まで根治的に切除してしまったとしても，神経学的な検査や標準化された知能検査で測定された知覚や知能や人格は無傷であった。最後に，Scoville と Milner は，海馬自体の役割については，海馬だけが重要なのではなく近傍の鉤回や海馬回のような皮質領域も決定的な役割を担っていると考えた。彼らは，扁桃体はすべての症例で損傷されていたと特に言及しているが，扁桃体が同じ程度損傷されていても海馬に損傷が及んでいない場合は，記憶は障害されないことについても指摘した。海馬と扁桃体の両者を損傷することが記憶喪失に至る要件であるとそのときまでは見なされてきたのだが，扁桃体自体の損傷は健忘症を発症するのに十分ではないことがこれらの所見によって示唆された。

3.　古典的研究の影響

　H. M. についての所見は，てんかんや精神疾患に対する脳神経外科的な臨床実践と人間や動物を対象とした実験研究との両方に多大なる影響を与えた。臨床実践に関しては，H. M. に手術を施した脳神経外科医の Scoville がその発見を広く周知したため，両側の側頭葉内側部を切除することは決して行われなくなった。その発表がなされてからは，外科医は片側だけを切除するようにしているため，重篤な記憶障害は発症していない。

　H. M. に関するかなりの量の研究が次々と行われたので，彼の記憶障害の特性や範囲についての理解は広がってきている（Corkin, 2013）。広範な検査が実施されたところ，H. M. の知覚，短期記憶やワーキングメモリ，他の認知や全般的知能は正常であることが示された。前向性の記憶障害については，言語材料か非言語材料かに関係なく，ありとあらゆる領域に障害をきたしているこ

とが明らかにされてきた。逆向性の障害についても詳細に研究されており，記憶を部分的に喪失している期間は手術の 16 年前までに拡大されてきた。このことは，記憶を永続的に固定するために要する長期間の過程にも，海馬が役割を果たしていることを示唆するものである。しかしながら，彼が初めて発作を起こしたときの近くにまで逆向性の期間が拡大されることは，彼の逆向性健忘の特徴を，その期間に発作の頻度が徐々に増加したことによって生じた可能性がある前向性の記憶喪失と混同してしまう。

　加えて，側頭葉内側部や他の皮質下領域に損傷を負った他の患者を対象とした多くの神経心理学的研究が後に続いた。これらの研究は，海馬領域の損傷，あるいは視床内側や乳頭体を含む海馬に隣接する皮質下領域の損傷が全般的な健忘を発症させる一方で，同じ部位の片側の損傷では，軽度で言語に選択的な記憶の障害（左側の損傷）や非言語に選択的な記憶の障害（右側の損傷）を発症させることを確証してきた（Andersen, Morris, Amaral, Bliss, & O'Keefe, 2007; Corkin, 2013 を参照）。そのうえ，今では，一過性の無酸素症やウィルス性の脳炎によって海馬に限局された損傷を負ったものの，扁桃体と海馬周辺の皮質の両方が無傷であった数多くの症例が報告されている。これらのより限局された損傷は，H. M. の症例と質的には類似しているが，彼ほどは重篤ではない短期間の逆向性の記憶喪失を伴った全般的な健忘症候群を発症させている。また，臨床研究で用いられる脳の構造画像では，軽度認知機能障害で認められる記憶喪失が海馬の萎縮と関連していることが決まって見いだされる。扁桃体に限局された側頭葉内側部の損傷をもつ患者に関する研究によって，この構造体が記憶には必要とされていないことが確認されてきた。Scoville & Milner（1957）の主たる結論は，大部分は追認されると同時に，標準化された知覚や知能や記憶についての検査を実施することによって拡張されてきた。また，海馬領域が記憶にとって極めて重要であるという彼らの中心的な論点も追認されている。

　さらに H. M. に関する報告は，動物でのみなし得る，側頭葉内側部の特定の部位を選択的に損傷させることによって，どのような結果がもたらされるのかを明らかにすることを目的とした動物研究を生み出し，その結果，海馬の神経回路に形成された記憶表象の性質が捉えられてきた（Eichenbaum & Cohen,

2001 を参照）。サルやラットを使った初期の研究では，海馬を選択的に損傷させても全般的な記憶障害が生じなかったので，動物においては，海馬を損傷した結果として生じる全般的な健忘をモデル化することはゆるやかにしか進歩しなかった。実際，さまざまなテストを実施したところ，障害が起こるという報告と正常であるという報告が混在したため，海馬は記憶そのものというよりは，特定の課題を学習する際に重要となる行動の抑制や行動の柔軟性を支えている可能性があるのではないかと考えられるようになった。加えて，自由行動下におけるラットの海馬内の神経細胞の発火パターンを調べた初期の研究では，動物がある環境内の特定の場所にいるときに発火する海馬の神経細胞である「場所細胞」が存在することが示されていた（O'Keefe, 1976）。海馬を損傷することによって引き起こされた空間学習の障害と記憶の障害に関する報告をあわせて考えると，これらの観察によって見いだされた重要な見解は，少なくとも動物においては，海馬領域がナビゲーションに対して決定的な役割を担っているというものであった（O'Keefe & Nadel, 1978）。

　このような明らかな錯乱にもかかわらず，動物モデルを使った研究が何年もかけて発展したおかげで，人間の健忘症に関わる発見や，動物の海馬を損傷させた結果から得られた発見によって，全般的な記憶機能が解明されるようになった。時空間に関わる記憶や他者との結びつきに関わる記憶を統合するためには，海馬は，人間にとっても動物にとってもなくてはならないものである。海馬のニューロンが，非空間的な刺激や行動の符号化に関わっていることや，空間的な記憶の統合だけでなく時間的な記憶の統合をも支えていることに対する証拠があるものの，記憶やナビゲーションに関わる海馬の機能については，研究者の間では一致した見解が得られてはいないままである（Eichenbaum, 2013）。全体的にみて，人間や動物の記憶において海馬が果たしている機能を統一的な考えにまとめることへの道のりは曲がりくねったものであったが，以下に説明するように，海馬が記憶をどのように支えているのかについての理解は今もなおかなり進歩し続けている。

4. 古典的研究への批判

(1) 発見に対する別の解釈

　Scoville と Milner が下した主要な結論のうちの重要な側面に対しては，さまざまな新たな実験的証拠が提示されるにつれて疑問視されるようになった。これらの新たな発見を契機として，知覚や認知は海馬領域の損傷によって影響を受けない，海馬は短期記憶やワーキングメモリには関わっていない，健忘症の障害は記憶の領域を超えて「全般的」である，近傍の皮質の損傷とは違って海馬そのものの損傷が記憶障害の原因である，海馬の損傷に起因する逆向性健忘は時間的に制限されている，といった結論に対しては違った解釈がなされるようになった。このような結果がもたらした異議や進展の特性については，近ごろ概観されたので（Eichenbaum, 2012），その主要な発見うちの重要な部分については，以下の節で概略を述べたうえで簡潔に議論する。

(2) 海馬領域を損傷しても知覚能力や認知能力は低下しない

　最近の研究は，海馬が複雑な物体刺激の知覚的処理過程に関与しているだろうということを示唆してきた。いくつかの実験では，健忘症患者は知覚的な判断ができなかったり，重なった特徴を含んだ刺激の弁別課題を学習できなかったりする。最も印象的な証拠は，健忘症患者が，実際の景色の内容を少しだけ変えて構成された仮想現実の景色を弁別することに障害を受けているとういうものである（Graham, Scahill, Hornberger, Barense, Lee, Bussey, et al., 2006）。この障害はおそらく本質的には記憶喪失の例外と見なされるべきなのであろうが，どのような知覚的過程あるいは認知的過程が障害されているのかについてはほとんど理解されていない。1つの可能性として考えられるのは，重なり合う要素を共有する複雑な刺激から曖昧さを除くことや，逆に，独自の表象を形成するために曖昧な要素を結合することは，陳述記憶内の要素間の関係性をオンラインで情報処理する過程を反映しているかもしれないということである。
　この考え方に整合するように，分離したときだけにしか配列の個々の要素を

見ることができないような多重の刺激配列を見る際に，健忘症患者は異常な探査方略を使っていることが最近の研究では示されている（Voss, Warren, Gonsalves, Federmeier, Tranel, & Cohen, 2011）。連続する要素を探索する際，健常者は前に見た刺激に頻繁に戻っており，この「自発的な再訪」がまさに海馬の機能を反映している。これらの刺激を記憶するのに要する負荷は，健忘症患者でも典型的には正常であるワーキングメモリの範囲内であるのだが，健忘症患者はこの自発的な再訪に問題を抱えている（Voss, Gonsalves, Federmeier, Tranel, & Cohe, 2011）。さらに，健常者は，走査を随意的に統制することで，刺激配置に対する後の記憶〔subsequent memory〕に恩恵を被るのだが，健忘症患者はそのようなことをしない。このことは，健忘症患者が，独立した要素を結合することで完全な記憶を構成するという能力を欠如させていることを示唆している。

　加えて，この先に起こることを思い描く能力が健忘症では障害されているという所見からも，健忘症患者の認知能力が正常であるという結論には異議が唱えられてきた。これらの研究では，実験参加者は新しい経験を，それらの経験の特性についての簡単な手がかりをもとにして想像することが求められた。健常者は毎日の出来事に対して豊富な筋書きを容易に生成することができたが，健忘症患者はできなかった。だから，たとえば，いい天気の日に白い砂浜に横たわっているのを想像するように求められると，健常者は，砂浜にあるいろいろな物の細かな配置や，動いている船，太陽や砂に対する個人的な感情を想像した。対照的に，健忘症患者は，物の細かな配置やその風景に含まれる出来事を思い浮かべることはなく，青い空と白い砂を想像しただけだった（Hassabis, Kumaran, Vann, & Maguire, 2007）。これらの所見は，それ自体は，記憶するということの外側に存在する海馬の役割を示唆しているにすぎない。しかしながら，これらの所見を考慮すると，まだ経験していない未来の出来事を想像するには，過去に経験した事柄の断片を記憶の中から思い出して創造的に相互に結びつける必要があるのだが，まさにこのことに海馬領域が重要な役割を果たしているのではないかと推察される。

(3) 健忘症になっても短期記憶とワーキングメモリは低下しない

　早い段階に実施された神経心理学的評価から得られた H. M. に関する他の主要な所見は，彼は正常な数唱と直後記憶に関わる能力をもっていたことであった。彼は普通に会話できたし，同じ実験に以前に参加したときのことについて言及するように求められない限りは，心理検査に参加することができた。しかしながら多くの最近の機能的脳画像研究が，ワーキングメモリ課題の間にも海馬が強く関与することを示しているし，また，この活性化が後の記憶成績〔subsequent memory performance〕を予測すると考えられている。他の研究では，ワーキングメモリの段階で視覚的シーンをうまく記憶しておくことに障害があることが明らかにされている。これらの研究によって，普通は見覚えのあるシーンでは，これまでに刺激が処理されてきた方向へ眼球が優先的に直接向くものであるのだが，健忘症患者はつい最近に見たはずのシーンを提示されても，処理すべき場所に眼球を向けることができないということが明らかにされてきた（Hannula, Tranel, & Cohen, 2006）。これらの発見は，海馬がごく初期の段階から記憶処理を始めているかもしれないこと，および，他の脳の領域もまた，長期記憶ではなくてワーキングメモリの段階で，陳述記憶を支えることができるかもしれないことを示唆している。この解釈に一致するように，刺激の符号化段階ですでに海馬は活性化しており，その活性化の程度がそれらの刺激に対する長期記憶を予測することを多くの機能的脳画像研究が示している。このことは，記憶における海馬の関与についてのゴールドスタンダードな証拠である，「事後記憶効果〔subsequent memory effect〕」という現象として知られている（Brewer, Zhao, Desmond, Glover, & Gabrieli, 1998; Wagner, Schacter, Rotte, Koutstaal, Maril, Dale, et al., 1998）。事後記憶効果が主に意味することは，健忘症患者の短期記憶の成績は他の脳の領域によって支えられているのであり，海馬は経験自体を学習している間に長期記憶を支える情報処理を始めているということである。

　加えて，海馬のニューロンは，動物が環境を探索する際にオンラインで活性化していることを多くの動物研究が明らかにしており，これらのニューロンに関しては，場所についてのかなり特定的な発火パターンが急激に発生すること

が知られている（Eichenbaum, 2004）。他には，動物がさまざまな課題におい
て重大な出来事を学習する際，海馬のニューロンは，出来事間の関連性を表す
強固な表象を形成するとともに，学習段階でそれらの出来事が起こっていた場
所や将来行おうとする段階でそれらの出来事が起こるだろう場所についての強
固な表象を形成している（Komoroski, Manns, & Eichenbaum, 2009）。そのう
え，ラットや人間では，学習段階での海馬のニューロンの活性化は，出来事を
時間的に整理するために必要な情報となり，これらの表象が動物や人間の行動
を予測している（Eichenbaum, 2013）。学習段階でのニューロンの活性化に関
する発見は，海馬が経験を学習する間にも必要とされること，および，その記
憶過程が事後の長期記憶に貢献していることに対する説得力のある証拠となっ
ている。

(4) 海馬の損傷によって引き起こされる健忘症は記憶の領域を超え て「全般的」である

Scoville & Milner（1957）は，H. M. の健忘症の範囲をすべての記憶の領域
にまたがっていると特徴づけており，それは記憶障害が言語的なものとさまざ
まな非言語的なものの両方を含んでいるということを意味していた。しかしな
がら，この特徴は，健忘症による記憶障害が陳述記憶あるいは顕在記憶と呼ば
れているある特定の記憶形態，つまり，通常は意識的に想起され，あらゆる種
類の日常的な問題を解決するために柔軟かつ創造的に用いられる日常生活上の
事実や出来事に対する記憶に制限される，という発見によって修正されること
になった。もちろん，この種の記憶は，私たちの多くが「本物の」記憶として
考えているものである。しかし，学習と記憶には，習慣の獲得や好み，熟知性，
気質といった他の種類に属するものもいくつかあり，これらの記憶は，典型的
にはさまざまな課題を遂行しているときに獲得されるものであって，特定の記
憶の内容が意識的には再生されにくいという特徴をもっている。そして多くの
研究が，これらの種類の記憶は海馬に依存していないということを示してきた。

Scoville と Milner の報告のすぐ後に続いた研究では，特に，重篤な記憶障
害があっても運動技能の学習は正常であるということに対する例外を示してお

り，そしてこのことが，健忘症では知覚学習や認知技能が正常であるという見解に対する例外を発見することにつながった（Corkin, 2013）。加えて，H. M. の「プライミング」は正常で，断片から最近見せられた絵を認識することができた。海馬の損傷と関連する健忘症は，事実や出来事を再生する能力に選択的であるということが明らかにされてきたことを考慮すると，H. M. に生じていた機能障害は，特定の個人的な経験を想起する能力として定義されるエピソード記憶を完全に失ってしまったことであるといえる（Steinvorth, Levine, & Corkin, 2005）。これとは対照的に，他の脳の構造やシステムが，知覚学習や知覚記憶，技術の獲得や感情的な記憶のような異なった種類の記憶の遂行を支えていたと考えられている（Eichenbaum & Cohen, 2001 が概説している）。陳述記憶に重篤な障害がある患者について記述したこれらの研究や他の研究によって，記憶は多重のシステムであり，それぞれが別の情報処理特性や別の脳内回路によって支えられているという見解が広く認められるようになった。さらに最近の研究では，記憶システム内の構成要素は，他のものとも相互に作用していることが明らかにされてきている。ということは，記憶システム内のモジュールが，他のものの役に立ったり，他のものを妨害したり，あるいは，他のものと協働したりすることで，全般的な記憶の機能は支えられていることになる（Cabeza & Moscovitch, 2013）。

(5) 海馬は記憶を支える中心的な脳の構造である

　Scoville & Milner（1957）の重要な結論は，海馬へのダメージが健忘症を発症する鍵となるというものであった。海馬だけを損傷した人間や動物を対象とした後の症例研究では，海馬に限局した損傷を負うと健忘症が発症するという結果は追認されているものの，記憶障害はそれほど重篤ではない（Zola-Moran, Squire, & Amaral, 1986; Bartsch, Schönfeld, Müller, Alfke, Leplow, Aldenhoff, et al., 2010）。特に，側頭葉内側部のどの部分が記憶にとって重要であるのかは，ヒト以外の霊長類における再認記憶の研究で入念に調べられてきた。これらの研究は，海馬，扁桃体，周囲の皮質領域を含む広い側頭葉内側部の損傷によって，重篤な記憶障害が引き起こされる事実を再現してきた（Mishkin, 1978;

Eichenbaum & Cohen, 2001 のレビューを参照)。しかしながら，側頭葉内側部のいくつかの構成要素を残存させた後の研究では，海馬に限局した損傷はせいぜい軽い記憶障害を引き起こしただけであったことが示された（Zola, Squire, Teng, Stefanacci, Buffalo, & Clark, 2000; Murray & Mishkin, 1998）。それとは対照的に，海馬の周辺の皮質を損傷すると，さまざまな課題で再認記憶に重篤な障害が結果として生じた。これらの発見は，海馬や海馬と相互に連絡された周辺の皮質領域は，記憶に対して別個の役割を果たしているという見解と一致している。種を超えた研究で，扁桃体の損傷は，側頭葉内側部の損傷としての特質である陳述記憶の障害を引き起こさないことが示されている。さらに，ネズミやサルを対象として単一のニューロンを記録する研究だけでなく，健常者を対象とした機能画像を用いた人間に関するかなりの量の後の研究が，H. M. で損傷された側頭葉内側部の構成要素の別の役割を検証してきた。これらの研究によって，以下で考察するように，海馬は記憶に対して独自の貢献をしている一方で，周囲の領域もまた別の貢献をしているという見解に大部分は集約されてきた。

(6) 海馬領野を損傷しても遠隔記憶は低下しない

H. M. の健忘症に関する初期の発見は，重篤で選択的な「近時記憶」の障害が特徴であり，反対に手術よりもずっと昔に起こった経験の記憶は障害されていなかった。また，Scoville と Milner の論文の後に実施された社会的な出来事や個人的な出来事に対する標準化された検査では，彼の逆向性健忘は限られた年数だけであることが示された（Corkin, 1984）。海馬に限局された損傷を伴う患者についての多くの他の研究はまた，事実に関する知識や社会的な出来事に対する時間的な勾配のある逆向性健忘が数年間という期間にわたって発症することを報告している（Manns, Hopkins, Reed, Kitchener, & Squire, 2003; Bayley, Hopkins, & Squire, 2006）。加えて，学習後の異なった時点で海馬を損傷させることで，動物の健忘について検証しようとするいくつかの「前向き」な研究が，多様な種や記憶課題を超えて時間勾配のある健忘が起こることを実証してきた（Milner, Squire, & Kandel, 1998 にレビューされた）。これらの研

究は，種を超えて記憶の固定に海馬が主要な役割を果たしていることを示していると解釈されてきた。

　しかしながら，海馬がいつもエピソード記憶に必要とされているのかについての議論は続いており，健忘症になるよりもずっと前に起こった特定の出来事の検索にも海馬は役割を果たしているのかもしれないことがまた示唆されている（Nadel & Moscovitch, 1997）。たとえば H. M. に関する近年の研究（Steinvorth et al., 2005）のように，たとえ海馬領域を損傷した患者が遠い昔の自伝的記憶に障害をきたさないような事実が認められているといえども，エピソード記憶に時間的な勾配を伴わない逆向性の障害が存在し得ることを示した研究によって上述した見解は支えられている。さらに，機能画像研究が一貫して，最近だけでなく昔に獲得されたエピソード記憶や自伝的記憶を連想しているときにも，海馬は活性化されるということを報告してきた。これらの発見は，有名人の顔や名前やニュースイベント（すなわち，事実の記憶で個人的な出来事の記憶ではない）を検索している間の海馬の活性化の程度は，これらの出来事が起こってから何年も経った後には減少することを示した結果とは対照的である。遠隔記憶に関するこれらの交錯した結果に一致した見解を見いだすことができるとすれば，関連情報や文脈情報が詳細に思い出されなければならないときにはいつでも，海馬は働いているということであろう。

　特に上述したように，海馬は，まだ起こっていない出来事を詳細に想像しなければいけないときにさえも必要とされている。つまり，海馬は広い範囲の記憶を探索しようとする場合や複雑な記憶を再構成しようとする場合に，その記憶内容が新しいか古いかは別として，働き始めるのかもしれない。この提唱と一致するように，海馬が，関連のある世界や個人の知識についての記憶を含有している既有の意味ネットワーク，つまり「スキーマ」に新しい記憶を統合することで記憶の固定を支えていることを，近年の研究は示してきた（McKensie & Eichenbaum, 2011 にレビューされた）。この考え方が妥当であることは，既存のスキーマ内に組み込まれた新規に獲得された記憶内容が，海馬によって素早く記憶として固定されていることを示した近年の動物研究によって支持されている。共通の要素をもった記憶を，組織化された知識ネットワークに組み込む際に，海馬は重要な役割を果たしているとともに，海馬はその役割を果たす

うえではなくてはならないものであることを，人間や動物を対象とした最近の研究が示してきた。ひょっとしたら，記憶を固定する過程は，新しい記憶を組み込むことを目的として既有の知識を再構成するような場合に，新たに追加される記憶が新しい情報を古い情報と統合させている間はずっと続いているのかもしれない。

5. 海馬領域はどのように記憶を支えているのか？

Scoville と Milner によってなされた H. M. に関する発見は，記憶がどのようにつくられているのかについて私たちが理解するうえで重大な節目となった。彼らは海馬領域の重要な役割について明らかにしており，そのことはそれ以来ずっと研究の指針となり続けている。この先駆的な研究に引き続いてなされた H. M. に関するさらなる発見は，海馬や，もっと一般的には，側頭葉内側部の重要な情報処理機能についての多くの仮説を生み出してきた。後になされた発見によって，海馬領域に関する私たちの解剖学的な知識や生理学的な知識は拡張および再編され，海馬がどのようにして主要な役割を果たすのかについてのメカニズムを説明できるようになってきた。

人間と動物の両方を対象とした研究から得られた解剖学的，生理学的，行動学的な証拠から，生起したある出来事についての知覚的な事象や時空間的な文脈の情報を処理している皮質内の主要な情報処理過程は，機能的に組織化された側頭葉内側部によって集約されていると考えられている（Eichenbaum, Yonelinas, & Ranganath, 2007; 図 7.3）。このように，知覚的な物体や出来事についての情報（「何」情報）を処理する腹側の視覚経路や他の皮質領域は，嗅周野へ投射され，次に主として外側嗅内野に投射される。同時に，空間的な（そしておそらく時間的な）文脈に関する情報を処理している背側の視覚経路と他の領域は，海馬傍回へ投射され，次に主として内側嗅内野に投射される。これらの解剖学的な観察に基づいた，現在の主要な見解は，嗅周野と外側嗅内野は，内容の記憶を構成している重要な物体や人，行為，他の特別な出来事を表象していると考えられる。一方で，海馬傍回と内側嗅内野は，重要な出来事が起こったときの空間的かつ時間的な体制化を表象しているかもしれない

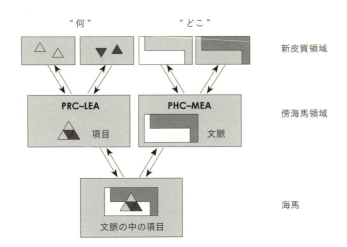

図 7.3　海馬と新皮質領野間で情報が流れる経路（Eichembaum et al., 2007）より改変
PRC（perihinal cortex）：嗅周野，LEA（lateral entorhinal area）：外側嗅内野，PHC（parahippocampal cortex）：海馬傍回，MEA（medial enthorhinal area）：内側嗅内野

（Eichenbaum, 2013）。そして次の段階で，エピソード記憶の典型的な特徴である，時空間的な文脈の体制化のうちに，海馬が内容の記憶を結合する。

　側頭葉内側部の別々の要素が別個の役割をもつというこれらの特性は，いくつかの重要な実験的な証拠によって支えられている。多くの研究が，海馬自体への限局された損傷によって，出来事と独自の経験の文脈との間の連合に対する記憶（エピソード記憶）に選択的な障害が結果として引き起こされるが，連合や文脈がなくても最近に経験した刺激に伴う熟知性の感覚は正常のままであることを示してきた。対照的に，海馬の周辺にある海馬傍回領域，特に嗅周野を含む損傷は，熟知性の低下という結果を引き起こす。これらの所見と一致して，多くの機能画像研究では，海馬の活性化が連想記憶やエピソード記憶の再生と関連する一方で，嗅周野の活性化は熟知性と関連するというような分離が示されてきた。とりわけ，このような分離の発生についてはずっと疑問視されてきたし，海馬とその近傍の皮質領域が，記憶に対して別個の役割を果たしているのかどうかについては論争中である。現在進行中の研究によって，これらの機能的な分離の背後にある基本的な情報処理メカニズムについての理解はいっそう深まりそうである（Eichenbaum, 2012）。

出来事を他の出来事やその経験の時空間的な文脈と連合する働きに加え，海馬はまた出来事の順序を時間的に延長された経験の表象（エピソード）の中に符号化していることが，他の証拠から明らかにされている。さらに，海馬はそのうえ，記憶のネットワーク（スキーマ）を構築するために，多くの関連する出来事とエピソード表象とを統合しているかもしれない。新しい経験が付加的に起こると，新しい記憶と記憶の体制化に関わる構造との間にある対応関係に従って，記憶の体制化は全般的に修正され，そしてそのことが記憶の固定の基礎となっているのかもしれない。海馬を含んだ神経回路によって実現されている情報処理過程が，ある出来事やそれに関連する出来事，さらには，それらが起こったときの文脈を回想する能力を支えている。これらの処理機能が結合されることで，陳述記憶の根本的なメカニズムは成り立っているのかもしれない。

6. 結論

Scoville & Milner（1957）が研究を発表してからの五十数年の間に，認知神経科学は，この重要で影響力の強い研究に導かれた何百もの研究を蓄積してきた。そこでは，主な長期記憶システムが同定されただけでなく，知覚と記憶とを分離している，短期記憶と長期記憶とを分離している，そして，陳述記憶と非陳述記憶とを分離している神経メカニズムについての理解が深められてきた。今や私たちは，どのように海馬が時空間的な文脈の枠組みのうちで出来事を記憶に結合しているのかとか，長期記憶を固定するために，海馬は新しい情報を既有知識にどのように統合しているのかとかといった，海馬システム内での情報の流れを仮にではあるが理解することができる。古典的論文は，記憶はどのように働いているのかという重要な疑問に対する枠組みを提供した。そしてその答えは，人間を対象とした研究と動物を対象とした研究で得られた発見を統合する最新の研究において，今まさに解き明かされようとしているところである。

さらに学ぶために

Andersen, P., Morris, R., Amaral, D., Bliss, T., & O'Keefe, J. (2007). *The hippocampus book*. New York: Oxford University Press.

Corkin, S. (2013). *Permanent present tense: The unforgettable life of the amnesic patient H. M.* New York: Basic Books.

Eichenbaum, H. (2012). What H. M. taught us. *Journal of Cognitive Neuroscience*, **25**, 14–21.

Eichenbaum, H. (2013). Memory on time. *Trends in Cognitive Sciences*, **17**, 81–88.

Eichenbaum, H., & Cohen, N. J. (2001). *From conditioning to conscious recollection: Memory systems of the brain*. New York: Oxford University Press.

Scoville, W. B., & Milner, B. (1957). Loss of recent memory after bilateral hippocampal lesions. *Journal of Neurology, Neurosurgery, and Psychiatry*, **20**, 11–21.

8章

ワーキングメモリ

Baddeley & Hitch (1974) によるワーキングメモリを超えて
Robert H. Logie

1. 古典的研究の背景

　一時的に情報を保持し，その時その時，自分が今何をしているのかを把握する人間の能力は，日常生活において不可欠な心の働きである。この機能のおかげで，今行っている課題を完了することができ，また，新しい環境でもうまくやっていくことができる。情報が保たれているのはわずか数秒で，それらは常に更新され，したがって詳細はすぐに忘却される。たとえば，あなたが今読んでいる文章を理解するためには，今読んだ文章を覚えておくことが重要だが，文書を読み進めるなかで，直近の文章は次々と更新されていく。同様に，事故なく自動車を運転するためには，走行中，近くを走っている車の位置を常に掌握し，記憶にある情報を，変化し続ける交通状況に合わせて，更新し続けなければならない。通常は，10分前に読んだ文章で用いられていた正確な表現やフォントのタイプのような詳細を思い出すよう求められることはない。また，15分前に追い越していった車の正確な位置や車種モデル，色のような詳細を求められることもない。これらの詳細は，読解中や運転中には必要となるかもしれないが，後には不要であるため，数秒間だけ保持され，次の情報に更新されて忘れ去られていく。

　情報をその都度，保持し，操作し，更新していくというこの能力はしばしばワーキングメモリ〔working memory〕と呼ばれる。この概念は，1970年代の

109

初頭に，Alan Baddeley と Graham Hitch という2人のイギリスの研究者によって初めて詳細に検討された。ちなみに，彼らはイギリスのサセックス大学，スターリング大学，そしてケンブリッジにある MRC 応用心理学ユニット〔Medical Research Council, Applied Psychology Research Unit: APU〕において研究を進めてきた。なお，APU は，現在の CBU（Cognition and Brain Sciences Unit）である。ワーキングメモリは，ほとんどすべての日常の活動に関わっている。暗算の最中の心的操作，なじみのない環境でのナビゲーション，現在の意図や会話の流れなどの把握，調理，創造的思考，あるいは電話番号の打ち込みなどである。Baddeley と Hitch による 1974 年の論文は，当時の，どちらかというと狭い概念であった短期記憶〔short-term memory〕の伝統的な実験から抜け出し，この 40 年間のワーキングメモリ研究の礎を築いた。1974 年の論文の出版に先立つ 20 年間，世界の短期記憶研究は，文字，数字あるいは単語を用いた言語材料の系列についての直接記憶〔immediate memory〕に焦点をしぼっていた。Baddeley と Hitch は短期記憶システムが何のためにあるのかと問う，科学的には危険な冒険を手がけた。彼らは，それまでの研究において，単語や文字，数字の系列を覚えることを求めることで調べられてきたシステムが，なぜ人間に必要なのかを問うたのである。電話番号や買い物リストを覚えるためだけのシステムが進化の産物であるとは考えにくい。彼らの 1974 年の論文は，言語性短期記憶〔verbal short-term memory〕が，ワーキングメモリによって支えられるべき日常の課題，たとえば言語の理解や論理的推論にとってどの程度重要なのかを詳細に検討した。

　次々と進行していく人間の認知を支える一時的記憶システムの概念は，イギリスの哲学者 John Locke の 1960 年の著作の頃から存在している。彼は，「コンテンプレイション〔contemplation〕」を「1つの考えを実際に視野の中に保つこと」とし，今では長期記憶〔long-term memory〕として見なされている「考えの倉庫〔storehouse of ideas〕」と対比した。それから2世紀後，アメリカの心理学者 William James（1890/1905）は，一時的な記憶を「一次記憶〔primary memory〕」，長期記憶を「二次記憶〔secondary memory〕」と呼んだ。1958 年には，イギリスの研究者，Donald Broadbent が感覚入力と長期記憶の間にある限界容量の一時的な記憶バッファとして働くものとして，短期貯蔵庫

〔short-term store〕に言及している。1960年代になると，アメリカの2人の研究者，Waugh & Norman（1965）が一次記憶と二次記憶という用語を取り入れて，以下のように概念を具体化した。単語，文字，数字などの系列のための一次記憶は，容量が制限されており，そしてそこに保持されている情報は，その系列が心的あるいは口頭で反復されることによってリハーサルされない限りは新しいく入ってきた材料によって置き換えられてしまう。WaughとNormanによれば，情報は，長期間保持されるために，リハーサルによって二次記憶にコピーされるという。

「ワーキングメモリ」という用語は，Miller, Galanter, & Pribramによって1960年に出版された書籍において，初めて簡潔に言及されているが，彼らはこの概念を精緻化も精査もしなかった。より詳細な検討は，AtkinsonとShiffrinによる1968年の研究報告書に記されている。彼らは，保持されるべき材料を選択するためには制御過程が必要であるとするBroadbent（1958）の考えを発展させ，この制御過程は，一時的な情報の符号化，リハーサル，操作，検索，そして貯蔵を含むと提案した。彼らもまた，言語材料の記憶に研究の焦点をしぼっており，人は方略的に制御過程に注意を注ぐことができるが，その結果，記憶容量は低下すること，一方で，より多くの言語材料を貯蔵することが可能だが，そのことは制御の処理を行うための容量を低下させると示唆している。AtkinsonとShiffrinは，その10年前のBroadbentと同様に，ワーキングメモリという概念を，感覚入力（主として視覚と聴覚）から直接的に情報を受け取り，それらの情報を処理し，その情報の一部を長期貯蔵庫〔long-term store〕へ転送するという役割を担う，一時的なワークスペースとして見なしている。彼らの見解は，図8.1（a）に示されている。

2. 古典的研究の詳細な記述

1974年の論文において，BaddeleyとHitchは，貯蔵（学習）や長期記憶からの検索，そして言語の理解や論理的推論といったその他の活動に必要となる制御過程がワーキングメモリに含まれているという考えを支持する実験的証拠が驚くほど少ないと指摘している。当時，利用可能だった証拠についていえば，

8章 ワーキングメモリ

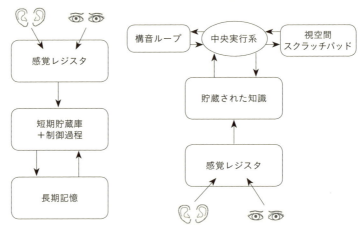

(a) Broadbent (1958) に基づく Atkinson & Shiffrin (1968) の人間の記憶の理論

(b) Baddeley & Hitch (1974) に基づくワーキングメモリ理論（Baddeley, 1986; Logie, 1995; Baddeley & Logie, 1999 による改訂を含む）

図 8.1　人間の記憶における情報の流れに関する 2 つの提案
(a) ワーキングメモリを，感覚入力と長期記憶の間に位置づく，制御過程と短期記憶を支える柔軟な単一システムとして捉える。(b) ワーキンングメモリを，実行制御過程と一時的で容量に限界のある記憶システムの集合体として捉える。記憶システムは，長期記憶から活性化した材料を処理し，特に，言語材料のためのシステム（構音ループ：articulatory loop）と非言語材料のためのシステム（視空間スクラッチパッド：visuo-spatial scratch pad）の存在が想定されている。

いくつかの先行研究による発見は，Atkinson & Shiffrin (1968) のワーキングメモリ理論によっては説明が容易ではなかった。たとえば，1971 年の Patterson の研究によれば，あるプランを想起するという長期記憶からの情報検索は，同時に数を逆順に数え上げていくこと〔backward counting：逆唱〕を求めても影響を受けない。1958 年にイギリスで Brown が，1959 年に Peterson と Peterson が別の研究を報告しているが，彼らの研究では，文字や単語の系列を後の再生のために提示された後，その系列を検索するように求められる前に，実験の参加者が数の逆唱を行うと，想起できる文字や単語の数が大幅に減少することが示されている。つまり，数の逆唱は，短期記憶には影響するが，制御過程のためのワーキングメモリには影響しないのである。

Atkinson と Shiffrin の理論にとってもっと問題なのは，局所的な脳損傷に

よって引き起こされる短期記憶に限定された障害に苦しむ人々の研究から得られた証拠であった。Baddeley と Hitch は，1970 年代初期に，ロンドンで Warrington と Shallice によって検討された，"K. F." というイニシャルで知られる人物に言及している。K. F. は，単語の系列について特異的にみられる言語性の短期記憶の重度の障害をもっていた。たとえば，4-9-6-3-5-1 といった数のランダム系列を聞いた後，K. F. はこれらの数のうち 1 つか 2 つ（たとえば，4-9）よりも多くを思い出すことに大きな困難を示した。健常な成人であれば，通常は 5 つよりも多くのランダムな数を覚えることができる。しかしながら，このような問題があるにもかかわらず，K. F. は，言語を理解して会話を続け，新しい情報を学習し，そして長期記憶から情報を検索することに何ら困難を示さなかった。さらに K. F. は，数を聞くのではなく，数字を読んだ場合にはより多くの数を覚えることができた。このことは，ある種の視覚性短期記憶〔visual short-term memory〕の使用を示唆している。つまり，K. F. は，言語性の短期記憶に限定された問題を抱えているが，彼のワーキングメモリの残りの部分は無傷なのであった（Warrington & Shallice, 1972）。

　患者 K. F. の記憶および認知能力の障害と残存のパターンは，Atkinson と Shiffrin の理論にいくつかの問題を突きつけた。まず第 1 に，もしも，情報の処理と一時的な貯蔵を担う汎用的な短期記憶システムが存在するのであれば，このシステムの損傷は処理能力と記憶の両方の障害を引き起こし，さらに，そのことは言語材料だけでなく，非言語材料にもみられるはずである。しかし，K. F. は，言語理解のための処理に困難を示さず，また，視覚的に提示された材料を覚える彼の能力はほとんど問題なく保たれているようだった。彼の能力の中で，聞いた言語系列を反復するという能力のみがひどく障害を受けていたのである。その後に続く数十年の間に，Baddeley & Hitch（1974）から着想を得て，いくつかの研究が，言語性の短期記憶に特異的に障害を示す他の患者について報告してきた。この証拠は，単語の短期記憶は，視覚的に提示された材料の短期記憶や人間の認知のその他の重要な側面とは独立して障害を受け得るということを示した。つまり，Atkinson と Shiffrin の考えに反し，制御過程は短期記憶から分離され得るし，記憶と処理がどちらも同じ認知システムに依存しているのではないのである。このことに基づいて，Baddeley と Hitch は，

制御過程は実行過程〔executive processes〕（図 8.1(b) の中央実行系〔central executive〕）の一部であると示唆している。この実行過程は，言語の短期記憶から，そしておそらく視覚の短期記憶から独立しつつ，それらと相互作用している。

Atkinson と Shiffrin の理論の 2 つ目の問題は，Baddeley & Hitch 論文によって具体的には取り上げられておらず，1995 年に Logie によって，続く 1999 年に Baddeley と Logie の共同論文によって指摘されたものである。それは，もしもワーキングメモリが感覚入力と長期記憶の間のワークスペースあるいは通過点のようなものとして機能するのであれば，ワーキングメモリ・システムの障害は，感覚入力を解釈するための長期記憶へのアクセスを妨げることになるはずだというものである。また，ワーキングメモリの内容は，生の感覚イメージではないということが明らかとなっている。感覚入力は，ワーキングメモリ内に情報が利用可能になる<u>前に</u>，長期記憶に蓄えられた知識——それらは，音あるいは組み合わされた線や形，それらの音や形によって表現される単語，文字，数字なのだが——にアクセスし活性化する（利用可能となる）。そうでなければ，ワーキングメモリの中身は無意味なものだろう。私たちは，ある音や形が単語，文字，数字を表すということを学習し，それを知識として貯蔵しているから知っているのだ。たとえば，"A" という形は，アルファベットの最初の文字として，ページ上の線分の特定の組み合わせとその文字特有の発音とともに知識として蓄えられている。すなわち，ワーキングメモリは，感覚入力と長期記憶の間に位置づけられず，むしろ，長期記憶から活性化された情報を扱っているのである。ワーキングメモリへのこの別のルートは図 8.1(b) に示されている。ワーキングメモリは，ここで，単に長期記憶において今活性化している材料（図 8.1(b) では「貯蔵された知識」とされている）として見なされているわけではないことに注意してほしい。K. F. のような患者の研究や健常成人を対象とした実験研究からの証拠（Baddeley & Logie, 1999; Logie, 1995, 2011a, 2011b においてレビューされている）は，図 8.1(b) に示されている考えを導いている。つまり，ワーキングメモリは，長期記憶（人生を通じて蓄積された知識，スキル，経験の貯蔵庫）から独立したシステムの集合体であり，知識貯蔵庫から活性化している情報を受け取り，その情報を一時的に保

持し，そして，それを今の課題要求に応じて処理するのである。

　古典的な 1974 年の論文による重要な焦点は，短い言語系列の保持にとって重要であるということがすでに示されていた短期記憶が，推論や言語理解にとってもまた重要なのかどうかを，先行研究よりももっと深く検討するための一連の実験にあった。彼らの実験のあるタイプのものは，単純な推論課題を用いていた。実験参加者は，ある文が，2 つの文字の順序を正しく表現しているかどうかを判断することを求められた。たとえば，"B follows A——AB" は正しいが，"A follows B——AB" は誤っている。ある文は他のものよりも難しかった。たとえば，"A is not followed by B——BA" は受動態の否定文であるが，先の 2 つの例は，能動態の肯定文であり，この文よりもいくらか易しい。この推論課題の成績は，一般知能〔general intelligence〕と中程度の相関があり，そのことは，この課題がある種の複雑な認知過程を評価しているということを示唆している。参加者は，まず，事前負荷〔preload〕として，覚えるべき 1 つか 2 つの数字を与えられた。その後，彼らは 32 の AB 推論文について判断し，続いて，先に提示されていた数字を再生した。この結果は，事前負荷のない状態で推論課題を遂行する条件と比較された[1]。参加者は，事前負荷の数字を完璧に再生することができ，また，推論時間は事前負荷があってもなくても同じであった。事前負荷が 6 項目へと増加され，また参加者が推論課題を重視して遂行するように教示された場合にのみ，事前負荷の再生成績が低下したが，その場合でも推論時間は影響を受けなかった。参加者が 6 つの記憶項目の想起を重視するように教示されたときには，推論課題を完了するまでの時間に増加がみられたが，記憶成績は影響を受けなかった[2]。同様の結果は，事前負荷と言語理解テストを組み合わせた実験からも得られている。3 項目の記憶負荷は，記憶にも理解にも影響を与えなかったが，6 項目の負荷は影響を与えた。推論時間の結果が，6 項目の事前負荷の有無別に図 8.2 に示されている。文の

訳注[1]　Baddeley & Hitch 論文の実験 I の紹介であると思われる。この実験では，事前負荷条件では，32 の推論文のそれぞれの直前に数字が提示され，それぞれの推論判断後に数字の再生が求められた。比較対象となった事前負荷のない条件でも，実際には数字が提示され再生を求められているが，すべての試行で同じ数字が用いられていたため，短期記憶への負荷はないと想定されている。

8章 ワーキングメモリ

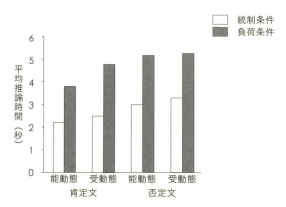

図 8.2 事前負荷のない統制条件と 6 項目の負荷のある負荷条件における推論問題タイプ別の平均推論時間（Baddeley & Hitch, 1974 より作成）

困難さが増加するに伴って（能動態−肯定文から受動態−否定文へ）全体の推論時間が増加することに気づくだろう。重要なことだが，推論問題の難易度にかかわらず，6 項目の同時記憶負荷の効果は，どの問題でも同程度である。

Baddeley と Hitch は次のように論じている。おそらく 3 つか 4 つの項目を保持できる容量をもつ短期の言語記憶システムが存在し，これは，推論や言語理解といったより複雑な過程と並列的に機能する。しかし，この短期の言語記憶システムの容量を超えたとき，言語リハーサルのような他の制御過程が求められ，この過程は推論や言語理解にとっても重要となるワーキングメモリ内のシステムに頼ることになる。しかしながら，記憶システムへの過負荷の効果は，推論課題の難易度にかかわらず同じであった。このことは，推論課題は，おそらく文字のリハーサルや記憶への固定の過程と重複しているが，記憶負荷が短期貯蔵システムの容量を超えない限りは短期貯蔵とは重複しないということを示唆する◆3。

訳注◆2 Baddeley & Hitch の実験 II の紹介であると思われる。この実験では，事前負荷条件では，実験 I と類似の手続きで各推論文の提示直前に記銘項目が 6 つ提示され，それぞれの推論判断後にその再生が求められた。統制条件でも，記銘項目が 6 つ提示されたが，その再生を行ってから推論課題の遂行が求められた。つまり，統制条件では，推論課題の遂行中には記憶負荷はかかっていないが，その条件の参加者は事前負荷条件と同じ記憶課題を遂行することになる。

これに対して，参加者が言語系列をリハーサルすることを妨害されたならば，記憶成績には相当な低下がみられる。続く実験で，Baddeley & Hitch（1974）は，ボランティアの実験参加者に，6つの視覚的に提示された数字のランダム系列を貯蔵すると同時に，無関連な単語，たとえば"the-the-the"を声に出して繰り返すよう求めた。構音抑制〔articulatory suppression〕として知られるこの方法は，数字系列を静かに読むだけの場合と比べて，数字の再生成績を著しく低下させた。このことは，短期の言語記憶における言語リハーサルの重要な役割を示唆し，論文（Baddeley, 1983）とワーキングメモリに関する書籍（Baddeley, 1986）において，次の提案を導くことになった。すなわち，言語系列の短期記憶は，彼が「構音ループ〔articulatory loop〕」と呼んだものによって維持されているのかもしれない（図8.1（b）を参照）。関連する発見もあった。"bat-mat-cat-sat-rat-fat"といった音韻的に類似した単語の系列は，"cup-tree-bread-chair-head-watch"といった音韻的に類似していない単語の系列よりも，正しい順序で復唱することが困難であった。このことは，人がこれらの系列を聞いていたときだけでなく，これらの単語系列を読んで覚えたときでさえも確認された。このことから，短期記憶システムは，単語をその音に基づいて保持し，それゆえに音の類似した単語間で混乱——音韻的類似性効果〔phonological similarity effect〕——を導いたと示唆される。Baddeley, Thomson, & Buchananによって1975年に報告された実験は，"typhoon, friday, harpoon, cyclone, nitrate, tycoon"といった発音に時間が長くかかる単語の系列は"cricket, bishop, hackle, decor, wiggle, pewter"といった短い時間で発音できる単語の系列よりも，正しい順序で復唱することが困難であることを示した。後の実験は，人が速く話すことができると，それだけ長い言語系列を覚えることができることを示した。これらの発見から総合的に検討され，Baddeleyの1986年の書籍ではより詳細な提案がなされた。すなわち，言語性短期記憶〔verbal short-term memory〕は，およそ2秒程度の長さの言語音を維持することのできる音韻ストア〔phonological store：音韻貯蔵庫〕から構

訳注◆3　つまり，記憶負荷が短期貯蔵システムの容量を超えた場合には，推論課題への効果は推論課題の難易度にかかわらず常にみられる。

成されており，記銘材料は，心的あるいは発話によってリハーサルされる限り
において，この貯蔵庫内に保持されるというのである。音韻ストアとリハーサ
ル過程は，構音ループと呼ばれたが，Baddeley は後に，ワーキングメモリの
この要素を「音韻ループ〔phonological loop〕」と改名した。

3. 古典的研究の影響

　構音ループまたは音韻ループの概念は，1974 年のオリジナル論文出版に続
く 20 年間，ワーキングメモリについての Baddeley の考えの発展にとって大
きな影響力をもった。1980 年代に実施され，1986 年の彼の本にまとめられて
いる実験において，彼は，視覚提示された材料では，参加者が構音抑制に従事
しているのであれば，語長効果も音韻的類似性効果も消失することを報告した。
なお，口頭再生では構音抑制を再生開始の前に停止しなければならず，再生時
に構音ループが関与する可能性があり，その可能性を避けるべく，構音抑制を
再生時にも実施するために，通常，参加者は，書記による再生を求められる。
そのような構音抑制の条件下でも，単語系列が聴覚的に提示された場合には，
長い単語と短い単語は同程度に記憶された。一方，その状況でも音韻的類似性
効果は残った。Baddeley は，項目が視覚的に提示された場合には，その項目
と連合する，長期記憶に蓄えられた音韻コードが自動的に活性化するというこ
とを示唆し，この結果を解釈した。構音リハーサル過程は，そこで，これらの
音韻コードを音韻ストアに転送するために重要である。もしも構音抑制がリ
ハーサル過程を妨害してしまえば，音韻コードは失われ，言語系列が書記によっ
て再生される場合には，音韻的類似性の効果はみられない。項目が聴覚的に提
示された場合，長期記憶からの音韻コードは，すぐに音韻ストアで利用可能と
なり，たとえ構音リハーサルが妨害されたとしても，貯蔵された音韻コードが
音韻的類似性効果を生じさせると Baddeley は示唆している。しかし，語長効
果は構音リハーサルの使用から発生してきており，そして，リハーサルは構音
抑制によって妨害されるため，語長効果は生起し得ない。
　構音抑制は言語性短期記憶を妨害するが，特に記銘項目が視覚的に提示され
たときには，それを完全に消失させるわけではない。このことは，短期記憶を

支えるが，同時に求められる構音とは重複しない何か別のシステムがあること を示唆する。1 つの可能性は，それは視覚性短期記憶かもしれないということ である。この同じ視覚性短期記憶システムは，患者 K. F. が視覚的に提示され た言語系列を保持するために用いていた可能性がある。

　視覚性短期記憶の可能性は，1974 年の論文にただ短く言及されていたにす ぎず，また，この概念の発展は，構音ループよりもずっとゆっくりとしていた。 Baddeley, Grant, Wight, & Thomson（1975）と Baddeley & Lieberman（1980） の 2 つの研究は，イメージされた複数の正方形からなるパターンの中を進む ランダムな経路を記憶の中にとどめていく能力が，その課題と同時に腕の運動 を求められることで妨害されることを示した。このことは，腕の運動の制御と， 運動の系列を保持できる記憶システムに関係があることを証明している。 Logie によって 1986 年に公刊された一連の実験は，視覚的な心的イメージの 保持は，相互に無関連でランダムに選ばれた具体物の絵を提示することで阻害 されたが，聴覚提示されるランダムな単語の系列によっては妨害されなかった。 これに対して，視覚的に提示された一群の単語の記憶は，無関連な聴覚単語に よって阻害され，無関連な絵によっては影響を受けなかった。これは別の研究 ——視覚的に提示された数字の系列の記憶が，単語のランダム聴覚提示によっ て阻害されることを示した Salamé & Baddeley（1982）によって行われた研究 ——を補完した。これらの一連の研究結果は，音韻コードを保持する短期記憶 システムとは独立して，運動の系列，視覚イメージ，そして，さらには文字や 数字の視覚的形状を保持するための短期記憶システムが存在することを示して いる。Baddeley（1983, 1986）は，これを視空間スクラッチパッド〔visuo-spatial scratch pad〕と呼び，これは図 8.1（b）に示されている。しかしながら，Logie による 1995 年の書籍の出版まで，ワーキングメモリの視空間的側面について の概念が詳細に検討されることはなかった。その頃までに集積された証拠は， 図 8.1（b）の下半分に示されている情報の流れの方向についての修正を導き， そして，図 8.3 に示されているように，視覚的，空間的情報がワーキングメモ リ内にどのように保持されているのかについての考えを発達させることになっ た。Logie（1995, 2003, 2011b）は，心的イメージ過程〔imagery：心象〕は， 活性化した長期記憶と結びついた実行／制御過程に近いようであり，心的イ

8章 ワーキングメモリ

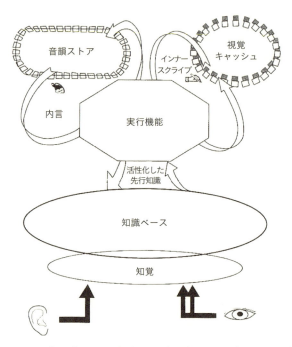

図 8.3　Logie (1995) によって提案された多要素ワーキングメモリの図説
（Logie, 2003 より作成）

メージ〔image〕の意識的経験と結びついていると提案した。視覚性短期記憶は，音韻ループと類似のやり方で機能すると考えられるが，視覚キャッシュ〔visual cache〕とインナースクライブ〔inner scribe：内的筆記〕から構成される。視覚キャッシュは，受動的で非意識的な〔non-conscious〕貯蔵庫で，単一の視覚的パターンか，あるいは複雑性やその詳細について制限された形状の配列を保持できる容量を備えている。インナースクライブは，運動系列の保持を支え，おそらくは，視覚キャッシュの内容をリハーサルあるいはリフレッシュするための制御過程として働く。視空間的ワーキングメモリについてのこの一般的な見方の証拠は，van der Meulen, Logie, & Della Sala (2009) および Borst, Niven, & Logie (2012) によって報告されている。

　1974年の論文の出版から20年間の，より広い研究者コミュニティへの影響は，イギリス国内とイタリアをはじめとするヨーロッパのいくつかの国々の

研究者あるいは研究者グループにかなり限定されていた。ここでの興味は、ワーキングメモリの構造として参照されるものの理解を発展させることにあった。ワーキングメモリがどのように構造化され、編成されているのか、そして、すべての健常成人においてそれがどのように機能するのかを規定する一般的原理の追求である。1980年代の後半に、Hitchと同僚は、小さな子どもが、見たことのある対象物について視覚性短期記憶を頼りにする傾向を示して、ワーキングメモリがどのように発達するのかを検討した（Hitch, Halliday, Schaafstal, & Schrangen, 1988）。子どもたちが自発的に対象物の名前を利用し、音韻的類似性効果あるいは語長効果の証拠を示すようになるのは、8歳か9歳の頃からであった。別のイギリスの研究者Susan Gathercoleは、Baddeleyとともに、小さな子どもにおける音韻ループと言語の発達の関係について研究した（Gathercole & Baddeley, 1989, 1993）。この研究は次のことを報告した。意味のない単語〔nonsense word〕を復唱することが得意な3～4歳の子どもは、最初にテストを受けたその年齢時にも、また、4年後の7～8歳のときに受けた再テスト時においても、より優れた言語スキルを保持していた。この事実は、まったく新しい言語音の系列を覚えておき、それを正しい順序で反復するという音韻ループの能力は新しい語彙の学習にとって重要であるという考えを導いた。すなわち、音韻ループは、幼少期に人間が言語を習得するために必要不可欠な構成要素であると考えられ、したがってこのことは、なぜ言語の短期記憶をもつことが有益なのかというBaddeleyとHitchの当初の質問への部分的な解答となっている。

　同じ時期の1980年代と1990年代に、イギリスにおいては、脳損傷を被った成人の記憶やその他の認知能力の障害の特徴を理解することへの関心が急速に高まっていた。同じように、イタリアの神経学者の間では、極めて特異的な認知障害を被っているようにみえる脳損傷患者を評価するための認知テストの開発に対し急速に関心が高まっていた。たとえば、1975年に2人のイタリア人神経学者De RenziとNichelliは、視覚的パターンと経路の記憶に極めて特定的に障害を示すが、言語性短期記憶には問題のみられない患者を紹介した。Baddeleyは別のイタリア人神経学者とともに、"P. V."として知られる患者について詳細に研究した。P. V. は、先に紹介したK. F. と同様に、言語性短期記

憶に極めて特定的な障害を示していた。P. V. はまた，なじみのない外国語の語彙の学習に困難を示しており，このことは，音韻ループの効率的な働きが新しい語彙の学習にとって重要であるという考えを支持している。これらの結果は，De Renzi と Nichelli の患者は視空間スクラッチパッドに障害をもっているが，これに対して K. F. と P. V. は音韻ストアの働きに障害があると示唆することで説明できた。患者間のこれらの乖離は，Atkinson & Shiffrin タイプのモデルの枠組みでは説明することは難しい。このモデルは，言語性短期記憶の障害は視覚性短期記憶の障害や制御過程の障害と同時に起こるものと予測する。これらはすべて，認知システムの同じ部分に依存していると考えられているからである。以上の結果はまた，ワーキングメモリは単に長期記憶から活性化した情報であるとする考えとも不整合である。というのは，もしもそうならば，K. F.，P. V.，そして De Renzi と Nichelli の患者は長期記憶へのアクセスにも問題を示すはずだからである。しかし，これらすべての症例，そして短期記憶障害の多くの類似の症例において，長期記憶へのアクセスには問題はない。短期の言語記憶の障害を呈する患者についての研究のレビューは Vallar & Shallice（1990）によって報告されている。短期の視覚記憶の障害を呈する患者についての研究のレビューは Logie & Della Sala（2005）によって報告されている。

　ヨーロッパにまたがるこの共通の関心は，イギリスの認知心理学者とイタリアの神経学者による，大成功した別の共同研究を導いた。いくつかの共同研究は 1980 年代に開始され，2014 年まで継続している。たとえば，1986 年に，Baddeley と Logie は，イタリア人神経学者 Spinnler，Bressi，そして Della Sala とともに，アルツハイマー病の患者が 2 つの課題を同時に遂行する能力を，健常若年者および健常高齢者のその能力と比較した。2 つの課題は，それぞれ，音韻ループと視空間スクラッチパッドに依存するように，そして，入力の競合と出力の競合を避けるようにして選択された（聴覚入力と口頭での出力および視覚提示の入力と腕の運動による出力）。彼らは次のことを発見した。健常成人は，高齢者も若年者も，ランダムな数字系列を聞いて復唱する（音韻ループ）と同時に，コンピュータ・スクリーン上をランダムに移動するターゲットを尖筆（スタイラス）で追跡することができ，しかも，これらの課題を単独で遂行したときと比べて，言語記憶成績も追跡成績もごくわずかな低下しか示さな

かった。アルツハイマー病患者は，それぞれの課題を単独で遂行することはできたが，2つの課題を同時に遂行することには大変な困難を示した。Della Sala と Logie は共同研究を継続し，複数の実験を実施してこれと同じ，あるいは類似した発見を報告した（たとえば Della Sala, Foley, Parra, & Logie, 2011; Logie, Cocchini, Della Sala, & Baddeley, 2004）。そして，オリジナルの実験室用課題から，アルツハイマー病の診断を支援する正規の臨床テストを開発した。

　Baddeley は，2000 年にワーキングメモリのもう1つの要素，「エピソード・バッファ〔episodic buffer〕」の追加を提案した。これは統合表象の一時的な記憶のシステムであると考えられており，たとえば，進行中の会話の意味を維持するだけでなく，私たちが，緑の丸や赤い三角ではなく，今見た赤い丸と緑の三角を思い出す場合のように，色と形の組み合わせ（すなわち，一時的バインディング）も保持すると想定されている。エピソード・バッファの概念に関する続く研究は，それが制御過程に依存することなく，自動的に機能し得るということを示してきた。バッファ内の情報はもろく，また新しい情報によって容易に上書きされてしまうということも知られている（たとえば Allen, Baddeley, & Hitch, 2006; Logie, Brockmole, & Vandenbroucke, 2009）。最近の脳イメージング研究（Parra, Della Sala, Logie, & Morcom, 2014）は，脳の前頭領域のある領野が，一時的バインディングを実現するために必要とされるかもしれず，一方，形のみというような単一の特徴の一時的な記憶には，より後方の頭頂皮質が関与していると示唆している。しかしながら，こうした種類のバインディングの一時的記憶に，活性化した長期記憶と結びついたワーキングメモリ・システムの一部としての視覚性短期記憶の機能ではなく，エピソード・バッファという概念が必要なのかどうかについては，まだ，問いは開かれたままである。

4. 古典的研究への批判

　Baddeley & Hitch（1974）論文は，ワーキングメモリ概念の最も重要な典拠として世界中の研究者によってしばしば引用されてきたし，現在も引用され続けている。つまり，この論文が強い影響力をもった状態に変わりはない。しか

しながら，40年にわたる証拠の蓄積にもかかわらず，北米の研究者や何人かのヨーロッパの研究者の中には，短期記憶が制御過程と独立に機能するということや，あるいは言語と視覚の短期記憶システムが別々に存在しているかもしれないといった Baddeley & Hitch（1974）の中心的提案を受け入れることにかなりの躊躇を示すものがいる。実際のところ，複数の研究グループが，Baddeley と Hitch の提案がどのように間違っているのかを検討することに焦点を当てて研究している。そうした研究は，ワーキングメモリを，共通のリソースを共有する記憶過程と制御過程の組み合わせとして見なす立場に強く影響を受けている。この見方は，主として，Broadbent（1958）や Atkinson & Shiffrin（1968）によって提案された考え方に基づいており，Baddeley & Hitch（1974）によって問題点を指摘されたものである。

北米では，認知理論を脳損傷の特異な様態による影響を理解するために役立てることや，脳内の異なるシステムがどのようにして日常の活動を支えるために協調して機能しているのかを理解するということにあまり関心がもたれてこなかった。結果として，北米においては，ワーキングメモリは進行中の活動やその他の妨害のある状態で一時的に情報を保持しておくための一般的な心的容量として見なされるに至っている。2人の北米の研究者，Daneman と Carpenter によって1980年に出版された論文が大きな影響をもった。彼女らは，文スパンテスト〔a sentence span test〕という，参加者が一連の文を読んで，各文の最後の単語を覚えておくことを求められる課題を開発した。すべての文を読み終わった後，参加者は文が提示された順序で，各文の最後の単語をすべて再生することを求められた。提示される文の数，つまり，覚えなければならない単語の数が増加しつつ，この一連のプロセスは繰り返され，参加者が単語を正しく再生することができなくなるまで続けられた。この課題において，覚えることのできる最大の単語数は，人によって異なり，Daneman と Carpenter は，この課題が得意な人は，多種多様な他の複雑な課題，たとえば言語理解のような課題もまたうまく遂行できることを示した。同様に，この文スパン課題が苦手な人は言語理解もまた苦手であった。この研究者たちは，自らの開発した文スパン課題が人間の重要な心的能力を測定していると論じ，これをワーキングメモリと呼んだ。

4. 古典的研究への批判

　この後に続く研究は，この課題の別のタイプのものを開発した。注目すべき
こととして，アメリカの研究者，Randall Engle と共同研究者たち（たとえば
Engle, Kane, & Tuholski, 1999; Turner & Engle, 1989）は，「演算スパン
〔operation span〕」と彼らが呼んだ課題を開発した。この課題においては，文
の代わりに，単純な計算課題が与えられ，各問題の後に無関連の単語が提示さ
れた。計算課題と計算課題の間に提示された単語を，いくつ覚えることができ
るのかについての差異は，言語理解の成績だけでなく，一般知能や通常の学科
試験を含む，認知能力の多様な課題の成績とよい相関を示した。妨害にさらさ
れた際の記憶成績における個人差を用いるこのアプローチは，北米のワーキン
グメモリ研究において盛んである。そこでは，人がなぜこれらの課題に必要と
される容量において異なるのかについて，また，その容量を規定する背後にあ
る要因について，その個人差が教えてくれる事柄についての理解に関心が向い
ている。これらの課題に動員されるリソースの基本的な守備範囲については，
あまり関心が払われていない。Baddeley と Hitch のワーキングメモリの観点
からいえば個人差の測度は，制御過程と短期記憶，言い換えると，実行リソー
ス〔executive resources〕と音韻ループの働きを反映している。このことは，
Engle & Conway（1998）によって，ごく簡単に述べられ，認められている。
最近の演算スパンの研究は，それが，長期エピソード記憶へのアクセスを測定
する測度と高い相関を示すことを報告している（Unsworth & Engle, 2007）。
別の研究は，演算スパンは，N-back 課題として知られる，ワーキングメモリ
の指標として広く使用されている測度とそれほど高い相関を示さないことも報
告している（Kane, Conway, Miura, & Colflesh, 2007）。N-back 課題においては，
実験参加者は，ワーキングメモリ内の情報を，直近に提示された項目へと次々
と継続的に更新することを求められる。これらの発見は，演算スパンと文スパ
ンは認知システム全体の一般的な能力，特に長期記憶における情報の符号化と
検索の能力を測定していることを示唆する。このことは，これらの測度がなぜ
一般知能やその他の多種多様な複雑な能力と相関するのかを説明する。しかし
ながらこの発見はまた，これらの測度はワーキングメモリ容量の測度と呼ばれ
ているものの実際にはワーキングメモリを測定しているのではないかもしれな
いことも示唆する。この議論は，Logie & Niven（2012）において詳細に検討

125

されている。

　Logie（2011a）によって指摘されている個人差アプローチのさらなる困難は，それが，当該の課題において参加者が達成することのできる最高の得点を利用し，そして，その得点が個人間でどのように変動しているのかに基づいていることにある。このことは，課題を遂行するにあたって必要となる認知能力であっても，それらの限界の容量が求められないのであれば，まったく表面に現れてこないということを意味する。たとえば，複数の文を読んでそれらの文の最後の単語を覚えるという活動は，見るという能力と文を提示している言語の知識を必要とする。しかしながら多くの人々は，この課題を遂行するにあたって必要な視力と言語能力を備えている。そのため単語を覚えて復唱するという能力のみが個人間で異なるのだろう。このアプローチは，この課題の遂行に求められる他の能力の貢献について私たちに何も教えてくれない。また，文内の単語間で目を動かすため，視覚性短期記憶システムもまたある程度貢献をしているはずだが，この記憶得点からは明らかではない。言い換えると，個人差を測定することは，ある課題に対して利用可能な多種多様なワーキングメモリやその他の認知能力について，何も教えてくれない。そして，テスト得点の最大値の個人差に基づいてワーキングメモリの理論を発展させることは，ワーキングメモリの性質を検討するにあたって，使い勝手の悪い道具を使うようなものなのである。このアプローチによって私たちは，他の難しい課題において，誰がうまく遂行し，誰がうまくできないのかについて予測することができる。しかしこのアプローチは，私たちのワーキングメモリ容量内で行われる日常の活動を私たちがどのように遂行しているのかについては，ほとんど何も語らない。関連する問題は，人間の生物学的側面がどのように評価されるのかを考えることによって例示される。私たちは，私たちの全般的な健康と体力を測定することができ，これは100メートルをどれだけ速く走ることができるかを予測するかもしれない。しかしながらこれは，心臓，肝臓，腎臓，あるいは肺といった臓器のそれぞれに固有の機能については何も教えてくれない。またそれは，ゆっくりとした速さで100メートルを歩くために必要なことを明らかにもしない。同様に，ワーキングメモリの全般的な測度は，大学の試験でどれだけよい成績を収めることができるかを予測するかもしれないが，ワーキングメモリのさま

ざまな側面がどのように機能するのかについて，あるいはそれらが，友人と会話しているとき，新聞を読んでいるとき，通勤のために車を運転しているとき，また ATM で数字を入力しているときに，私たちの思考と記憶をどのように支えているのかについて，何も教えてくれないのである。

別の著名な北米のワーキングメモリ研究者，Nelson Cowan は，初期の研究である Broadbent（1958）から，より直接的に影響を受けている。1997 年に Cowan は，ワーキングメモリと注意の制御を密接に関連づけた理論を提案した。彼の考えは，ワーキングメモリは活性化している長期記憶からの情報と，これらの活性化した情報のうちの小さな下位集合に向けられた限界容量の注意の焦点からなるというものであった。これは図 8.1 に示されている 2 つのモデルのハイブリッドである。つまり，ワーキングメモリは単一の限界容量リソース（注意の焦点〔the focus of attention〕）に依存するという Broadbent の考えを保持しつつ，一方で，ワーキングメモリの内容は，感覚入力から直接的にではなく，長期記憶から活性化されると示唆して，図 8.1(b) の下半分の重要な特徴も取り込んでいる。しかしながら Atkinson & Shiffrin（1968）と同様に，Cowan のアプローチは，制御過程と一時的な記憶の間に明確な区分を導入していないし，患者の言語性短期記憶と視覚性短期記憶の固有の障害をうまくは説明できない。また Cowan は，ワーキングメモリが長期記憶の活性化した内容から明確に区別されるとは見なしていない。

Baddeley & Hitch（1974）の実際の理論的提案は，北米の一部のグループだけでなく，イギリスや他のヨーロッパ諸国の研究グループ，そして一定程度は，アジアやオーストラリアの研究グループにも影響力をもち続けている。Alan Baddeley は，2013 年には，2003 年時の 2 倍の被引用件数を記録した。つまりその影響力は衰えるどころか増加している。そして 1974 年の論文だけでも，その出版以降，9000 件の引用がある。しかしながら，1974 年のこの古典的論文を引用している著者たちが原典の詳細をみているのかどうかは定かではなく，多くはこの文献を，他の研究者がそうしているからという理由で引用しているようにみえる。たとえば，1974 年の論文は，図 8.1(b) の上の部分の図の原典としてとても頻繁に参照されているが，あの図は 1983 年の Baddeley の論文に描かれるまでどこにも現れていない。また，現代のワーキングメモリ研究の

論文は，1974年の論文によって報告されている実験的発見について，ほとんど触れていない。それらの発見は，たとえば，制御過程と短期記憶が共通のリソースを共有しているか否かといった，現在の論争と極めて深い関係がある。

5. 結論

原典論文 Baddeley & Hitch（1974）を強く動機づけたのは，短期記憶が正確には何を意味するのか，そして，短期記憶が何のために用いられるのかということについての研究者間での合意の欠如であった。その出版から40年が経過し，膨大な脳イメージング研究を含む何千もの実験が実施され，出版されてきた。つまり利用可能な経験的証拠が不足しているということはない。しかしながら40年後に，これほどまで多種多様で異なる理論的概念化が用いられており，異なるグループがワーキングメモリという用語を用いるとき，たとえ彼らが Baddeley & Hitch（1974）論文を引用参照している場合でも，かなり異なる概念に言及しているということには驚かされる。どうやらこの古典的研究は，何世代もの研究者に対し，異なる疑問に答えるためにワーキングメモリという概念を用いるよう鼓舞してきたようである。そして彼らが追求する質問の種類が，彼らが発展させる，あるいは採用する理論的立場の性質を決定する傾向がある。最近の学術会議において Baddeley は，理論の過多について，歯ブラシのようなものだと述べた。誰にも1つは必要だが，各自は，誰か他の人のものを使いたくはない。それぞれの研究者が独自の理論的立場と独自の実験パラダイムを発達させるというアプローチは，ワーキングメモリのさまざまな具体的な側面――なぜ人々のワーキングメモリ容量は異なるのか，あるいはなぜ私たちは注意をそらされると見たばかりのことを忘れてしまうのか――についての理解を深めることに貢献するかもしれない。複数の論文が，音韻的類似性効果や語長効果といった現象の，考えられ得る新しい説明を模索し，これらの現象のオリジナルの説明が誤っているかもしれないと示唆してきた。問題やリサーチクエスチョンを洗練し，そしてその問題に注力する。ある意味これが科学の発展の仕方である。しかしながら，大局を見失ってしまう危険がある。研究対象となっている特定の現象のための新しい理論は新しい説明を提供する

かもしれないが，その新しい理論は，図 8.1 (b) と図 8.3 に示されているワーキングメモリを理解するための多要素的アプローチによって説明できる他の現象，たとえば脳損傷患者の特有の障害を説明できないかもしれない。

多要素的ワーキングメモリ・アプローチの主たる強みは，それが比較的シンプルであることにある。もう 1 つの強みは，それが，以下のような非常に広範囲にわたる研究トピックスからの結果を説明するにあたって役に立つことが示されてきていることにある。たとえば，子どもの言語発達の諸相，計数や暗算の諸相，推論と問題解決，注意分割と注意切り替え，なじみのない環境でのナビゲーション，健常な加齢と脳損傷の特異な様態の認知障害，人々がその心的能力において異なる理由，同様に，私たちがどのようにして目覚めているその時その時の瞬間を最新の状態に保っているのかなどについてである。理論の息の長さはその科学的価値を証明する。Baddeley & Hitch（1974）論文の出版 40 周年は，最近，2014 年にイギリス・ケンブリッジで開催された学術会議において祝賀された。この会議には申し込みが多すぎて，立ち見席を希望する参加者のウェイティングリストができた。このことは，このトピックが研究者の間で継続的な人気を博していることと，1 つの重要な科学的マイルストーンの持続的な大きな影響力を示している。

6. 補稿：Alan Baddeley からのコメント

私たちは Alan Baddeley にこの章に対するコメントを依頼した。彼は，ワーキングメモリ・モデルの起源についての彼自身の記憶に関する記述を提供することで私たちに応えた。

　　私は，研究者としてのキャリアを，ケンブリッジにある MRC 応用心理学ユニット〔APU〕において，郵便コードをデザインすることに関わるプロジェクトの一部として，長期記憶について研究することで開始した。私の短期記憶についての関心は，短期記憶を電話回線の質を評価する間接的な手段として用いることを試みたところから始まっている。そのとき，音響的に類似しているリストの再生は，聞き取りテストよりも敏感であると

129

論じていた。そうではなかった。私は音韻的類似性と意味的類似性を比較した。私は，はっきりとした音韻的類似性効果を短期記憶において見いだしたが，長期記憶にはみられなかった。これは意味的類似性効果とは異なっていた。そこでは逆のパターンがみられた。これらの結果は，2つの貯蔵庫，音韻コードに基づく短期記憶と意味コードに基づく長期記憶を示唆することで，2つ以上の種類の記憶を想定する必要があるのかどうかについてのその当時の論争に適合しているように思われた。しかし，この考えはあまりにも単純すぎるということが後に確認された。音韻の長期記憶もまた存在しているはずである，さもなければ私たちはどのようにして新しい単語の形態を学習することができるのだろうか。一方で，記憶範囲のような短期記憶の課題は，文再生において意味的要因を反映していることも示され得た。

　私はケンブリッジからサセックスへ移動し，1年間のサンディエゴでのサバティカルの後に，その当時の学部長，Stuart Sutherland から，そろそろ研究費を獲得する時期だと示唆された。その研究費は，1人のポスドク，Graham Hitch を支援した。彼は元々物理学者で，サセックスで1年間の心理学の修士課程を終えて，APU の Donald Broadbent のもとで博士の学位を取得したばかりだった。私たちは一緒に短期記憶と長期記憶の関係を検討するという研究計画を提出した。

　不運な時期だと思われた。というのは，Atkinson & Shiffrin によって提案された短期記憶の有力な理論は，攻撃にさらされていたし，多くの研究者がこの研究領域を去り，処理水準〔levels of processing〕と意味記憶に専念していた。私たちは，短期記憶によってどのような機能〔function〕が担われているのかという問いに集中することに決めた。もしも一般に仮定されているように，それがワーキングメモリとして働くのであれば，数唱がひどく障害を受けており，つまり短期記憶が減退している患者が，なぜ長期記憶あるいは全般的な認知の障害を示さなかったのだろうか？　そのような患者を経験することができなかったので，私たちはそうした患者をシミュレートすることにした。私たちは，次のような仮定に基づいて，参加者に長さの異なる数字系列を保持させることでこれを達成した。すな

わち，もしも短期記憶がワーキングメモリとして機能するのであれば，より記憶の負荷の高い状況では，より大きな成績の低下がみられるはずである。私たちは，推論理解と学習をテストし，この章でみたように，幸運なことに，複雑ではあるが解釈可能で，私たちに古い単一モデルを3つの要素に分割する考えを導いた結果を得た。

最後に，私たちはさらに幸運なことに，*Recent Advances in Learning and Motivation* という影響力のある年刊誌に貢献するよう，その編集長である Gordon Bower から招待を受けた。私たちのモデルはまだ完全には問題を解決していなかったので（もちろん，いまだにそうなのだが！），私たちは論文が採択されるかどうかについて多少の不安を抱きつつも，話を進めることに決めた。その論文の最初の影響力は大きくはなかった。短期記憶は過去の研究テーマだった。しかしながら，ワーキングメモリの概念は，それは貯蔵と処理を担う機能的に重要なシステムであると仮定されているという点で短期記憶に勝っているのだが，実りある概念であるということが確認され，そして嬉しいことに，そうあり続けている。

さらに学ぶために

Baddeley, A. D. (2007). *Working memory, thought and action*. Oxford: Oxford University Press.
（井関龍太・齊藤　智・川﨑恵里子（訳）(2012). ワーキングメモリ—思考と行為の心理学的基盤—　誠信書房）

Baddeley, A. D. (2012). Working memory, theories, models and controversy. *The Annual Review of Psychology*, **63**, 12.1–12.29.

Logie, R. H. (2011a). The functional organization and the capacity limits of working memory. *Current Directions in Psychological Science*, **20**(4), 240–245.

Logie, R. H., & Morris, R. G. (Eds.) (2015). *Working memory and ageing*. Hove, UK: Psychology Press.

Miyake, A., & Shah, P. (Eds.) (1999). *Models of working memory*. New York: Cambridge University Press.

9章

記憶システム

Tulving（1972）によるエピソード記憶と意味記憶の区分を超えて
Michael W. Eysenck & David Groome

1. 古典的研究の背景

　私たちが最後に自転車に乗ったときを思い出すようにと言われたら，私たちの人生の中でのある特定の時と場所で起きたその実際の記憶を思い出すことが必要だろう。これに対して，自転車とはどういうものか人に話すように言われたら，私たちはその実際の記憶とは異なる種類の記憶を思い出すことが必要だろう。それは一片の知識の再生であり，実際の経験や文脈を思い出す必要のない記憶である。このような2つのタイプの記憶の検索には，互いに基本的相違があるように思われる。そしてこの相違はTulvingのエピソード記憶と意味記憶の区分の基礎となっている。

　長期記憶は私たちの人生においては真に中心的な役割を果たしている。長期記憶なしでは私たちは何も学ぶことはできないし，自分自身の過去について何の知識ももてないし，私たちが出会う人はすべて見知らぬ人になってしまう。この長期記憶の重要性を考えれば驚くことではないが，2000年以上前からその働きを理解しようとして非常に多くの試みがなされてきている。多くの理論家は，長期記憶の説明として空間メタファーを使用してきた（Roediger, 1980）。空間メタファーによれば，記憶は心の中の特定の場所に貯えられ，その心の中を探すことにより，その記憶を取り戻すのである。たとえばプラトンは，記憶を鳥たちのそれぞれの記憶が付着している鳥小屋にたとえた。その後

133

の理論家たちも，長期記憶を配電盤，テープレコーダー，ベルトコンベアー，コンピュータの記憶装置にたとえた（Roediger, 1980）。

空間メタファーに基づくほとんどの理論に関する主要な欠点の1つに，タイプの異なる長期記憶の違いを区分できないということがある。この欠点は，Atkinson & Shiffrin（1968）が提唱した非常に有力な多重貯蔵モデルでもまた明らかである。彼らは，長期間にわたって情報を保持する貯蔵庫はただ1つであるとしている。

私たちがたった1つの長期記憶システムしかもっていないという仮説は，少し考えれば，あり得ないことがわかる。私たちの長期記憶は，世界に関する知識（例：ローマはイタリアの首都である）と，長年にわたる私たち自身の個人的経験の知識（例：ローマへ実際に行ったときのこと）からなるのである。

今になって思うと，Tulving（1972）以前の記憶研究者で，長期記憶を異なる2つの形態に分けて研究しようとした研究者はほとんどいないということは不思議なことである。ただ数人の理論家が2種類の長期記憶についてやや類似した区分を考えていた事実はある（レビューとして Tulving, 1983 を参照）。Reiff & Scheerer（1959, p.25）は，*remembrances* と呼ぶ自伝的記憶の部類に入る経験を伴う記憶と，*memoria* と呼ぶ自伝的記憶の経験を伴わない記憶に区分した。前者は個人的経験の時系列上で絶えず表されるものであり，後者はこの経験のない記憶である。

2. 古典的研究の詳細な記述

Tulving（1972）はまず，Reiff & Scheerer（1959）のような理論家によって提唱された長期記憶を2つの形態に分けることは今後の研究にとって大変重要であるとするところから始まった。彼が達成しようとしたことは，2つの記憶形態を比較するためのより詳細な説明であった。これは2つの記憶形態の類似性や差異性を明らかにすることに役立つのである。

Tulving（1972）は，エピソード記憶と意味記憶という用語でこの2つの記憶形態を表現した。エピソード記憶が受け取り貯蔵するものは，時系列上で定位されたエピソードや出来事の情報と，それらの出来事間の時空間的な関係に

関する情報である。知覚される出来事は，すでにあるエピソード記憶の文脈における自伝的記憶を位置づけるように貯蔵されるのである（pp.385-386）。エピソード記憶は，Reiff & Scheerer（1959）のいう *remembrances* と非常によく似ている。

これに対して意味記憶は，言語の使用において不可欠な記憶である。それは一種の心的シソーラス，すなわち人が所有している体制化された知識である。この知識は，語彙や他の言語的シンボル，そしてその意味や指示物に関する知識であり，それらの関係に関する知識でもある。またこのようなシンボルや概念の関係を操作する場合のルール，公式，アルゴリズムに関する知識でもある。意味記憶は Reiff & Scheerer（1959）がいう *memoria* と非常によく似ている。

Tulving（1972）は，人間の記憶に関するほとんどすべての実験室研究はエピソード記憶でまとめられると述べている。意味記憶に関する 2，3 の研究もある（たとえば，実験参加者に特定の語について自由連想させる研究）が，エピソード記憶と意味記憶を比較するような研究は皆無である。このような彼の考えは，後述するように，その後変化することになる（Tulving, 1983）。

Tulving（1972）はエピソード記憶と意味記憶は互いに完全に別物であるとしている，という誤った解釈がときどきみられる。彼は実際，次のように主張している。「知覚的入力がエピソード記憶に登録されるという記憶形態は，時に意味記憶の情報から強い影響を受けるのである」（p.386）。

Tulving（1972）の最も価値ある貢献の 1 つは，エピソード記憶と意味記憶の性質に関して 4 つの仮定を置いたことである。その第 1 は，知覚的出来事はエピソード記憶に貯蔵されるが，意味記憶はその知覚的出来事の信号の認知的指示物を登録することである（p.386）。エピソード記憶は，ある出来事の経験の後で直接に形成される。これに対して意味記憶は，意味記憶の中にすでにある異なる知識と結合することにより間接的に形成されるのである。たとえば，あなたの意味記憶の中に「A は B より背が高い」「B は C より背が高い」という情報があるとすれば，あなたは推測により「A は C より背が高い」という情報を，具体的に学習しなくても導き出せるであろう。

第 2 の仮定は，とても自明なことであるが，エピソード記憶と意味記憶に貯蔵された情報の性質は異なるということである。エピソード記憶は自伝的特

質をもち，意味記憶は体制化された知識に基づいているので，認知的な特質を
もっている。

　第3の仮定は，エピソード記憶と意味記憶は検索結果において異なるとい
うことである。エピソード記憶情報の検索はエピソード記憶への1つの入力
として働くので，そのときのエピソード記憶に貯蔵されている情報を変化させ
るのである。これに対して意味記憶情報の検索は，意味記憶内に貯蔵されてい
る情報には影響しないのである。

　第4の仮定は，第3の仮定と関連しているが，エピソード記憶は干渉を受
けやすく，貯蔵されている情報が失われることがあり，意味記憶は干渉を受け
て変化することは少なく，情報は失われることはないのである。

3. 古典的研究の影響

　Tulving（1972）の古典的研究は，その後長年にわたり，大変大きな影響を
与えることになった。Web of Science によると，この影響のおおよその測度が
得られる。2014年の半ばまでに公刊された論文のタイトルに「エピソード記憶」
という用語のある論文は2230件にのぼり，「意味記憶」の用語がある論文は
1606件になる。そしてさらに興味を引くことは，それらの論文数が毎年劇的
に増加しているということである。「エピソード記憶」がタイトルにある論文は，
1995年まで毎年約20件ずつ増加し，10年間おける毎年の平均論文数は約
150件である。「意味記憶」も同様の測度でみると，1996年まで毎年約25件
ずつ増加し，10年間における毎年の平均論文数は約65件である。

　Tulving（1972）の理論は，エピソード記憶と意味記憶の比較研究の遂行を
促した。それらの研究の主流は，エピソード記憶と意味記憶への脳損傷の影響
を検討する研究と，健忘症状にみられるパターンについて検討する研究であっ
た（レビューとして Greenberg & Verfaellie, 2010 を参照）。Tulving のエピソー
ド記憶と意味記憶区分がなした1つの大変重要な貢献は，それまで両記憶の
混同により不明瞭であった記憶や健忘症のさまざまな側面を明らかにできるよ
うにしたことであった。健忘症の初期の研究では，記憶成績に関してエピソー
ド記憶と意味記憶を区分しなかった。したがってその研究結果は，両記憶が混

合したものであることが多かった。さらに悪いことには，研究者は両記憶の測度を他の課題と混同することがよくあった。たとえば初期の健忘症研究では，健忘症者の最近の記憶をテストするエピソード的質問（例：あなたは昨日の朝，何をしましたか？）をする一方，より以前の遠い過去の記憶をテストするために意味的質問（例：ウィンストン・チャーチルは誰ですか？）をすることが常であった。このような両記憶の混同は，前向性健忘症（健忘症発病後に記憶障害がある）と逆向性健忘症（健忘症発病前に記憶障害がある）の相対的重篤性を誤解するという重大な問題を引き起こした。このよい例として健忘症患者 Henry Molaison（H. M.）に関する古典的研究がある（Scoville & Milner, 1957; 本書第 7 章）。Scoville と Milner は，Henry は非常に重篤な前向性健忘を患っており，逆向性健忘ではないと報告している。しかし Henry に関するその後の研究では，遠隔記憶〔remote memory〕のエピソード記憶・意味記憶を別々に測定し，実際には非常に広い範囲で逆向性の健忘を患っていたことが明らかになった（Steinvorth, Levine, & Corkin, 2005）。

　前向性健忘症の研究では，エピソード記憶と意味記憶では損傷の程度が異なるということが明らかになっている。Tulving は，意味記憶よりエピソード記憶のほうが影響を受けやすいと主張しているので，脳損傷においては意味記憶よりエピソード記憶のほうが，より大きな悪影響があるはずだと推測される。初期の健忘症研究のほとんどは，海馬損傷の患者に焦点を当て，意味記憶よりエピソード記憶のほうが重篤な障害を受ける傾向にあることを確認しているようである。Spiers, Maguire, & Burgess（2001）は，この点について 147 人の健忘症患者についてメタ分析をした。そしてエピソード記憶が 147 人すべての患者において障害を受けている（重い障害の場合もよくあった）ことを明らかにした。これに対して意味記憶の障害は，比較的軽いものであった。

　より最近の研究では，以前より複雑な様相を呈している。確かにエピソード記憶に強く限定された障害をもつ脳損傷の健忘症患者は存在する。その 1 つの例として，“K. C.” という患者がいる。彼は意味記憶の欠陥はなく明らかなエピソード記憶の障害を示した（Tulving, 2001; Rosenbaum, Kohler, Schacter, Moscovitch, Westmacott, Black, et al., 2005）。K. C. はオートバイ事故により両側性の海馬損傷を被っていた。Rosenbaum et al.（2005, p.994）は K. C. の状

態について次のように述べている。

> 彼自身や世界についての意味記憶の貯蔵，彼の人生の最初の30年で習得された手続きの技能，そして日常的環境において彼が容易に行っていること，これらすべては彼の年代の人たちとまったく同じである。彼がその人たちと異なること，あるいは多くの健忘症患者とさえ異なることは，彼自身が参加したいかなる出来事，あるいは目撃したいかなる偶然の出来事も思い出すことができないことである。

　選択的にエピソード記憶障害のあるもう1つの同様のケースとして，患者"Jon"の例がある（Gardiner, Brandt, Baddeley, Vargha-Khadem, & Mishkin, 2008）。彼は，誕生後まもなくの虚血性低酸素症のため海馬損傷を被り健忘症になった。Gardiner et al.（2008, p.2865）の報告によれば，その研究結果は次のような仮説をさらに強く支持したと述べている。すなわち，エピソード記憶と海馬システムに重い障害があるにもかかわらず，再生に利用できる意味記憶の知識をもつことができるという仮説である。このような人たちは，比較的損なわれていない意味記憶を有するが，健忘症発病以降の特定の出来事を想起することができないのである。このようなパターンの健忘症は「エピソード健忘症〔episodic amnesia〕」と呼ばれており（Rosenbaum et al., 2005），海馬に限定された損傷と連動していることが普通である。

　エピソード記憶の欠陥が何もなく，特定の意味記憶の障害を示す患者についてもまた研究されてきた。この状態は，「意味健忘症〔semantic amnesia〕」として知られている。あるいは認知機能のより一般的な障害を伴う傾向があるので，「意味認知症〔semantic dementia〕」としてもよく知られている。この状態は，側頭葉前部に損傷をもつ患者にも，通常よく認められる。このような患者は，意味記憶の概念的知識に重大な欠陥がみられる（Mayberry, Sage, & Lambon Ralph, 2011）。しかしながらこの疾病の少なくとも初期の段階では，彼らは正常なエピソード記憶をもっている。ある研究（Adlam, Patterson, & Hodges, 2009）では，意味認知症患者は，前日にどんな課題を行ったのか，その課題をどこで行ったのか，そしてそれは実験過程の中でいつ行ったのかにつ

いて再生できた。この研究の核となる結果は，その患者の全体的成績は健常な統制群に匹敵するということであった。

　一般的にいえば，意味健忘症患者や意味認知症患者に関する全般的研究結果は，エピソード記憶と意味記憶はそれぞれ別々に障害され，それはおそらく別々の脳システムに依存しているであろうという考え方を支持するものであるといえる。さらに詳しくいえば，健忘症患者は大変貧弱なエピソード記憶と健常な意味記憶を有している一方で，意味認知症患者は大変貧弱な意味記憶と健常なエピソード記憶を有しているという，いわゆる二重乖離〔double dissociation〕が存在するのである。

　前述の健忘症研究は，前向性健忘に主な焦点が当てられているが，多くの健忘症患者は逆向性健忘も患っている。たくさんの逆向性健忘研究は，非常に広範囲のエピソード記憶障害を明らかにしている。その障害は，子ども時代までさかのぼるような長年にわたる過去経験や 20 ～ 30 年間にわたる記憶が失われているのである。このような患者は，意味記憶の逆向性障害ははるかに短い期間しか示さないのである。それは発病前，せいぜい 2 ～ 3 年の期間に限定されることが多い。逆向性障害のこういうパターンは，アルツハイマー病患者（Addis & Tippett, 2004）や単純疱疹脳炎の患者（McCarthy, Kopelman, & Warrington, 2005）や側頭葉手術の患者である "H. M." （Steinvorth et al., 2005）によって報告されている。

　広範なエピソード記憶障害と限定的な意味記憶障害がみられる前述の研究結果について可能な説明として，多重痕跡理論〔multiple trace theory〕（Moscovitch, Yaschyshyn, Ziegler, & Nadel, 1999）が提唱されている。この理論によれば，記憶が検索されるたびに新しい神経結合が生じ，新しい記憶痕跡がつくられるのである。新しく獲得されたエピソード記憶は，それ以後 2 ～ 3 年にわたり他のいろいろな関連記憶と結合する。そして最後には，この結合により一連のエピソード記憶ができ，より一般的な意味記憶の産出が可能になるのである。たとえば複数の犬と出会う経験を何回かすれば，犬とはどんなものかという一般的な意味記憶を多くもつようになる。Moscovitch らは，このような意味記憶がいったん形成されるとそれらはかなり堅固になり，壊そうとしても壊れないものとなると示唆している。また彼らは，そのような記憶は保持

され検索されるため，もはや海馬には関与していないとも述べている。したがって海馬損傷はすべてのエピソード記憶を損なうかもしれないが，最も新しい意味記憶は損なわないと予測される。なぜならばそのような意味記憶は，エピソード記憶から構成される過程にあるからである。多重痕跡理論は，このようにして逆向性健忘症研究の諸結果を説明できるのである。そしてこのような発見は，意味記憶は多くのエピソード記憶が結合することにより形成されるという考え方と一致するのである。

　Tulving（1972）は，エピソード記憶と意味記憶は機能的に相互依存の関係にあることが多く，この仮定を支持する証拠も蓄積されていると述べている。Kan, Alexander, & Verfaellie（2009）は，実験参加者に食料雑貨の値段を覚えるエピソード記憶課題を出した。いくつかの品目の値段は実験参加者の既存の知識と一致していたので，この課題は意味記憶課題とも関係している。その他の品目は実験参加者の知識と一致していなかった。結果は，統制条件との比較において一致している品目の値段は一致していない品目の値段より，よい記憶成績を示した。この結果は，エピソード記憶課題の成績は意味記憶の影響を受けることを示している。また意味記憶が損なわれていない健忘症患者も同様の結果を示した。しかし意味記憶に重篤な損傷をもつ健忘症患者は同様の結果は示さなかった。

　Greenberg, Keane, Ryan, & Verfaellie（2009）は，いろいろな意味カテゴリからできるだけ多くのカテゴリ事例を言う意味記憶課題を使用した。いくつかの意味カテゴリは，エピソード記憶の利用により得をするように選ばれていた（例：誕生日プレゼントとしてもらったもの）。一方，他の意味カテゴリはエピソード記憶が何の役にも立たないようにつくられていた（例：通常赤い色をしているもの）。健忘症患者は，統制条件より全体的に非常に悪い成績を示した。この結果は，エピソード記憶の利用により得をするようなカテゴリの場合に，特に顕著であった。なぜならば健忘症患者は，エピソード記憶を利用してカテゴリ事例を検索する統制条件と比べ，そのようなことができなかったからである。

　Tulving（1972）の論文が記憶研究の発展に与えた最も大きな影響の1つは，エピソード記憶と意味記憶も含めて全体的な記憶システムを明らかにしようと

している理論家たちを励ましたことであった。たとえば Schacter & Tulving（1994）は，エピソード記憶と意味記憶を含めた4つの記憶システムの存在を主張している。他の2つの記憶システムは，プライミングに関与している知覚表象システムと，運動技能の学習や記憶に関与している手続き記憶である。Schacter と Tulving は，意味記憶は潜在記憶（すなわち，無意識的自動的検索過程を伴う記憶）の一形態と見なし，エピソード記憶の想起は顕在記憶（すなわち，意識的意図的検索を必要とする記憶）であるとした。しかしながらSquire（1992）は，エピソード記憶と意味記憶は双方とも同じ記憶システムに分類されるべきだと主張した。なぜならば健忘症患者においては，その双方ともが損傷されているからである。Squire の提唱した記憶システムでは，エピソード記憶と意味記憶は「宣言記憶」（すなわち，意識的検索が可能な記憶）として分類し，その他の記憶は「非宣言記憶」（すなわち，意識的検索が不可能な記憶）としている。

エピソード記憶と意味記憶の区分に関して，意識の問題は最も基本的問題の1つである。Tulving（2002）は，エピソード記憶は進化論的発展における最も高度な記憶形態であると述べている。なぜならばエピソード記憶は意味記憶形成のために必要である以前に，「意識的気づき」という重要な認知的ポイントを伴うからである。Tulving はエピソード記憶を「心的時間旅行〔mental time travel〕」を可能にする記憶形態として述べている。そこでは，私たちは過去経験を意識的に検索できるのである。Tulving はまた，エピソード記憶は最も上位にある記憶形態で，それも最も新しく進化した記憶であるとも述べている。そしてさらに，エピソード記憶は人類や他の霊長類に限定され，他の動物にはないものであると推測している。これは実証することが難しい理論である。なぜなら，私たちはイヌやネコに特定の過去の出来事を意識的に思い出せるかどうか聞くことは不可能だからである。

脳イメージングの技術が導入されて以来，エピソード記憶と意味記憶の活動に対応した脳領域を研究することが可能になった。そして fMRI（機能的磁気共鳴断層画像）の計測により，エピソード記憶と意味記憶の検索時に活性化する脳領域は大きく異なっているが，オーバーラップしている領域もあることがわかってきた。意味記憶の検索では，左前頭前野と左側頭－頭頂領域が主に活

性化する。エピソード記憶の検索でもまた左前頭前野が活性化するが，さらに右側頭－頭頂領域や側頭葉内側領域も活性化する（Levine, Turner, Tisserand, Hevenor, Graham, & McIntosh, 2004）。これらの発見は，エピソード記憶と意味記憶は異なる脳システムに依拠しているが，2つのシステムは関連しているという考え方をだいたい支持している。

　意味記憶の検索は，左前頭前野と左側頭－頭頂領域を活性化するという発見（Levine et al., 2004）は，意味認知症で見いだされた損傷部位とだいたい一致している。Hodges & Patterson（2007）は，意味認知症患者は側頭葉前部（記憶の検索に関与しているといわれている）と鼻周囲皮質（対象物の認識や感覚情報の結合に関与しているといわれている）に強い委縮がみられたと報告した。

　エピソード記憶の検索は，右前頭前野，側頭葉内側部（海馬も含む），側頭－頭頂皮質を活性化することが明らかにされている（Levine et al., 2004; Shimamura, 2014）。側頭葉内側部は，この領域を損傷した患者の研究により記憶の符号化と検索に関与していることがすでにわかっており（Scoville & Milner, 1957; Steinvorth et al., 2005），このような発見は，今日では，脳イメージングの研究により確かめられている（Buckner, 2000; Ranganath, 2010）。これらの研究はまた，次のようなことも示唆している。すなわち完全なエピソード記憶の符号化あるいは検索のために，経験事象の種々の特質を活性化し結合する場合にも，側頭葉内側部が重要な部分を占めているということである。エピソード記憶の検索における前頭前野の役割としては，記憶探索の遂行時に中心的な関与をしているようである（Cabeza, Locantore, & Anderson, 2003）。これは，ワーキングメモリの中央実行系による記憶探索活動においては，前頭前野領域が重要であることがわかっているからである。Cabeza, Ciaramelli, & Moscovitch（2012）は，エピソード記憶の検索時の腹側後部頭頂葉（VPPC）の活性化を報告した。VPPCは，再認テストの「ヒット」反応の正解を確認する際，1つの役割を担っていることがわかっている。それは，VPPCは正解をするという個人の確信を助けるということである。この仮説と一致していることとして，次のような興味深いことがいえる。すなわち，VPPCに障害のある患者は，重い健忘症状を通常は示さないが，彼らは検索の正しさに対する確信を弱めてしまうため，自伝的記憶に障害を被ってしまうのである（Hower,

Wixted, Berryhill, & Olsen, 2014)。

4. 古典的研究への批判

　Tulving（1972）の古典的研究について批評するという私たちの課題は，Tulving（1983）が自らその短所を明言しているので，より容易になった。それによればその最大の短所は，記憶の実験室研究がエピソード記憶のみに主に焦点を当ててきたことであり，記憶成績がよいということは，実験参加者が，項目が提示される文脈を記憶していることを示している，とされることである。それらの実験では，実験参加者が提示される項目に出会う文脈の想起に伴う正答のみを扱っているのである。

　このTulvingの仮定が過度に単純化していること示す実験的証拠がある。Harand, Bertran, La Joie, Landeau, Mézange, Desgranges, et al.（2012）の研究をみてみよう。この実験では，約200の絵が実験参加者に与えられ，3日間と3か月間の保持期間後，その絵の再認成績が調べられた。最も当を得た結果は，両保持期間において正再認されたいくつかの絵に関してであった。実験参加者は，両保持期間において，絵に関する符号化（文脈情報）の詳細を具体的に検索することができたのであった。要するにこの記憶は完全なエピソード記憶である。

　両保持期間で正再認された他の絵について，その記憶は短い保持条件においてはエピソード記憶であった（すなわち，文脈情報が検索できていた）が，長い保持条件では意味記憶であった（すなわち，文脈情報は検索できなかった）。時間の経過によるこの変化は，「意味記憶化〔semanticisation〕」といわれ，最初はエピソード記憶であったものが，時間の経過により意味記憶になることをいうのである。

　Tulving（1983）が1972年の論文について短所と認めていることには，他に何があるだろうか。その第1には，エピソード記憶と意味記憶の類似性や頻繁に起きる相互依存性について，その当時は今考えているほど明白ではなかったことを，彼は認めている。第2は，手続き記憶やスキル学習のようなエピソード・意味記憶以外の記憶形態の存在を明確に示さなかったことである。

第3には，「意味記憶」という用語にやや誤解を招く要因があったことである。私たちは，その用語を語や他のシンボルの意味として理解していたので，意味記憶を現実のケースより狭い意味で解釈していた。Tulving（1983）は，「世界の知識〔knowledge of the world〕」といったほうがより的確な表現だったと述べている。

　Tulving（1972, 1983）は，エピソード記憶は自伝的記憶（個々人の生涯の出来事に関する長期記憶）を含むと仮定した。この仮定は，その証拠がどのみち欠けていたが，何かと論争を呼ぶことになった。たとえば，単語 "chair"が第2リストにあったかどうか思い出す場合（エピソード記憶）と，休日のデートを思い出す場合（自伝的記憶）では重要な違いがあるように考えられる。エピソード記憶では，自伝的記憶にみられる自己との直接的関係が欠けていることがよくある。Gilboa（2004）は，ニューロイメージング研究についてメタ分析を行った。そして自伝的記憶よりエピソード記憶のほうが右背中側前頭前野に，はるかに多くの活性化がみられることを示した。それは，エピソード記憶においてはエラーを最小限にするために意識的なモニタリングが必要とされるからである。しかしながらエピソード記憶より自伝的記憶においては，左腹側内側の前頭前野にはるかに多くの活性化がみられた。これはたぶん，活性化された自己に関する知識についての検索時のモニタリングが行われているからであると考えられる。

　現在の論争点としては，Tulving（1972）により始められた記憶システム全体を扱うアプローチの価値に関することがあげられる。このアプローチの中心的批判は，それがあまりにも整理されていてきれいすぎるということである（たとえば彼の主張によれば，Xという課題はエピソード記憶に完全に関与し，Yという課題は意味記憶のみに関与しているという）。これに関して，多くの注目を集め始めているもう1つのアプローチは，次のような仮定に基づいている。すなわち，学習や記憶には多くの処理要素が伴い，それらはその課題の本質的特質に依存しながら相互に結合を繰り返しているという仮定である（例：Dudai & Morris, 2013）。この処理要素アプローチ〔processing-componentapproach〕は記憶システムアプローチ〔memory-system approach〕より優れている。それは，どのような学習・記憶課題かによって決められる特定のプロ

セスの点で，処理要素アプローチのほうがはるかに柔軟性があるからである。このアプローチはニューロイメージング研究により支持されている。Cabeza & Moscovitch（2013, p.49）は，「ある記憶システムに属している脳領域は，その他の記憶システムに関連する課題にも役立つことができる」と結論している。

　記憶システムアプローチと処理要素アプローチで，どちらが長期記憶の説明として十分なのかということは，現在のところ結論は出ていない。処理要素アプローチは有望であり認知神経科学からの予備的な支持を得ている，と結論づけることがおそらく公平な言い方であろう。しかしながら処理要素の数や性質は，やや不明なままである。そしてさらにしなければならないことは，学習や記憶の過程でどのようにして処理要素が結合するのかを明らかにすることである。要するにこのアプローチはやや「曖昧〔fuzzy〕」であり，明確な予測をするにはまだ困難が多いといえよう。

5. 結論

　エピソード記憶と意味記憶の区分に関する Tulving（1972）の論文は，長期記憶システムの数や性質の詳細を明らかにしようとしている記憶理論家にとって，大変重要なものであった。そして論文の公刊から 40 年経った今でも，その重要性は変わらない。

さらに学ぶために

Cabeza, R., & Moscovitch, M. (2013). Memory systems, processing modes, and components: Functional neuroimaging evidence. *Perspectives on Psychological Science*, 8, 49–55.

Greenberg, D. L., & Verfaellie, M. (2010). Interdependence of episodic and semantic memory: Evidence from neuropsychology. *Journal of the International Neuropsychology Society*, 16, 748–753.

Tulving, E. (1972). Episodic and semantic memory. In E. Tulving & W. Donaldson (Eds.), *Organisation of memory*. London: Academic Press.

Tulving, E. (1983). *Elements of episodic memory*. Oxford: Oxford University Press.

10 章

符号化と検索

Tulving & Thomson (1973) による符号化特殊性原理を超えて
James S. Nairne

1. 古典的研究の背景

　Tulving & Thomson (1973) による符号化特殊性原理に関するランドマークによって，検索手がかりの有効性に関する長い研究が終わりをつげた。今日，多くの記憶研究者は，貯蔵された記憶が，ある適切な検索手がかりに依存して回復することを受け入れている。さらに重要なことは，その手がかりの有効性は記銘時の状況によって規定されるということには，ほとんど異議がないということである。検索手がかりは，単独でそのターゲットを誘発する特性を獲得するわけではない。ターゲット項目がどのように符号化され，あるいは提示時にどのように処理されるかが，ある特定の検索手がかりが効果的となるような状況を決めるのである。これは，21 世紀の 2010 年以降においては確立した科学であるが，1973 年ではこのような概念はかなり議論を生むものであった。

　Tulving & Thomson (1973) の論文に先立つ 10 年ほどは，記憶研究の概念的枠組みは，依然として干渉理論 (Postman, 1961) によって支配されていた。古典的な学習理論 (たとえば Melton & Irwin, 1940) によって強く影響を受けている干渉理論家にとっては，覚えることは，主に連合間の競合によって規定されていた。ほとんどの研究努力が習得〔acquisition〕に注目した。より具体的にいえば，どのような学習が刺激と反応の間の連合を強めることができるかという点である。干渉理論家は，うまく検索できるためには，適度に検索を誘

発する刺激と，学習と実際の記憶成績に違いが存在することが必要であると認識していた。しかしこのようなことは，実験にも理論にも反映されていなかった（Tulving & Thomson, 1973, p.352）。検索が成功することは，すでに存在している連合の強度を示す証拠として解釈されたのである。

　習得は，Tulving や彼の協同研究者にとっても重要であった。しかし，彼らは，習得を記憶〔remembering〕という長いストーリー（プロセス）の一部にすぎないと考えていたのである。それゆえ，彼らは次のように主張する。記憶は，「記憶する人において，過去に貯蔵された情報と，直近の認知的環境に存在する情報を合わせた所産物」（Tulving & Thomson, 1973, p.352）と見なすほうがよいというのである。言い換えれば，検索の時点で起こっていることは，元の学習の時点で起こっていることと同じように重要なのである。1960 年代を通して，Tulving の実験室は，多くの「検索実験」を行った。それらの実験は，貯蔵の条件を一定に保っている間は情報への接近可能性は維持されることを示すために計画されたものであった。Tulving & Plearlstone（1966）の研究は，影響の大きい重要な研究例である。この研究の実験に参加した人は，異なる語数（12語, 24 語, 48 語）から構成されているリストの語を記銘するように求められる。そして，それらのリストには，異なるサイズ（カテゴリごとの項目数が 1, 2, 4）のカテゴリから構成されている。テストでは，記銘した語を再生するように求められるのであるが，ある条件では，カテゴリ名（たとえば，果物）が，リスト外手がかりとして与えられる。Tulving と Plearlstone は，以下のことを見いだした。①手がかり再生は，手がかりが与えられない再生（自由再生）よりもかなり成績がよい。②手がかりを与えることは，再生された語のカテゴリ数に影響するが（手がかりによって多くのカテゴリから再生される），ある再生されたカテゴリ内で再生された語の割合には影響しない（手がかりを与えても，ある特定のカテゴリ内から再生される語数は変化がない）。

　2 つの検索条件（手がかり再生，自由再生）間の「貯蔵」は同じように保たれているので，記憶成績の違いは直接的には検索手がかりの有無によって規定され得るものである。忘却は単なる反応間の競合の関数ではない。すなわち，貯蔵された情報と検索時の環境の諸特徴間の相互作用に依存するのである。手短にいえば，想起が適切な検索手がかりの存在に依存するという比較的温和な

考えは，本質的にはより革新的な考えへと発展させるためのものである。その考えとは，どんな検索手がかりの有効性も，何が貯蔵されているかに完全に依存しているというものである。符号化特殊性原理に含まれる上記の結論は，事実上存在しているすべての記憶理論に衝撃を与えたのである。

2. 古典的研究の詳細な記述

(1) リスト外手がかりの有効性

　Tulving & Thomson（1973）において主に注目されるのは，リスト外手がかり，すなわち学習時には物理的に提示されていない手がかりの有効性である。Tulving & Pearlstone（1966）の実験では，実験参加者は学習時にカテゴリ名を実際には見ていない。すなわち，カテゴリ名は提示されていなかったのである。しかし，それにもかかわらず，再生が促進されたのである。なぜ，カテゴリ名を与えることがカテゴリに含まれる事例（記銘語）を学習リストから検索しやすくするのであろうか。より一般的には，ある手がかりが再生を援助するうえで有効であるために必要な条件は何かということである。論文において，Tulving & Thomson（1973）は，まず，最初に，現在の理論を特徴づけ，それらの理論を論破するような実験的証拠を報告し，最後に符号化特殊性の概念を推奨することによって，上述の質問に対する答えを示している。

　Tulving & Thomson（1973）は，主に生成－再認モデルと呼ばれるある種の連想検索モデルに関心を寄せていた（たとえば Bahrick, 1970）。生成－再認モデルは，検索をある種の探索過程として概念化している。そこでは，人は，先に学習した項目を「発見」しようとして，存在する連想ネットワークを介して徹底的に探索するのである。検索手がかりは，人が候補反応を生成できるように手助けをする。それは，すでに存在している連想結合があるからであり，そこではその候補になった反応が実験文脈において生起したものとして再認されるのである。手がかりが存在しない自由再生テストと比べて，手がかり再生の成績が向上するのは，ターゲットの探索プロセスを狭めるという理由からである。

149

10章　符号化と検索

　重要なことは，すべての生成−再認モデルに，ある1つの鍵となる仮定があることである。それは，単語が記憶の中で1つの表象，すなわち"senses〔意味〕"をもっているということである。そして，この表象は，おおむね辞書的意味と一致している。Tulving & Thomson（1973）は，上述の仮定を状況転移〔trans-situational〕アイデンティティと呼んだ。すなわち，単語は固定化された表象をもち，その単語がみられたり，聞かれたり，話されたり，書かれたり，考えられたり，覚えられたりした場合にはいつでも活性化するのである。それゆえ，リスト外手がかりのような本質的にターゲット表象へのアクセスを提供するいかなる外的事象も，ターゲットが先に生起していることを思い出す能力を高めるのである。現実に生起したことの符号化，すなわち，ある項目が記銘リストで提示されたという事実は，学習エピソードにおいてこの固定化された内的表象のある種の活性化もしくは修正を含むと仮定されたのである（Anderson & Bower, 1972）。

　記憶の生成−再認モデル理論によってまた，ある明確な実験的予想がなされる。それは，いつでも再生より再認のほうが容易であるというものである。再生という行為は，2つの別々の過程を必要とする。1つは，アクセスが必要とされる項目の固定化された表象をつくる過程であり，それはおそらく生成段階の結果である。2つ目は，その項目が実験において提示されたと再認する過程である。いったん，ある項目が位置づけられ，再認されると，その項目は再生され得る。再認は1つの過程のみしか必要としない。すなわち，私たちは，単にある項目が提示され，それが先に提示されたか否かを決定するように求められる。それゆえ，2つの過程が必要とされる際の成績の水準よりも低い水準になることはあり得ない。次の章で述べるが，この生成−再認理論の仮定は誤りであることがわかる。

(2) 再生可能語の再認失敗

　実験的には，Tulving & Thomson（1973）の論文は，再認失敗パラダイムを紹介するものとして最も知られているが，その手続きは，生成−再認理論の仮定や予想を検討するために計画されたものであった。再認失敗パラダイムは，

150

以下の3つのステップから構成されている。①他の材料からできた学習文脈の中でターゲット語を提示，②学習文脈をなくして，ターゲット語に対する再認テスト，③リスト文脈（学習文脈）に関連する手がかりを提示して，ターゲット語を再生させる（Tulving, 1983）。ここでの重要な結果は，学習文脈のない場合のターゲット語の再認成績よりも，学習文脈のある場合の再生成績がよいということである。このような結果は，一般的な生成－再認モデルに対する反証になる。

Tulving & Thomson（1973）の実験1は，一般的な手続きを用いている。実験参加者は，手がかりとターゲット語の24対を記銘するように求められる。この場合の手がかりは学習文脈を表象するもので，ターゲット語と弱い連想しかもたない語であった。たとえば，*glue*（手がかり）－ CHAIR（ターゲット語）である。学習リストで提示されたターゲット語の半分が，リスト外の強い連想手がかり，たとえば，*table* を用いてテストされた。参加者は，手がかりの各々が学習リストで提示されたターゲット語のいずれかと関連があるので，そのターゲット語を思い出すために手がかりを利用すべきであると教示された。しかし，記憶成績は悪く，ターゲット語の15%しか再生されなかった。この結果自体が注目すべきものであった。というのは，強い連想をもつリスト外手がかり（*table*）がターゲット語（CHAIR）という表象へのよいアクセスを提供しているはずであったからである。

実験の次の段階で，参加者は残りの12語のターゲット語に対するリスト外の強い連想手がかりを与えられ，心の中で各手がかりに対して自由に連想語を生成するように求められた。そして，その連想した語が学習リストにあった語か否かをチェックし，もしあった語であるならばそれを書記再生するように言われた。このテスト手続きは，生成－再認過程をそのまま反映していることに注目してほしい。記憶成績は，この場合も相対的に低かったが（30%），先のテスト手続きの場合よりはよかったのである。

実験の第3段階では，リスト外の強い連想手がかりが再度与えられ，参加者はそれらの手がかりに対する自由連想語として生成した語をすべて書くように教示された。各手がかりに対して6つの連想語まで書くことが許された。この手続きの重要な点は，参加者が，リスト外の強い連想手がかりに対応するター

ゲット語を生成できるか否か，すなわち，参加者が *table* に対して CHAIR を生成できるか否かということである。参加者は，リスト外の強い連想手がかりに対する連想語としてターゲット語の 74% を生成した。この数字は，標準単語連想表の値と一致するものである。最後にすべての参加者が生成した語をすべてみて，実験の第 1 段階で記銘した語（ターゲット語）として再認した語には○をつけるように教示された。驚いたことに，参加者は生成されたターゲット語の 24% にしか○をつけていなかった。再認成績は低かったのである。最後のチェックとして，参加者は最初の学習リストの手がかり（たとえば，*glue*）が与えられ，最初に学習したリストのターゲット語を再生するように求められた。このテストでの成績は，63% の正答率であった。

　このように手続きは少し複雑であるが，注目すべき結果がある。第一に，ターゲット語が「ユニークな」文脈（*glue* というような弱い連想手がかりと対にされた場合）で記銘されると，リスト外の強い連想手がかり（*table*）が，強く連想されるターゲット語（CHAIR）の有効な検索手がかりとはなり得ないということである。第 2 に，人が生成－再認理論によって提唱される 2 つの過程に対応するように外的に教示された場合，すなわち連想語の生成後におけるターゲット語の再認成績は相対的に低いままであった。第 3 に，元々のリスト文脈（弱い連想語を対にされた場合）でのターゲット語の再生成績は，ターゲット語（CHAIR）それ自体があったか否かの判断をする再認テストの成績よりもかなりよかったということである。違う視点からすれば，CHAIR それ自体の提示よりも，弱い連想語である *glue* が CHAIR を思い出すためのよりよい検索手がかりなのである。これらの結果を生成－再認理論へ整合させるのは，難しいといわざるを得ない。

(3) 符号化特殊性原理

　Tulving & Pearlsone（1966）のような以前の研究と同じく，再認失敗パラダイムによる重要な教訓は，検索手がかりの有効性が学習の条件に依存しているということである。いうまでもなく，人々がカテゴリ化されたリストを学習するように求められた場合は，カテゴリ名がより有効な手がかりとなる傾向が

ある。もし，カテゴリに含まれるメンバーが1項目のみというような無関連リストの場合には，カテゴリ名はそれほど有用な手がかりとはならない。より極端なケースを例にあげると，もし，学習時に，bank〔銀行〕が，お金を保管する場所というように考えられる場合には，"river〔川〕"は，"bank〔堤防〕"の有効な検索手がかりとはならないであろう。再度いうが，学習時の条件が，手がかりが有効になる条件を規定するのである。すなわち，想起とは，想起する人が過去に貯蔵した情報と，今現在のその人の認知的環境に存在する情報との所産物である（Tulving & Thomson, 1973, p.352）

　このような意見は，Tulvingと共同研究者によって彼らが符号化特殊性原理と呼ぶものにはっきりと公式化された（Thomson & Tulving, 1970 を参照）。そのマイルドな表現として，この原理は，上述した結論を単に言い直しているだけである。その結論とは，ある項目がどのように学習され，符号化されるかによって，貯蔵されている項目へのアクセスを提供するうえで，どんな検索手がかりが有効になるのかが決まるというものである。より強い表現としては，再認失敗パラダイムの結果からほぼ間違いなく明らかなように，ある特定の検索手がかりに関する情報と学習項目との関係が学習もしくは符号化時に成立しているならば，その場合にのみ，その検索手がかりによって，学習項目の再生は促進されるということになる。その結果として，*table*は，CHAIRとよい連合関係が構築されているにもかかわらず，*table*とCHAIRの間の連合が符号化時において形成された場合においてのみ，CHAIRの再生を促進するのである。もし，連合がつくられなかったら，すなわち，*table*が符号化された記憶痕跡の一部でなかったら，*table*はCHAIRの検索手がかりとして意味のないものとなってしまうのである。検索手がかりはテストの時点で処理されるので，それが効果的であるためには，貯蔵されている内容と一致しているかもしくは重複している必要がある。

　符号化特殊性原理をかなり厳しい形で評価するためには，エピソード記憶実験は，ある情報が生起したか否かをテストしているだけであることを認識することが重要である。覚える必要があるのは，chairの概念，すなわちchairについての知識ではなく，ある特定の時間・空間的な文脈，すなわち実験のセッションにおいて，CHAIRという単語が生起したかどうかという事実である。

同じように，ターゲット語である CHAIR を提示し，それが先に提示されたか否かを参加者に尋ねるのは，再認と呼ばれる。しかし，この再認も知識それ自体というよりも，その単語が生起したか否かの情報を思い出すように参加者に求めるものである。もし，あなたが，リスト学習実験で CHAIR が生起したことを忘れたとしても，あなたが chair という概念を忘れていることにはならない。あなたは，単にある特定の場所のある特定の時点において，CHAIR という単語が生起したということを忘れているだけである。chair は，座るためのもので，脚がある等，chair について多くのことを知っていることが，CHAIRという単語が記憶実験においていつ生起したか否かについて教えてくれることはないのである。

　視覚的な探索アナロジー（たとえ）によって，いくぶんわかりやすくなるだろう。あなたが，印刷された単語のリストの中で，真ん中に同じ文字が 2 つある単語（例：COTTON）を探すように求められたと考えてみよう。これは簡単な課題である。というのは，弁別的な刺激（ここでは同じ 2 文字があるか，ないか）は，視覚的文字配列の一部だからである。しかし，記憶においてはエピソードの記録の中に「存在」しているものは，完全に経験に依存している。もし，COTTON が記憶リストにおいて聴覚的に提示されると，探索するための綴り（文字配列）上の記録がなくなってしまう。それは，綴りが元の経験（聴覚的に提示されるという経験）の一部にはないからである。あなたは，COTTON が真ん中に同じ 2 つの文字配列をもつことを知っているかもしれないが，その知識は検索には役に立たない。というのは，その知識がエピソード記録それ自体に含まれる何ものとも一致しないからである。せいぜい，あなたは，真ん中に同じ 2 つの文字配列をもつ単語の例（SUMMET，LADDER，KETTLE，COTTON 等）を生成しようと試みるかもしれない。そして，生成された単語のいずれかがエピソード記録の何かに一致しているか否かをみるために「チェック」するかもしれない。しかし，再認失敗パラダイムからのデータが示すように，この種の生成－再認方略は，よい成績を保証するものではない。

　Tulving & Thomson（1973）にとっては，再認失敗パラダイムの結果は，符号化特殊性仮説が機能していることを例証するものである。記憶におけるある

単語の永続的な表象，すなわち，"chair"についての概念的知識が貯蔵されている場所へアクセスするためだけの検索手がかりは，CHAIR が記憶リストにあったか否かについて何も情報を提供しない。記憶リストにあったか否かに関する情報は，別のエピソード記録に貯蔵されているのである。*table* が効果的な手がかりとなるためには，エピソード記録に入力する必要がある。すなわち，table と table の CHAIR に対する関係性が，エピソード記録がつくられる符号化時に処理される必要がある。Tulving & Thomson（1973）にとっては，弱い連想語（*glue*）の文脈で CHAIR を提示することは，この確率（上述のようなエピソード記録がつくられる確率）を低下させる。CHAIR が概念的に解釈されても，コピー手がかり *chair* は，CHAIR の検索手がかりにはなれない。永続的な記憶の中に貯蔵されている *chair* は，記憶リストに存在する CHAIR とは同じではないのである。

再認失敗を説明するためには，コピー手がかり *chair* が，リスト手がかり *glue* よりも，エピソード記録と重複する部分が少ないことを仮定する必要がある。

3. 古典的研究の影響

Tulving & Thomson（1973）が公刊されて，符号化特殊性仮説と再認失敗パラダイムの両方に対してそれを支持する研究および批判する研究が数多くなされた。いくつかの重要な例外や境界的な条件が報告されているけれども（Nilson & Gardiner, 1993 を参照），再生可能な単語の再認失敗は，後に何度も追証されてきた（Tulving, 1983 を参照）。今日，再認失敗は，核となる記憶現象であり，ほぼすべての一般的な記憶に関する教科書にはその内容が掲載されている。また，それは，記憶の公式的なモデルを作成しようとする人にとっては，価値のあるものである。Tulving & Thomson（1973）以降の 15 年間，ほぼすべての記憶に関する数学的モデルは，再生可能な単語の再認失敗を説明するためのメカニズムを組み入れている（Ratcliff & McKoon, 1989 を参照）。

また，実験的には，再認失敗パラダイムは，再認と手がかり再生の間の統計的な関係に興味を広げることになった。伝統的な生成−再認理論の視点からは，

再生は完全に再認の成功に依存している（p（Rn/Rc）=1.0）。しかしながら，後続の研究は，この両者（再生と再認）の間には，中程度の依存性しか示していない。Flexser & Tulving（1978, p.156）が述べているように，データのパターンは，「再生と再認は完全に独立でもなく，完全に依存的でもない漠然とした状態にあることを表している」。さらに，ある実験条件での再生成功の場合における再認失敗の大きさ，あるいはその逆である再認成功の条件確率は，全体的な再認成績の水準から，かなり予測できるようになっている。再生成功の場合の再認成功率と，全体的な再認成功率を関連づける関数は，数学的に表現されるものであり，それは，Tulving–Wiseman の法則（Tulving & Wiseman, 1975）として知られている。多様な実験パラダイムにわたって集められたかなりの範囲のデータは，この「法則」に一致している（Nilsson, Law, & Tulving, 1988）。とはいえ，いくつかの批判があり，そこでは，数学的な制限によって，この分析で予想され得る結果の範囲はかなり影響されると主張している（Hinzman, 1992 を参照）。

　生成−再認モデルも同様に改訂が必要となった。たとえば，再認と再生に対する出力もしくは判断基準が異なるという仮定をすることによって，生成−再認モデルを救うことが可能である。もし，再認に対する判断基準（「この項目がリストにあったか？」）が再生よりも高いとするならば，それで再認失敗を説明できるからである（Kintsch, 1978）。また，状況転移アイデンティティの仮定を拒否し，項目が記憶内に多くの異なる "senses" すなわち意味をもつことを仮定することもできる（たとえば Reder, Anderson, & Bjork, 1974; Martin, 1975）。弱い連想語である *glue* を含む文脈において CHAIR が符号化されている場合，おそらく椅子という実物に関連する意味やイメージは活性化されているが，一方，*table* を含む文脈で CHAIR を符号化することによって活性化されるのは，座ることに限定された知識のみである。生成−再認過程はそのまま残り得るが，検索手がかりによって生成された候補に対する再認に対しては，符号化時につくられたターゲットの "意味〔senses〕" を含める必要がある。しかしながら，Tulving（1983）が強く注意しているように，この生成−再認理論の復活は，符号化特殊性原理の主要な前提を盗用することになる。すなわち，ある項目がどのように符号化されるかは，記憶に貯蔵されているも

のへのアクセスを提供するうえでどんな検索手がかりが有効になるかを決定することになる。さらに，1つの意味しかもたない単語をターゲットとして用いる場合や，有名な人物もしくはユニークな都市の名前を用いる場合においても，再認失敗は頑健に維持されている（Nilsson et al., 1988; Tulving & Watkins, 1977）。

より激しい変化が Jacoby & Hollingshead（1990）によって提供されている。彼らは，生成過程はある意味的もしくは連想的ネットワークよりも，今現在のエピソード経験に基づいていると主張した。彼らが指摘しているように，単語完成課題のような間接的記憶テストにおけるターゲットの生成は，ある特定の先行経験に強く影響される。間接的テストでは，人は明確な何かを思い出そうとしてはいない。彼らは単に単語を完成しようとしているのである。しかし，彼らの単語完成の成績は，先行経験との一致によって向上する。もし，手がかり再生で使用される生成過程が，固定化された連想ネットワークよりもむしろ，直前の先行経験によって促進されるのならば，生成－再認モデルは符号化特殊性原理と容易に折り合いをつけることができることになる。弱いあるいは強い連想語（*glue* vs. *table*）といういずれの文脈において CHAIR が提示されるかが，最終的に異なる検索手がかりに対して生成されるターゲット候補を劇的に決めるのである。

Jacoby & Hollingshead（1990）は，再認段階はある条件ではバイパスされ得るので，そのことが再認できない項目が再生されることにつながると主張している。虚再生（実際にリストの中になかった項目を誤って再生すること）を避けるために，私たちはある種の再認段階を必要とする。というのは，再生候補となる項目がさまざまな理由で心に浮かんでくるからである。しかしながら，ある再生候補の心に浮かんできやすさ，すなわち検索流暢性は，その候補項目が先に生起した（リストの中で提示された）ということの印にもなるのである。もし，テスト時にある単語の生成が十分に流暢である（ある単語がすぐに心に浮かんでくる）ならば，Jacoby と Hollingshead が述べているように，その単語は最終的な再認チェックを受けないであろう。すなわち，人は単純にその単語が記憶したリストの中にあったと考えるのである。エピソードに基づいた生成と，流暢性に基づいた再生を組み合わせることによって，再生可能な単語の

再認失敗が容易に説明されるのである。

今日，ほとんどの記憶研究者が，ある意味では生成－再認理論を受け入れている。というのは，先に述べたように，再生候補となった項目をモニターもしくは評価することは，虚再生を防ぐために必要となるからである。事実，最近では，人が過去経験に対する記憶内容をどのようにモニターしたり，統制したりするのかについて，研究者がかなり興味をもつようになってきている（たとえば Dunlosky & Metchalfe, 2009）。しかし，Tulving & Thomson（1973）で議論された初期の生成－再認モデルの特徴を表すものとして，生成過程が抽象的な意味的ネットワークの文脈に左右されない検索によって導かれるという考えは，もはや深刻に取り上げられなくなっている。その代わり，実験状況によって誘発される他のバイアスに沿って，先行経験もしくは先行事例が再生候補を生成する過程が重要な役割を果たすと考えられている（Higham & Tam, 2005 を参照）。

4. 古典的研究への批判

これまで述べてきたように，符号化特殊性原理は，検索手がかりの有効性についての1つの記述である。想起が検索手がかりに依存するものとすると，この符号化特殊性原理の1つの経験的原理としての長所を査定するために，かなりの綿密な調査がなされたということは驚くことではない。想起が文脈に依存するという主張，および先に存在する手がかりとターゲットとの連合が再生を促進しないという主張は，長年本質的な支持を受けてきた。たとえば，Godden & Baddeley（1975）は，深海潜水夫が陸上もしくは水中で単語のリストを聞かされた場合，学習条件（単語を聞いた条件）とテスト条件の「一致」が記憶成績を決めることを示した。もしその潜水夫が初めに水中で単語を覚えたならば，水中でテストされた場合のほうが再生成績はよくなり，この結果は，潜水夫の訓練にとって重要な実践的な意義があるとされている。同時にこれは状況依存学習に対する本質的支持でもある。ある人がアルコールや薬物の影響下で学習したならば，その人が同じ状況でテストされた場合には再生成績がよい（レビューは Eich, 1980 を参照）。私たちがある情報を思い出す能力は，そ

の情報が符号化された最初の文脈（状況）を回復するかもしくは「一致させる」ことによって決まるのである。

　しかしながら，符号化特殊性原理における「もし……の場合にのみ」という条項に議論の余地があるならば，それは，最初の学習時に処理され，貯蔵された正確な内容を決定する明確な方法がないということが部分的な理由として存在する。符号化されたエピソードの確かな内容を知ることなしに「符号化されていなかった」手がかりがあるターゲットを誘発するうえで効果的であるかどうかは，決定的に証明することができない。また，再認失敗パラダイムにおいてコピー手がかりである CHAIR を提示することが，なぜ，最初の提示において符号化されたターゲットとしての「意味」を少しも誘発しないのかという不思議も残っている。事実エピソード記憶と意味記憶の厳密な区分に対する最も強い経験的な証拠の1つが意味記憶課題に及ぼすエピソードの「プライミング」が持続的に存在しているということである。記憶リストに ELEPHANT という単語を提示することによって，後で単語完成課題（E_ _P_AN_ を完成させる課題）における成功可能性を増大させることになる。このことは，その単語完成テストと先に提示された単語が同じであるという意識がない場合でも生じるのである（Roediger, 1990 を参照）。手がかりの部分が先行のエピソードと明らかに結びついているというエピソードプライミングと，再認失敗パラダイムにおいてみられる再認成績の悪さをともに説明することは難しい。

　しかし，私たちが符号化特殊性原理の厳密な形を拒否した場合，すなわち，最終的に符号化特殊性原理が検証不可能であると考えた場合でさえも，この原理は記憶理論家の考え方に影響を与えるものである。重要な1つのポイントとして，符号化特殊性原理は，近代の記憶理論における広く認められた2つの仮定に関わっている。その2つとは，①エピソードの保持の安定性および頑健性は精緻化の関数，すなわち，符号化時に形成された記憶内の記銘すべきターゲットと他の情報の結合の数によって決まる，②検索の成功は，符号化時とテスト時の間の一致もしくはオーバーラップの程度の増加とともに単調に増加する，である。以下にそのアウトラインを述べるが，どちらの仮定も符号化特殊性原理からの合理的な推論である。

<u>**精緻化**</u>　もし，ある検索手がかりが効果的であるのは，その手がかりがエピソー

ド記録の「部分」である程度によって決まるのであれば，記憶痕跡がより豊富に精緻化されればされるほど，より思い出される可能性は高まるようになる。もし，記憶内でターゲット項目と他の多くのものとの間に結合ができたなら，その場合は，学習経験によってより多くの潜在的な手がかりが喚起されることになる（Bradshaw & Anderson, 1982 を参照）。通常，研究者は記憶現象を説明するために，精緻化や「符号化の豊富さ」という概念を使う。たとえば，検索訓練による記憶促進（Karpicke & Roediger, 2007）やサバイバル処理（Nairne, Thompson, & Pandeirada, 2007）は，最近では精緻化を高めた結果の例として解釈されている（Carpenter, 2009; Kroneisen & Erdfelder, 2011）。

　精緻化の概念は，最初は処理水準の枠組み（Craik & Lockhart, 1972）に基づく Craik & Tulving（1975）によって行われた研究から出現したものである。オリジナルな処理水準の枠組みでは，記憶成績は処理の深さの所産物としてみられていた。すなわち，深い（意味的）処理が最もよい記憶成績を生み出すのである。しかしながら，Craik & Tulving（1975）が示したように，同じ深さの処理をされた項目の記憶成績において時には大きな記憶成績の差があったのである。たとえば，実験参加者がターゲット語が枠組み文（例：He met a ＿＿＿＿ in the street.）に適合するか否かの判断を求められる場合，「はい」と答えたターゲット（例：FRIEND）は，「いいえ」と答えたターゲット（例：CLOUD）よりもよりよく思い出させたのである。どちらの反応（「はい」「いいえ」）でも，深い意味的処理が求められているので，この適合性効果（はいと答えた場合が，いいえと答えた場合よりも記憶成績がよいという現象）は，オリジナルの処理水準の枠組みとは整合しないものであった。Craik & Tulving（1975）は，「符号化の広がり」を深さよりもよいメタファーとして提唱した。「はい」と答えた場合には，ターゲットは枠組み文にすんなりと統合されるので，「いいえ」と答えた場合よりもより精緻化された記憶痕跡が形成されるのである。深い処理は効果的である。彼らがいうのには，それは深い処理によって主に，より豊富な，精緻化されたエピソード記録がもたらされることによるのである。

　もし，符号化特殊性原理が正しく，そしてエピソード記録が検索手がかりの最も重要な源（リソース）であるならば，Craik & Tulving（1975）の考えは意味をもつものである。しかし，概念的な問題が残っている。事実，実用的に

は，「精緻化は，寄りかかるにはかなり細い葦である（Postman, Thompkins, & Gray, 1978, p.684）」。第1の問題は，精緻化を測定する一般的に認められた方法がないということである。私たちは，実験室において（例：参加者にターゲット項目に対する結合を生成するように要求することによって），精緻化を誘導している。しかし，ある記憶痕跡の構造を覗くための魔法の窓はいまだ存在していない。このことによって，論理に循環性が引き起こされる。すなわち，もし，ある項目がよく覚えられたなら，それは精緻化された記憶痕跡をもっているに違いないということになってしまうのである。第2の問題点として，精緻化は，干渉の可能性を生み出すということである。豊富な記憶痕跡は，多くの利用可能な検索手がかりを生み出すかもしれないが，記憶痕跡の複雑性を増すことによって，他のものを排除して，ある特定の構成要素にアクセスすることがより難しくなるはずである。ある1つの手がかりに対して結びついているターゲットの数が多いほど，その中のある特定のターゲットへのアクセシビリティー（接近可能性）が低下するという，cue-overload〔手がかり過負荷〕として知られている条件（Watkins & Watkins, 1975）があるが，同じような処理が精緻的処理においても生じることは，よく指摘されることである。すべての潜在的な検索手がかりは，同時に潜在的な干渉のリソースとなるのである。

　最後に，検索手がかりの生成に関してうまく記述できる理論なしでは，精緻化の利点を判断することは難しいということである。ある特定の検索環境において，何が最も適切な検索手がかりを規定するのであろうか？　手がかり再生においては，私たちは検索手がかり（*glue*）を与えられ，課題は，連合されていたターゲット（CHAIR）を答えることである。ある特定の環境では，手がかりとターゲットの間に媒介するものが生成され，それが助けになる場合もあるが（Carpentar, 2009），このケースでは，なぜ検索手がかりの数が増えることが助けになるのかが明らかではない。自由再生の場合には，学習が生じた（ターゲットを記銘した）一般的な文脈以外に，外的な手がかりは一切提供されない。自由再生に関する最近のモデルは，かなり文脈による符号化に依存しており，ある程度は，覚えなければならない項目間の意味的な関係性にも依存している。しかし，潜在的な検索手がかりの数の増加が，どのように記憶の回復を援助するのかについては明確化することができないでいる（たとえば

Pollyn, Norman, & Kahana, 2009)。精緻化が保持を助けるか，妨害するかは，検索手がかりの生成と利用についてなされた仮定に依存している。

符号化と検索の一致　符号化特殊性原理の第2の意義は，保持が検索手がかりと符号化痕跡の間の一致に直接的に依存しているということである。とりわけ，検索手がかりは，その手がかりがある適切なエピソード記録に表象されている程度によってのみ有効である。つまり，その手がかりとエピソードの一致が，よい記憶成績のための必要条件なのである。これまで私たちがみてきたように，文脈依存記憶に関するかなりの証拠がある。そして，それらは，符号化と検索の一致の重要性を認証するものである。同じように，符号化時の転移適切性処理の有用性に対するかなりの証拠がある。そこでは，よい記憶成績を保証するために，人は，検索時に提示されそうな条件に「適した〔appropriate〕」方法で学習材料を処理するというものである（たとえば Morris, Bransford, & Franks, 1977; Kolers & Roediger, 1984）。

　しかしながら，検索手がかりがオリジナルな符号化内容の一部でなければならないと明記することは，符号化と検索の一致が増加することがよい保持にとって必要であるということを意味しているのではない。一般に，記憶研究者は学習時とテスト時の間の類似性を最大限にすることが保持を促進すると仮定する。しかし，この仮定はほぼ確実に間違いである。第1に，（オリジナルな符号化内容と）一致する検索手がかりが与えられても，記憶している人にとってすでに利用できない情報が提供される場合があるからである。たとえば，Tulving & Pearlstone（1966）は，学習リストにおいて提示されるカテゴリ数が少ない場合には，テスト時にカテゴリ名の手がかりを提示しても効果が小さいことを見いだしている。少なく，かつ目立つカテゴリがある場合には，テスト時に参加者にとってはこれらのカテゴリ名はおそらくすでに利用できる状態になっている。つまり，カテゴリ名としての「手がかり」は，参加者にとって冗長であり，記憶成績を改善する可能性が乏しいものなのである。第2に，詳細は他で議論したが（Nairne, 2002），保持を推進するのは実際には符号化と検索の一致ではなく，検索手がかりがある特定のエピソード記録の重要な特徴〔diagnostic〕になっている程度なのである（Mantyla, 1986 を参照）。どんな検索手がかりであっても，正しいエピソード記録と一致するのと同じく，多く

の誤ったエピソード記録と一致する可能性がある。1つのエピソード記録の中でさえも，特に精緻化が生じた場合には，そのターゲットは，形成された他の結合から弁別的である必要がある。覚えられなければならないのは CHAIR であって，学習時に CHAIR に対して生成された精緻化ではないのである。再度いうが，精緻化の結果として生成された新しいすべての検索手がかりは，それ自身が干渉の潜在的なリソースになるのである。

　実験をシンプルに考えると，重要な点を示すことができる。8語からなるリストを人々に提示し，ある特定の系列位置で提示された単語を覚えるように求めるとしよう。ここでの課題は，単語を覚えることだけではなく，系列位置に基づいて単語間の弁別をすることである。さらに，各単語が最初の提示においては赤色で提示されたと考えてみよう。符号化特殊性原理によれば，赤色は潜在的な検索手がかりである。これは，提示中にターゲット語に付随して符号化されている。しかし，この文脈では赤色は完全に不適切な手がかりである。というのは，赤色はリスト内のすべての語と一致しているからである。系列位置に付随している赤色を検索手がかりとして提供することは，（赤色で単語が提示されていない場合と比べて），符号化と検索の一致を増加させていることになる。しかし，それによって正しい再生は増加しないであろう。このような結果が最近 Goh & Lu（2012）によって実験的に確認された。彼らは，手がかり再生のテスト時に，もう1つの第2の手がかりを与えることによって，記憶成績が向上しないことを示したのである。実は，この余分に与えられた第2の手がかりは，他の単語にも一致するものだったのである。実際に，エピソード記録における他の誤った情報に余分に与えた特徴（手がかり）が一致した場合に，符号化と検索が一致する程度を高めることによって，かえって記憶成績が悪くなるということを予想するのは容易なことである。

　検索にとって重要なことは，符号化と検索の絶対的な一致ではなく，相対的な一致である。この状況は，いくぶん，強度と明るさの知覚の関係に似ている。明るさの知覚は，主に相対的な強度情報によって決まる。すなわち，どのくらいの光子が周囲に比べて中心に注ぐかである。多くの場合，強度の絶対的な量を増やすことによってより明るくなるが，強度と明るさを分離させることは容易である。もし，強度を中心と周囲に同じ量ずつ増やしたり，減らしたりした

場合には，明るさの知覚は一定を維持する（明るさの恒常性）。もし，中心よりも周囲の強度が増加すると，中心と周囲を含んだエリア全体の絶対的な光が落ちた場合でさえも，その中心のスポットはより暗く見えるのである。同じように，符号化と検索の間の一致が重要なのではなく，ターゲットに対応する手がかりがそのターゲットの重要な特徴となっている程度が重要なのである。言い換えれば，効果的な手がかりは，差異的である必要がある。すなわち，他の事象を排除して，貯蔵された特定の事象を明確にする必要があるのである（Eysenck, 1979; Nairne, 2006）。

5. 結論

記憶研究の歴史において，まさにランドマークである Tulving & Thomson (1973) の登場以来，今や 40 年以上が経過している。この論文それ自体は Google Scholar によれば，3000 回以上引用され，検索手がかりの有効性についての結論は，ほとんど完全なままで維持されている。多くの点において記憶研究者は，Tulving と彼の協同研究者たちによってつくり上げられ，磨かれてきた「レンズ」を通して，エピソード検索を見続けている。精緻化，符号化と検索の一致および文脈依存検索といった概念に対して記憶分野の信頼があることは，Tulving & Thomson (1973) において提唱された経験的および理論的洞察に直接的にさかのぼることができる。

同時に，符号化特殊性を超えるために記憶領域では，かなりの努力や挑戦が続いている。効果的な検索手がかりを促す条件について多くのことが明らかになってきたが，手がかりそれ自体の生成についてはほとんど知られていない。私たちの隣人やコーヒーカップとの日常的な出会いによって引き起こされる「一致」について考えてもらいたい。一日を通して，私たちはこれまでの人生において先に経験したエピソードに「一致」した出来事に出くわす。しかし，これらの事象が意識的な回想を生じることはほとんどない。1つのコーヒーカップが1つのカップにすぎない場合，そのコーヒーカップは，潜在的な検索手がかりとしての特性をいつ獲得するのであろうか？　言い換えれば，過去を思い出すために，環境にある事象を「手がかり」として捉え始めるような「検

索モード」を引き起こすのは何なのであろうか？（Tulving, 1983）。人々がどのように覚え，忘れるのかを正しく理解するためには，この世界で検索手がかりがどのように生成され，利用されるのかについて，見せかけでなく，事実上の理論を作成することが必要であろう（Berntsen, 2009 を参照）。

また，この研究領域が，記憶の再構成的な性質を理解することも必要であろう。符号化特殊性原理は，検索手がかりの相対性を支持し，固定された抽象的な記憶貯蔵庫という概念を拒否するが，それでもなお，想起は，エピソード「記録」へアクセスする過程とされている。経験はある記憶痕跡をつくる。その痕跡は，適切な，別の言い方をすれば，「マッチング（一致）」している検索手がかりによってアクセスされる。しかし，想起という行為は，オリジナルな符号化経験には含まれない，再構成，（情報の）付加および削除によって特徴づけられている。想起の多くの事例，特に，私たちの遠い過去の自伝的記憶は方略的に引き出されているが，それは，マッチング手がかりよりも，文化的なスクリプト（枠組み）や規準によって引き出されている。同様に，想起は現時点に過去を再現することではないという認識が大きくなっている。というのは，過去はまったく同じように再現することはできないという大きな理由があるからである。むしろ，私たちの記憶システムは，現実の働きの中で，過去を利用するために，機能しなければならないし，あるいは将来の適応的な行動を促すために機能しなければならない（Nairne & Pandeirada, 2008）。符号化特殊性原理の記憶に関する洞察は大したものであるが，上記のような問題には，ほとんどといってよいほど言及していない。

6. 捕稿：Endel Tulving からのコメント

私たちは，Endel Tulving に本章に関するコメントを求めた。そして，彼は以下に示すような回答を送ってくれた。その回答では，再認失敗に関する Tulving が見いだした結果に言及している。以前は，再生できる項目は，いずれも再認できると考えられてきた。言い換えれば，再生可能な単語に対する再認失敗は決して見いだされないものであった。これに対して，Tulving は，文脈情報が検索において決定的な重要性をもつという考えを強調し，再生可能な

語であっても，再認失敗はしばしば起こることであると主張した。たとえば，あなたは "Doyle" を有名な作家として認識できないかもしれないが，"Sir Arthur Conan _____" の空欄を埋めるように求められた場合には "Doyle" を再生できるかもしれない。Tulving–Wiseman 関数は，さまざまな状況において再生可能な語に対して再認失敗がどの程度生じるのかに関する詳細な説明を提供している。再生可能な語に対する再認失敗は，1970 ～ 1980 年代は，符号化特殊性原理を支持する重要な証拠として見なされていた。しかし，その後の論評では，再生可能な語に対する再認失敗についての彼の実験が，再認失敗が一般的なものなのか，ある特定の材料に限定されたものなのかを検討するために計画したものとして議論している。

　Endel Tulving のコメントは以下のようなものである。

　　［実験において］私たちは，Tulving–Wiseman 関数は，ターゲットが有名な人物のユニークな名前やユニークな都市の名を表している場合だけでなく，その他の材料にも適用されることを見いだしている。私たちが用いた名前の例は，「フローレンス・ナイチンゲール」や「ジョージ・ワシントン」であり，都市の名前の例は，「ストックホルム」や「トロント」である。ちなみに，この論文は，私の友人である Gordon Bower によってそのきっかけが与えられたものである。彼は他の多くの偉大な指導者たちと同じように，婉曲的な言い方であるが，ここ数年私が言ってきたことのいくつかを想像すらしなかった。彼は以下のように言った。「君は，（これまで私たちが行ってきたように）"handshake〔握手〕" や "adultery〔不倫〕" といった語に関しても，再認失敗効果が見いだせると言える。しかしこれらの効果は，初期のころの結果を説明するための理由，すなわち，単語の多重の意味〔multiple senses〕によって生じたものである。つまり，異なる種類の握手があり，異なる種類の不倫があるのである。君は，決してアメリカ大統領の名前からそれを再生したのではない」。

　それで，ユニークな人の名前や都市の名前を用いることになったのである。Gordon の恩恵によって，私は，「ジョージ・ワシントン」と「エイブラハム・リンカーン」を用いて得られた 2 つのデータセットを残りのデー

タから区別した。2つのデータセットを一緒にして，私たちは，Tulving-Wiseman関数をRIGHT ONするデータポイントを得た。"Right on"とは，関数からのデータの隔たりが0ということを意味する。もちろん，隔たりが0というのは，まぐれ当たりにすぎないが，データポイントがこれまでの先行実験において私たちが見いだしてきたすべての他のデータと区別できないという事実が，重要な結果なのである。私はGordonに図を送ったが彼は私に返信をくれなかった。私は返信の催促はしなかった。彼は私の友人であり，よい男である。JEP（Journal of Experimental Psychology）に掲載された私たちの論文は，引用されなかった。私たちがその論文を公刊して以来，Tulving-Wiseman関数を無視することが1つの規準になったのである。しかし，今のところは，その他の説明は，科学者も人間であるというものにすぎない。

さらに学ぶために

Nairne, J. S. (2002). The myth of the encoding-retrieval match. *Memory*, 10, 389–395.
Roediger, H. L. (2000). Why retrieval is the key process to understanding human memory. In E. Tulving (Ed.), *Memory, consciousness and the brain: The Tallinn conference* (pp. 52–75). Philadelphia, PA: Psychology Press.
Surprenant, A. M., & Neath, I. (2009). *Principles of memory*. New York: Psychology Press.
Tulving, E. (1983). *Elements of episodic memory*. New York: Oxford University Press.

11 章

人間の問題解決

Newell, Shaw, & Simon (1958) による人間の問題解決の理論を超えて
Fernand Gobet & Peter Lane

1. 古典的研究の背景

　人間が意思決定や問題解決を行うときにそれに含まれる認知的メカニズムは何だろうか。パズルを解いたり，論理学の定理を証明したり，チェスのコマの移動を選択したりするのに含まれるそれぞれのメカニズムに共通点はあるのだろうか。これらのメカニズムは，主要な科学的発見のような偉業に含まれるものと似ているのだろうか。

　一瞥してみれば，1950 年代は，もしアメリカ合衆国に住んでいる心理学者なら，これらの質問に答えるには適切な時期とはいえなかった。20 世紀の前半は，行動主義に支配されていた。強烈な実証主義を唱えながら，行動主義は，理論的な用語と思弁的な理論化を避けていた。この影響で，心理学におけるほとんどの実験は，条件づけ（しばしば被験体として動物）と，無意味なシラブルの学習に関係するものであった。認知過程の研究に最も近い心理学は，知能の研究と，機械的な推理と言語的流暢性のような機能を測定するテストの開発であった。

　この潮流の中では，刺激－反応の結びつきのみに焦点が当てられ，心理学における問題解決の研究はほとんど行われなかった（この領域の状態は，この章で扱う論文の 3 年前に出版された Johnson (1955) によってうまく表されている）。アメリカ合衆国において行われたわずかな活動は，ナチズムから逃げ

169

てきたヨーロッパのゲシュタルト心理学者の努力によるものであった。彼らの研究は才気に溢れて，時には壮観な実験（たとえば，洞察についての研究）によって特徴づけられたが，理論の構築には熱心ではなかった。また，弱いながらも，哲学的思想を理解するような複雑な問題解決に興味を抱いているヴュルツブルグ学派〔Würzburg School〕の心理学や，思考についての包括的な理論を発展させた Otto Selz からの影響もあった。この理論は，理解できる人がほとんどいないような不明瞭な法律尊重主義スタイルで表現されており（Selz は弁護士としての教育を受けた），問題解決についての数少ない詳細理論の 1 つであった。

Allen Newell, John C. Shaw, および Herbert A. Simon が，1950 年代に問題解決のコンピュータ・モデルを開発し始めたのは，このようなやや不毛な状況下である。Newell は，数学の大学院を中退して，米軍のための研究を実施するシンクタンクであるランド研究所に雇用された。Shaw は数学教育を受け，ランドのシステムプログラマーであった。Simon は尊敬を集めた社会科学者で，組織における意思決定の理解を専門としていた（March & Simon, 1958）。彼は，社会科学での数学的モデルを用いたいくつかの重要な論文をすでに発表しており（Simon, 1957），また経済学において専門的な業績を残していた（Holt, Modigliani, Muth, & Simon, 1960）。

この 3 人組が最初に手を出したのは幾何学である。しかし，コンピュータによって知覚的過程を捉えることが困難であるため，より抽象的な課題を扱うようになった。それで，彼らはチェスができるコンピュータ・プログラムを開発し始めたが，コンピュータの時間資源の限界から，これはあまりにも困難なことであるということが判明した（彼らは最終的には，弱いチェス・プログラムをなんとか書き上げた。Newell, Shaw, & Simon, 1958a を参照）。初歩的な記号論理学が彼らの最終的な選択で，公理と推論の規則を用いて定理を証明するプログラムを書くことが明確な目標になった。

進歩は速く，1957 年までには，彼らの目標をかなえたプログラムであるロジック・セオリスト〔the Logic Theorist: LT〕について記したいくつかの学会発表論文を，彼らは共同で書いた（Newell & Shaw, 1957; Newell, Shaw, & Simon, 1957; Newell & Simon, 1956）。しかし，これらの発表は，コンピュー

タ科学の黎明期の領域や工学の関係領域の研究者に向けてのものだった。この章の中心となる研究である Newell, Shaw, & Simon（1958b）は，心理学者に向けられた最初のもので，情報処理心理学として後に知られるものを最初に発表した論文である。

2. 古典的研究の詳細な記述

当初は，Newell et al.（1985b）は，彼らの理論が本来は人間の問題解決の理論としてではなく，人工知能プログラム（彼らは，この用語を使用しなかったが）として発展させられたものであるということを明確にしていた。彼らは，最初に自分たちの新しい情報処理システムアプローチを発表し，次いでロジック・セオリストとそれについてのいくつかの実験を記述していた。これによって，どのようにロジック・セオリストの振る舞いが人間の問題解決の重要な特徴を捕捉するのかという議論が起きた。最終的には，彼らは心理学における代替的な諸アプローチとの広範な比較を描いたのである。私たちも，この論文と同じ順序をたどることにしよう。

(1) 理論

いくつかの出版物においてさらに発展し，Newell & Simon（1972）の中で完全に表現された情報処理心理学は，認知システムはさまざまな成分から構成されており，それらは何らかの抽象度においてコンピュータの成分，すなわち，受容器，効果器，記憶，および制御システムと類似していると提唱している。この理論が注意を向けているのは，4つ目の成分である。なお，記憶には，記号と原初的な情報処理過程が含まれている。厳密にいえば，記号も処理過程も物理的基材（コンピュータ）において完全に実装される。記憶には，処理過程をプログラム全体に結びつけることを可能にする規則の集合も含まれている。このようなプログラムは，理論によって生成される外的な振る舞いを明確に導くことを可能にする。この振る舞いは実際の人間の行動と比較可能であり，それによって理論が検証される。

171

行動の理論として用いられるプログラムは，個別性が強い問題に直面した特定の有機体についての説明なので，極めて特定的である。さまざまな有機体，さまざまな知識の量，さまざまな問題が，説明としてのさまざまなプログラムを必要とするのである。Newell et al.（1958b）は，プログラムは理論として2つの方法で使用できるということに言及している。第1に，プログラムの特定の予測を検証する手段として利用できる（たとえば，エラーの数と種類のような）。第2に，さまざまな状況での行動（たとえば，チェス，覆面算，論理における証明など）を説明するために開発された諸プログラム間の類似性を検討したり，同一の課題においてさまざまな人たちがそれぞれ用いているプログラムを比較することが可能である。双方とも，広範な理論的一般化が可能である。私たちは，ここに興味深いパラドックスがあることに注目している。すなわち，行動を極めて詳細に説明するために書かれたプログラムは，人間の問題解決の一般的な説明を導く。この第2のアプローチは，第1のものよりも質的であって，Newell らが彼らの論文の中で用いたものである。

この論文の鍵となる考え方は，プログラムは，<u>行動を生成することによって</u>行動の説明を提供するということである。このように，チェスのコマ移動のときに人間が思考する方法についての理論は，チェスができなくてはならない。十分性のこの検証は，Newell らによって提案されたアプローチの，極端に強い特徴である。一連の基本的な操作がどのようにして複雑な問題の解決を導くのかは，しばしばミステリーとされてきた。しかし，Newell et al.（1958a, p.152）が述べたように，「私たちの理論は，成功した問題解決子の構成にはそれ以上何もつけ加える必要はないということを示すことで，このミステリーを解決する」のである。Newell らによれば，彼らの理論のそれ以外の重要な貢献は，人間の問題解決が，どのように基本的な過程に分解され，かくしてどのように機械的に説明され得るのかについて説明してくれるという点である。

Newell らは，コンピュータと人間の精神のアナロジーは，物理的なレベルにおいてではなく，プログラムの概念を通しての機能的レベルにおいてであるということを繰り返し強調している。すなわち，プログラムは，人間と機械両方の問題解決を情報処理レベルで記述している（1958b, p.153）。特に，彼らは，情報処理システムの記号や成分（受容器，効果器，記憶，および制御システム）

が人間の脳に明らかに存在しているが，それらの神経的実装には興味はなかった。コンピュータは，シミュレーションの実行の効果的な方法を提供するが，Newell らの理論には必要ないのである。事実，この理論の最初のヴァージョンでのシミュレーションは，手動で，あるいは基本的な操作を走らせるよう指名された Simon の子どもたちによって実行された。このように，彼らは主張するのだ。プログラムと有機体の行動の関係は，微分方程式のシステムと惑星の動きの関係と同じである。

(2) ロジック・セオリスト

このプログラムは，初等論理学（より正確にいえば，記号論理学としても知られる命題論理学）における証明を発見することを試みている。この課題は，初等幾何学における証明の発見と似ている。簡潔にいえば，この課題は，可能な（部分的）解決を同定して生成し，それらを評価することから構成されている。

シミュレーションの開始時において，ロジック・セオリストは，公理のリスト，許容される操作，および証明する必要がある論理式を記憶に貯蔵する。たとえば，使用される公理の１つに，「p は（q または p）を含意する」がある。課題は，公理から始まって，対象となる式の妥当性を確定する証明を導くことである。たとえば，定理 2.01 は，「（p は not-p を含意する）は not-p を含意する」である。媒介の式（定理）がこの過程で生成されるとき，それらは，目標となる式や別の式の証明のために後で使用できるように，「学習」される。探索の間に証明される媒介となる式も，長期記憶の中に貯蔵される。証明が見つかったら，詳細が検討され，たとえば言語プロトコルを用いてなんとか人間の行動と比較できるように，記録される。

証明を発見しようとするとき，ロジック・セオリストは４種の<u>推論規則</u>を使用する。代入〔substitution〕は，ある変数を別の新しい変数あるいは式に置き換えることを，新しい変数のすべての値が代入される限り許可する。たとえば，「[p または q] は p を含意する」から，p に [a または b] を代入することによって，「[[a または b] または [a または b]] は [a または b] を含意する」を

導くことができる。置換〔replacement〕によって，結合子（たとえば，「含意する」）を，定義によって他の結合子と置き換えることが可能になる。たとえば，「a は b を含意する」は，「not-a または b」と置き換えることが可能である。分離〔detachment〕は，「a は b を含意する」のような式に関係する。もし，a が真の式であるならば，b も真の式である。最後に，三段論法〔syllogism：あるいは連鎖〕は，次のように機能する。すなわち，もし「a が b を含意する」かつ「b が c を含意する」ならば，「a が c を含意する」は，真の式である。

これらの推論規則が使用可能であるという事実は，これらの使用が必然的に役に立つということを意味しない。すなわち，その状況は，コマの動きが正当であるということがその良質性を意味するわけではないチェスのようなものである。推論規則に加えて，ロジック・セオリストには，本質的には，探索を効率的にすることを目的とした方略〔strategy〕であるいくつかの証明方法〔proof method〕が与えられている。

代入方法〔substitution method〕は，変数を代入し，結合子を置換しようとする。分離方法〔detachment method〕は，分離の推論規則を使用する。もし b を証明する必要があり，かつ「a が b を含意する」という形式の定理を知っているならば，a を証明するだけでよい。前向き連鎖〔forward chaining〕は，三段論法の規則を使用する。つまり，もし「a が b を含意する」が知られていて，かつ「a が c を含意する」ということを示したいならば，「b が c を含意する」ということを示すだけでよい。後向き連鎖〔backward chaining〕は同じことを逆行して行う。すなわち，もし「b が c を含意する」が知られていて，かつ「a が c を含意する」ということを示したいならば，「a が b を含意する」を示すだけでよい。

これらの方法に加えて，実行過程〔executive process〕は，多くの機能を発動させる。すなわち，方法の使用の調整，方法がそのために用いられる定理の選択，そして学習である。すべての方法に共通する 2 つの重要な過程は，2 つの下位式の間の差異を除去しようと試みるマッチング過程〔matching process〕と，2 つの式が類似しているかどうかを決定する類似性検証〔similarity test〕である。

心理学の牽引的な理論的学術雑誌に掲載された論文として，驚くことに，す

でに述べたことだが，Newell らは，ロジック・セオリストは人間の問題解決の理論として開発されたものではなかったと明確に述べている。むしろこの目的は，論理における証明を発見できるプログラムを開発することであった。Newell らが人間の思考の方法を理解しようとすることは，思考する機械を開発するための重要な手がかりを提供するだろうと考えていたが，これは必然的に想定されることではなかった。実際，Newell らによって研究されていたまさにその領域，すなわち記号論理学において，人間が使用するものとは完全に異なった技術の使用以来，より強力なプログラムが開発され続けている。

(3) 実験

　Newell et al.（1958b）は，自分たちの論文の中で，3 つの実験を報告している。これらの実験は，動物や人間の実験参加者・被験体がいないので，心理学者には少々奇妙にみえるかもしれない。それに加えて，ロジック・セオリストは，それぞれの実験で実行されるのは 1 回のみなのである。しかし，エージェントが所与の状況に入れられてその行動が観察されるという点で，「実験」という用語の使用は正当である。さらに，訓練の量が 3 つの実験を通して操作され，そのような独立変数をもっているといえるのである。

実験 1

　ロジック・セオリストは，論理学の公理から始めて数学の基礎を確立することを目標とした途方もなく巨大な研究である『数学原理〔*Principia Mathematica*〕』（Whitehead & Russell, 1910）の公理を入力として受け取る。この課題は，この研究の 2 章にある 52 種の定理を証明することである。これらの定理は，「数学的諸原理」と同じ順序で与えられている。すでに記されたように，もしある定理が証明されると，それがさらに別の定理の証明に使用できるように記憶の中に貯蔵される。ロジック・セオリストは，52 種の定理のうちの 38 をうまく証明できた（成功率 73％）。証明の発見に要する時間は，証明における追加的なステップに比例して増加した。このことは，導くことができるものの数が証明の長さに対して指数関数的に増大するならば，予測でき

たことである。

　この最初の実験は，ロジック・セオリストが，多くの場合において，提示される定理の正しい証明を発見することができるということを示していた。このことは，想定された基本的な過程と方略の中で組織化される方法によって，近い将来に，課題の十分な説明が提供されることを保証している。Newell らは，他の理論も原則的にコンピュータ・プログラムに実装することが可能で，同じような証明を発見できるという理由で，自分たちの実験が不必要だという指摘には用心している。しかし，彼らは，観察される振る舞いを生み出すのに十分なメカニズムの集合を特定することは，特にロジック・セオリストがこの十分性を保証できない理論と対比されるときに，これらのメカニズムが埋め込まれている理論の強烈な証拠になるということにも言及している（Newell et al., 1958b, pp.155-156）。

　探索の空間が巨大なので，そのような証明を発見することは容易なことではない。証明の長さが論理式 20 以内という制約をかけ，各論理式の記号を 23 以内に制限しても，10^{235} 通りの証明（235 個のゼロが並ぶ）がある（Newell & Simon, 1972）。可能性があるすべての証明が体系的に列挙されて調べられるという，暴力的ともいえる圧力があると，最も単純な定理以外は証明できないということになる。ロジック・セオリストの重要な特徴は，このプログラムはヒューリスティック〔heuristic〕探索を実行することによって選択的に機能できることである。もし解決があるならばその発見を保証するアルゴリズムとは異なって，ヒューリスティックは，単純な探索で，ほとんどの場合において作動するが，失敗するかもしれない経験則である。

　課題環境が基本的な論理であったとしても，ロジック・セオリストが発見した証明のいくつかは，20 世紀の指導的な数学者である Whitehead と Russell が発見した証明よりも短く簡潔なのであるということに注目すると興味深い。Simon への手紙（1956 年 11 月 2 日）の中で Russell は，「私は，『数学原理』が機械でできることを知って喜んでいる。Whitehead と私が手製で 10 年もの年月を無駄にする前に，この可能性を知っていたならばと思う」と，これらの成果が注目すべきものであることを伝えている（Simon, 1991, p.208）。

実験2

　この実験で，ロジック・セオリストは，後のほうの定理（定理2.12）を，最初はそれに先行する定理の証明を試みることなしに解くことを試み，もし証明がうまくいったらそれらの先行定理を記憶に貯蔵していくという方法で解くことを試みている。最初の実験で，ロジック・セオリストは証明を発見できたが，2番目の実験ではできなかった。

　この実験は，ロジック・セオリストが，定理が提示される順序に敏感であるということを示している。最初の実験では，これは問題2.12の解を発見するために，以前に証明した定理を使用することができた。この追加された知識によって，ロジック・セオリストがステップを省略し，探索空間を縮小することを可能にしたのである。

実験3

　この実験は，定理2.12に先行する特定の定理（定理2.03）が記憶に貯蔵されている以外は，実験2と似ている。ロジック・セオリストは証明を発見することができるが，それには長いステップが必要で（1ステップに対して3ステップ），実験1におけるよりはかなり時間がかかるのである（15分対1分未満）。

　この実験は，ヒント（定理2.03）をロジック・セオリストに提供すると，問題の解決が行われることを示している。Newellらは，記号論理学におけるヒントの使用についてのデータを提供してはいないが，人間もヒントが与えられれば解決が有利になるということを述べている。

(4) 問題解決過程の特徴

　Newell et al.（1958b）は，論文中の長い一節を問題解決の特徴の記述に割いている。この分析では，論理学とは異なった課題からのデータが使用され，ロジック・セオリストの特徴が人間の特徴と比較されている。

構え現象

Johnson（1955, p.65）によれば，構え〔set〕とは，「特定の刺激に対する特定的な反応へのレディネス」である。Newell らは，ロジック・セオリストは，第 1 に，固定された順序で行われる解決方法（最初に代入をし，次に分離，前向き連鎖，最後に逆向き連鎖）のために構えを適用すると主張している。第 2 に，実験 3 でのヒントは，ロジック・セオリストを探索空間の中の別の下位空間へと導いた。構え効果についての Luchins（1942）の古典的研究を引用して，Newell らは，そこで生じている学習が特定的なのでこのヒントの効果が生じ得ると記している。重要なこととして，この方略は問題解決子がランダムな試行錯誤ではなく何らかの順序をもって，あり得る解決を検討するということを示しているので，彼らは，大きな探索空間を探索し，方略を用いるどんな問題解決子にも，構え効果が現れると言及している。

洞察

彼らの論文は，試行錯誤学習と洞察の論争に触れることで，洞察についての議論から始まり，ロジック・セオリストのパフォーマンスは，何度も繰り返しいわれているが，この論争が曖昧さと混乱の上に置かれていることを示すと主張している（Newell et al., 1958b, p.160）。ロジック・セオリストは，突然の解決に通じる試行錯誤的探索と，ランダムな探索を低減させるヒューリスティックの，双方からの洞察を示すことによってこの問題を明確にしている。

概念

ロジック・セオリストは，パフォーマンス・プログラムであり，概念についての心理学的研究の中心的トピックである概念形成については何も言及していない。しかしこれは，問題解決の際の概念の使用について，概念が探索を促進させているという意味で，いくばくか明確にしている。類似の記述を共有する理論は，代入，分離，あるいは連鎖を用いるために探索される。すなわち，類似の記述を共有する理論は，同じ概念に属すると考えることができるのである。

2. 古典的研究の詳細な記述

過程の階層

　階層は，ロジック・セオリストの作用の方法において必須である。問題をいくつかの下位の問題に分解することによって，このプログラムは複雑な階層をつくり上げる。この分解は，de Groot（1946）が，チェスの棋士についての研究において発見したものと類似している。

学習

　ロジック・セオリストは，学習もいくばくか明らかにしようとしている。ここでの基本的な学習は，やや興味を欠くような方法で行われる。つまり，心理学的に証明された定理が単に長期記憶に貯蔵されるだけなのである。より興味深いのは，下位の問題も同じく貯蔵されて，ロジック・セオリストのいくつかのヴァージョンでは，役に立つ理論がそれぞれの特定の証明方法のために記憶されることである。ロジック・セオリストに欠けているいくつかの種類の学習の中で，Newell et al.（1958b）は，新しい方法の獲得と，問題間の類似性の度合いの測定に使用される定義の可変性とを述べている。

(5) 他の理論との比較

　この論文の優れている点は，提案されたアイデアが，他の諸説明と完全に一致しているわけではないが，それらと重要な類似性を共有していることを主張していることである。Newell et al.（1958b）は，2つの主要なアプローチ，すなわち，行動主義が含まれている連合主義と，Selz（1922）と de Groot（1946）の指向的思考〔directed thinking〕の理論を含むゲシュタルト理論について注目している[1]。

連合主義

　連合主義と共通して，ロジック・セオリストは，基本的な心的過程を提唱し，

原注[1] Selz と de Groot をゲシュタルト理論に含めるというのは驚きである。なぜなら，どちらも通常はどんな公的な学派にも属さない局外者と考えられているからである。Selz は，ゲシュタルト理論の見解を明確に批判している。

行動についての機械的な説明を提供している。しかしこの理論とは異なって，Newell らは，コンピュータと脳の**機能的等価性**〔functional equivalence〕を強調している。すなわち，情報処理メカニズムの基礎になる実装は，連合主義とは理論的水準が異なるのである。さらに，連合主義は，刺激が影響を及ぼす比較的受動的なシステムを描いているが，一方，ロジック・セオリストは，複雑な行動を選択して使用し，刺激に能動的に反応する。

　Newell らは，連合主義で用いられる「切り替えネットワーク〔switching network〕」を，「高次の心的過程の理論のためのデジタル・コンピュータの真の重要性は，単に，そのような過程を脳の外の「金属の中」で実現するということを私たちに可能にするという点にあるのではなく，もし複雑な情報処理課題を実行するならばメカニズムが所有していなければならない特長について，私たちがこれまでもっていたよりもはるかに深遠なアイデアを提供してくれる点にある（Newell et al., 1958b, p.163）」と述べて批判している。

ゲシュタルト理論

　Newell et al.（1958b）は，de Groot（1946）が発表したように，代わりに Selz の「指向的思考」の理論を考慮したが，古典的なゲシュタルト理論についてはほとんど言及していない。「操作」の概念のようないくつかの共通点と，操作が方略としてどのように使用されるのかが注目されている。大きな違いは，Selz の理論が言語的に述べられていて多義的で漠然としているのに対し，ロジック・セオリストは形式的に表現されていることである。

3. 古典的研究の影響

　この論文とそれに先立つテクニカルリポートの影響力は，3 つの領域を創設したという点で，とにかく並外れている。第 1 に，この論文は，心理学で提唱されてきたあらゆるものを超えて，認知的過程を説明する新しい形式の理論を導入した。このように，これは心理学における認知革命の触媒の 1 つであった。

　情報処理の枠組みは，知られるようになるにつれて，コネクショニズムの人

気が出始めた 1980 年代の半ばまで認知心理学で優位を占めた。この考え方のうちのいくつかは、ゲシュタルトとヴュルツブルグ学派の心理学者によって、また、Selz や、最も熱心にチェスの棋士の研究を行った de Groot によって確実に予測されたものである一方、デジタル・コンピュータの使用によって、それぞれの理論が正確に表現される度合いの質的な差異がわかるようになった。この論文は、また、結果としての振る舞いが、人間で観察される現象と同じであるかどうかをみるために、シミュレーションのある面（この場合には、訓練の量）が操作された最初のコンピュータ実験を発表している。

　この研究で発表されたアイデアは、Newell, Shaw と Simon によって、人間の問題解決を説明するためにさらに発展した（たとえば Newell, Shaw, & Simon, 1962; Newell & Simon, 1961, 1972）。中心的概念は、すでに 1958 年の論文で明らかではあったが、問題の解決における個別的な状態を記述する**問題空間**〔problem space〕概念である。問題のそれぞれの状態は、オペレータ〔operator〕（たとえば、論理における推論規則）でリンクされている。問題の解決の発見は、このように初期状態〔initial state〕から目標状態〔goal state〕にどのように移動するのかを発見することとして言い換えることができる。問題の客観的かつ悉皆的な分析によってつくり上げられる**外的問題空間**〔external problem space〕は、すべての可能な状態を列挙している。これは、最適解を発見することを可能にし、たとえば、最適解から分岐してエラーに結びついてしまう場所を同定することによって、問題解決子の振る舞いを分析する規範的な手段を提供している。完全な外的問題空間は、相対的に単純な問題のみに提供される。大きな探索空間をもつ問題（たとえば、チェス、論理学など）のためには、統計的な規則性だけが同定される。外的問題空間の小さな下位集合である**内的問題空間**〔internal problem space〕は、問題解決子が問題空間を探索することによって構成する空間を記述している。ロジック・セオリストのように、ほとんどの問題で選択的探索またはヒューリスティック探索を実行することが必要な場合、ほとんどの問題状態は無視されて、解決の見込みがある道筋だけが選択される。ヒューリスティックは、多くの場合にうまくいくが、常にというわけではない行為を示唆する経験則である。

　問題空間理論は、数多くの単純なあるいはより複雑な問題に、うまく適用さ

れてきた。ハノイの塔のようなパズルや，チェスのようなゲームを含むこれらの問題のうちのいくつかは，初期状態，目標状態，およびオペレータが明確にされているという意味で，良定義的〔well defined〕である。他の問題，特に科学において新しい理論を見つけることのように，洞察や創造性が必要な問題は，これらの水準の明確さを欠くということで，不良定義的〔ill defined〕である。問題空間理論の適用は，パズルに限定されるのではなく，医学的診断や科学的発見のような熟達の研究にも影響力を与えてきた（Gobet, 2015）。全体として，Newell, Shaw と Simon の理論は，半世紀近くもの間，人間の問題解決研究の領域を定義してきたといっても過言ではないだろう。Newell と Simon（Shaw は，この点で不運だった）が，アメリカ心理学会の顕著な科学的貢献賞を含むいくつかの心理学の賞を受賞したのは，この研究のためである。

　第2の科学的領域に関して，ロジック・セオリストは，最も早期の人工知能プログラムの1つであり，Newell と Simon に，人工知能創設の父という称号が与えられた。この彼らの論文は，「物理的記号仮説」を導入しているが，これは，物理的基質の中で実現される記号の操作は，知能の必要十分条件であるという考え方である。ロジック・セオリストが開発されるとき，Newell と彼の2人の共同研究者は，リスト処理として知られている新しい形式のプログラミング技術を生み出し，実装するために特定の言語（情報処理言語，すなわち IPL と呼ばれている）を考案した。IPL は，まもなく，より柔軟で単純な文法である LISP（LISt Processing）に取って代わられたが，これは，リスト処理，力動的記憶，記号計算，コンピュータを仮想機械として使用することのような，いくつかの重要なプログラミングのアイデアを導入した。これらのアイデアは，現在ほとんどのプログラミング言語の中心になっている。この論文は，探索の間に解決される下位問題は，それ以降の問題で使用されるように長期記憶の中に貯蔵されるというアイデアも先取りしている。このアイデアは，たとえば，Soar という認知的アーキテクチャの中心的役割を演じている（Newell, 1990）。これらの貢献をあわせて Newell と Simon には，1975 年に A. M. チューリング賞が授与され，これはコンピュータ科学で最も卓越した賞である。

　第3の領域は，すでに述べた2領域の重複部分だが，別個の方法論的貢献

と見なされている。すなわち、コンピュータ・モデリングあるいは計算論的モデリングである。これによって、心理学者は、かつてなかったような正確さのレベルで理論を発展できるようになったのみならず、複雑な現象のシミュレーションも実行できるようになった。この影響力は、10年以内に「ほとんどの心理学の理論はコンピュータ・プログラムあるいはコンピュータ・プログラムについての質的な陳述の形式をとる」(McCorduck, 1979, p.167) と考えたSimon が、1957年に予測したものほど強くはない。しかし、記号的（たとえば、CHREST：Gobet, Lane, Croker, Cheng, Jones, Oliver, et al., 2001; Soar：Laird, 2012)、非記号的（たとえば、PDP モデル：McClelland & Rumelhart, 1986)、あるいはハイブリッド的（たとえば、ACT-R：Anderson, Matessa, & Lebiere, 1997; DUAL：Kokinov, 1997) にコンピュータ・プログラムとして実装されたかなりの数の理論においては、これは明らかに正しい。これらの理論のうちのいくつかは、知識が IF–THEN 規則のプロダクションとして表現されている、プロダクションシステム・アーキテクチャを使用している。人間の行動のモデル化のためのプロダクションの使用は、Newell & Simon (1972) によって提案された。

4. 古典的研究への批判

Newell et al.（1958b）の理論的主張の範囲には目を見張るものがあるが、この研究にはいくつかの弱点がある。ロジック・セオリストの実際の結果と、合理的にみえるようであっても、心理学的メカニズムについての理論的陳述の間には大きな溝がある。彼らのこの論文は、ロジック・セオリストの正確な記述と、時折やや実体性を欠く理論的主張との間を行き来している。それに加えて、この論文には、わずかばかりのシミュレーションと、訓練量を変化させるのに用いられる方法論が含まれているが、今日の基準からすると根拠が弱い知識になっている。より重大な弱点は、言語的プロトコルが論理的問題を解決しようとする人間の被験者から収集されるやいなや、ロジック・セオリストが間違った予測をしていたということが判明した点である（Simon, 1991）。これは、Newell, Shaw および Simon が一般問題解決子〔general problem solver: GPS〕

183

の中で実装された新しいメカニズム（手段目標分析）の発見への刺激になった（Newell, Shaw, & Simon, 1959）。最後のものは，些細かもしれないが，この論文が，問題解決についてのそれまでの研究についての引用と，彼らの理論以外の別の理論的視座がほとんどなく，またあったとしても曖昧なものであるという点である。これは，当時の典型的なスタイルだったかもしれないが，今日の読者をイライラさせる。

5. 代替的解釈

　情報処理の枠組みが人気を得るにつれて，Newell et al.（1958b）とそれ以降の出版物（たとえば，GPSの記述）によって発表されたアイデアは，かなりの批判を受けることになった。Dreyfus（1972）は，情報処理アプローチと抽象的な課題選択によって発展した理論の物理的実体のなさという特質を批判した。Searle（1980）は，物理的記号仮説を非難した。コネクショニズムの主唱者たち（たとえば Bechtel & Abrahamsen, 1991; McClelland & Rumelhart, 1986）は，継時的処理の強調は，もっともらしくないと主張した。最後に，力動的システムの計算を用いた理論家たち（たとえば Beer, 2000）は，不連続の実体（記号）を人間の認知の基礎として用いる仮説は間違っていると提議した。

　実験の側では，Kahneman と Tversky（Kahneman, Slovic, & Tversky, 1982）の影響力のある研究以来，近年，意思決定の研究が問題解決の中心となっている。意思決定と問題解決の区別は，どちらも思考の例のはずなので，奇妙である。にもかかわらず，この2つの領域で典型的に用いられる方法論の重要な違いに反映されているように，これが現実である。意思決定研究においては，解決の候補が提示されて，課題はそれらの中からの選択である。このような研究の関心事は，人間の行動が合理的なのか非合理的なのかである。問題解決研究では，解決は実験参加者が生成しなければならず，中心となる関心は，これらの解決が生成され，評価される方法についてである。私たちにとって，解決の生成の研究を避けることは，思考の心理学から最も興味深い問題の1つ，正確には，ロジック・セオリストとともに研究されていたものを奪ってしまって

いるようにみえる。

6. 結論

　Newell et al.（1958b）は，情報処理心理学，人工知能，心理学におけるコンピュータ・モデリングの方法論が創成された主要な背景要因の1つである。さらに，これは問題解決の研究を再流行させた。このことは，単一の，疑いもなく未完の研究領域にとっては悪いことではない。後年に実施されたNewellとSimonの研究や業績は，Shawの関係する度合いは減っていったが，これらの貢献を強化するものであった。予想できたことだが，この研究はかなりの批判を招いた。しかし今日でさえも，認知神経科学が認知心理学で優位を占めても，ヒューリスティック探索，基本的な過程への分析，過程の階層性の概念は，問題解決の中心なのである。問題解決のような高次の機能の脳画像研究は，結果としては曖昧である。これは，用いられている理論が言語で表現されていて曖昧という理由ではまったくない（Uttal, 2012）。これらの欠点への反応として，私たちは，10年の間に，ほとんどの神経科学的理論はコンピュータ・プログラムで表現されるようなると予測しよう。

さらに学ぶために

　Newell & Simon（1972）は，ロジック・セオリストと情報処理アプローチ全般の完全な記述を提供している。この本は，論理の問題，暗号解読（SEND + MORE = MONEYのような），およびチェスを解決しようとしている実験参加者の膨大なプロトコルの，苦心して詳細まで分析したものが含まれている。
　McCorduck（1979）は，人工知能と情報処理心理学の始まりの歴史についてである。これは，Newell, Shaw, Simonを含む重要な研究者の多くのインタビューと，個人的な見解を提供している。ロジック・セオリストの発展と影響力が詳しく報告されている。
　Gardner（1987）は，ロジック・セオリストのそれに先行するあるいはそれを取り巻く歴史だけではなく，その後の歴史も述べている。これは，情報処理心理学の長所と短所について詳細な議論を提供している。
　Herbert Simonの自伝（Simon, 1991）には，ロジック・セオリストと情報処理心理学の発展の詳細な説明が含まれている。

11章　人間の問題解決

Bechtel & Abrahamsen (1991) は，情報処理心理学とは正反対の方向に発展したコネクショニスト・アプローチについて論じている。このトピックを明確に紹介しただけではなく，この論理的かつ哲学的な意味についても扱っている。

（書誌情報は巻末の文献リストに記載されている）

12章

ヒューリスティックとバイアス

Tversky & Kahneman (1974) による不確実状況下の判断を超えて
Klaus Fiedler & Momme von Sydow

1. 古典的研究の背景

(1) 歴史的視座からみたヒューリスティックとバイアス

　Daniel Kahneman と Amos Tversky のヒューリスティック〔heuristics〕と
バイアス〔biases〕に関する独創的な研究がなければ，今日の心理学はなかっ
たといっても過言ではない。彼らの研究の要約は，*Science* 誌に掲載され
(Tversky & Kahneman, 1974)，7000 回以上も引用されている。これは心理学
の論文としては信じられない回数である。その 2～3 年前にこの用語は野火
のように広まった。一貫性理論 (Abelson, 1968) や帰属理論 (Jones,
Kanouse, Kelley, Nisbett, Valins, & Weiner, 1987) が含んでいるコンピュータ
に類似した人間の記憶という合理主義者のメタファーや，科学者としての人間
というアナロジーは，いわゆる認知革命をもたらした (Dember, 1974)。しか
しながら，人間の精神についてのこの単純で楽観主義的な見方は，統計的道具
が研究に大きな影響を与え，Kahneman と Tversky の研究プログラムによっ
て理論構築が大きく影響されるようになると，すぐに勢いが衰え，悲観主義へ
と変わったのである。
　1960 年代後半と 1970 年代初期の認知心理学がヒト〔*homo sapiens*〕を特
徴づける方法は，Gigerenzer (1991a) の「理論としての道具」の考え方に従っ

187

て，新しい方法論的道具が決定した。統計的モデルは，人間の判断や意思決定の比較対象となる基準を与える。比較に際して，精神と規範的モデルの間の不一致は，思考や推論についての論理的かつ合理的な規則を適用することで，人間の精神の失敗として解釈された。

心理物理学〔psychophysics〕では，物理的刺激の強度（たとえば音圧）と主観的経験（たとえば音の大きさ）との間に不一致が生じた際に，これが非合理的であるとか機能不全と解釈されることはまれであるが，新しい心理統計学のプログラムは，古い心理物理学の研究プログラムとは異なり，明らかに評価的である。客観的確率からの主観的確率の逸脱や，客観的数量からの主観的価値判断の逸脱は，最初から，不正確で怠惰な精神の落とし穴を反映するものと解釈された（Nisbett & Ross, 1980）。心理物理学における客観的基準は単なる物理量であるのに対し，新たな心理統計的接近法における基準は規範的真実のように扱われた。

2. 古典的研究の詳細な記述

Tversky & Kahneman（1974）は，たいていの実際の数量についての主観的査定は，妥当性の限られた不完全なデータに依拠しなければならないという前提から出発し，精神は多くの場合，有効な代替物を導き出すことを可能にするいわゆるヒューリスティックあるいは経験則を用いると仮定した。「これらのヒューリスティックは大変経済的で通常は有用なものであるが，（ある課題状況において）組織的で予測可能な誤りを導く」（Tversky & Kahneman, 1974, p.1131）。ゲシュタルト心理学における色や大きさの恒常性といった錯覚には適応的機能があるとされているが，それと同様に，新たな研究プログラムにおける認知的錯覚は，機能的観点から，適切な条件下では正確な推論を可能にする有用な適応的装置として扱われてきた。しかしながら，Kahnemanと Tversky 自身がヒューリスティックという推論のための道具の機能的価値について指摘したにもかかわらず，これが引き起こした実証的研究のほとんどすべてが，バイアスと人間の精神の欠陥に関するものであり（Gilovich, Griffin, & Kahneman, 2002; Nisbett & Ross, 1980; Ross, 1977），ヒューリスティックの

適応的価値や，ヒューリスティックが理論家の「狭い」規範モデルよりも優れている場合さえあるということに関するものではなかった（Gigerenzer, 1996, 2006; Gigerenzer & Todd, 1999）。

(1) 最も有名なヒューリスティックの概要

　まず，最も有名な3つのヒューリスティックである代表性〔representativeness〕，利用可能性〔availability〕，係留〔anchoring〕について，現状を示してみよう。これらはすべて，Tversky & Kahneman（1974）の古典的論文で説明されている。表 12.1 にその要約を示した。Kahneman–Tversky の研究プログラムから得られた科学的影響と洞察は，この章の残りの部分で考察する。

　代表性（Kahneman & Tversky, 1972）は，ある刺激標本があるカテゴリに属する確率を判断するためのヒューリスティックとして導入された。たとえば，D という刺激標本または記述として，リンダという人物について以下のようなものがあったとする。「31歳，独身，率直にものを言い，大変聡明で，哲学を専攻していた人物で，差別と社会的正義に関心があり，大学生のときに反核デモに参加した」この人物について，カテゴリ「B」（銀行の出納係である女性）に属するよりも，「A かつ B」（フェミニスト運動に積極的で，かつ，銀行の出納係である女性）というカテゴリに属するほうが，起こりやすいと判断される。しかし，しばしば再現されるこの結果は，2つの事象の連言（積極的なフェミニストであり，かつ，銀行の出納係である）は，2つの事象のうちの一方のみ（銀行の出納係である）よりも起こりやすいということはない。すなわち，$P(A \& B) \leq P(B)$，とする連言規則に反するものである。しかしながら，代表

表 12.1　最も有名なヒューリスティックの概略と例示

ヒューリスティック	適用領域	例
利用可能性	記憶に基づく頻度や確率の判断	容易に想起できるリスクの過大評価
代表性	あるカテゴリに属する事例の可能性の判断	男－女－男－女という出生順位は，男－男－男－男よりもランダムな結果として代表的である
係留と調整	1次元尺度上の量的評価	初期値に近づくようにバイアスのかかった費用計算

性ヒューリスティックによれば，リンダに関する記述（D）は，連言肢（B）よりも連言（A&B）を代表している，または，連言肢よりも連言に類似しているとされる。これは，連言錯誤〔conjunction fallacy〕（Tversky & Kahneman, 1983）としてよく知られた現象を表している。

代表性ヒューリスティックは，連言錯誤に関する他の理論（たとえば Fisk, 1996; Hertwig & Chase, 1998）と同様に，いわゆる基礎生起率の無視〔base-rate neglect〕を予測する。たとえば，医学的判断において，胸の痛み（心臓発作を代表する）は，その人が心臓発作を起こしている可能性が高いことを示唆する。しかしながら，多くの他の原因によるこの症状の基礎生起率は比較的高く，心臓発作が起こっている可能性は，実際には想定よりも低いことがあり得るのである。

基礎生起率の無視の他に，代表性の特徴として，標本サイズに対する感受性の低さがある。1日に生まれる赤ちゃんのうち男の子の生まれる確率が60％よりも高い日が1年間にどのくらいあるかを判断するよう求められたとき，人は，そのような日数が，大きい病院（1日に45人生まれる）と小さい病院（1日に15人生まれる）の間でほぼ同じくらいであると，間違った判断をしてしまう。どちらの病院においても50％が期待されるため，60％以下であることは2つの病院の間で同程度に代表的であるが，外れ値（60％よりも高い）は大標本よりも小標本のほうが高い割合で生じるのである（Bernoulli, 1713）。

利用可能性ヒューリスティックもまた，事象の絶対的または相対的確率や頻度を推定するのに役立っている。しかしながら，代表性とは異なり，利用可能性は，メタ認知手がかりによって喚起されるヒューリスティックである。事象クラス E の生起率の判断は，E に属する事例が記憶から想起されるときの容易さを反映すると考えられている。想起しやすさの程度は生起頻度を予測するときの妥当な手がかりとなる。逆に，頻繁に見聞きされる内容は容易に想起されるので，利用可能性ヒューリスティックは，たいていの場合正確な推定値をもたらす。しかしながら，記憶強度が，元の生起率以外の要因の方向に歪まされたときには，利用可能性による判断は誤りをもたらし得る。たとえば，よく引用される古典的研究では，英語の辞書に載っている単語について，"k"で始まる単語は"k"が3番目に来る単語よりも頻度が高いと誤って判断される

（Tversky & Kahneman, 1973）。明らかに，単語の最初の文字は 3 番目の文字よりも想起手がかりとして利用しやすい。

3 番目に，係留と調整ヒューリスティック〔anchoring-and-adjustment heuristic〕（Tversky & Kahneman, 1974）は，特定の量的次元上のすべての種類の推定に適用される。このような認知的推定過程の出発点として，判断者はしばしば最初の係留値〔initial anchor〕を用いる。次にこの係留値は，記憶や外部情報源からのさらなる情報によって調整される。この調整過程は不十分なため，最終的な判断値は，最初の係留値の方向にバイアスがかかる傾向にある。したがって，最終判断値は，この過程が低い係留値から始まる場合には過小評価に，高い係留値から始まる場合には過大評価になる傾向がある。たとえば，計画錯誤〔planning fallacy〕（Buehler, Griffin, & Peetz, 2010）においては，ある計画に要する時間は，計算が低い係留値（または所要時間ゼロ）から開始したときには過小評価される。同様の計画に要する最大限の時間を係留値として計算が開始した場合には，非常に高い推定値に至る。最も印象的な実験例は，数量を判断するのに，判断的価値をもたない，完全に無関係な係留値による影響についてのものである。たとえば，国際連合に加盟しているアフリカの国の数についての判断が，ルーレットによって無作為に与えられた初期値によって影響されたのである。

3. 古典的研究の影響

(1) 認知的心理学，社会心理学，応用心理学におけるヒューリスティックとバイアス

すでに述べたように，認知心理学，社会心理学，応用心理学の発展に対するこの研究の影響は多大である。最近では，ヒューリスティックとバイアスに多くの部分を費やしていない行動科学の教科書や教育課程は想像できない。判断と意思決定，認知心理学，そして，社会的認知心理学における最近の研究は，いまだに Kahneman と Tversky の研究に強く依存している。これらの研究は，ステレオタイプと原因帰属の説明に際しては代表性に言及し，顕著なリスクに

ついての過大評価（Combs & Slovic, 1979）や自らの貢献についての利己的な過大評価（Ross & Sicoly, 1979）の説明に際しては利用可能性に言及し，バイアスのかかった費用推定（Buehler et al., 2010）や法廷での決定（Englich & Mussweiler, 2001）の説明に際しては係留に言及するのである。ヒューリスティックの概念は，他の多くの領域の研究家——医療科学者，ジャーナリスト，実践家，そして，政治家でさえ——によって共有される常識となっている。そして，最後に述べるが重要なこととして，ヒューリスティックによってバイアスのかかった確率と効用の査定は，プロスペクト理論（Kahneman & Tversky, 1979）に強い影響を与えた。この理論は，経済学において最も卓越した行動的決定理論であり，Amos Tversky の死後，Daniel Kahneman は，2002 年にノーベル経済学賞を受賞した。プロスペクト理論は，決定が利得によって表現されるときにはリスク嫌悪行動を予測し，決定が損失によって表現されるときにはリスク指向行動を予測する（第 13 章のプロスペクト理論を参照）。

4. 古典的研究への批判

　認知的錯覚の理解に対する Kahneman と Tversky のヒューリスティックによる接近法は，多大な承認と称賛を受けたにもかかわらず，この接近法が誘発した巧みな研究は，懐疑と深刻な批判にも遭うこととなった。規範モデルからの逸脱が生じた場合，必然的に人間の精神の不十分さに原因があるとされるが，何人かの理論家は，そのような結果を生み出す研究計画から得られる否定的な教訓に関心を寄せた。Krueger & Funder（2004）は，非合理とされる判断や決定は，課題や問題の設定に関する合理的仮定という観点からしばしば再解釈できると主張する。また他の研究者（たとえば Lopes & Oden, 1991）は，内容について考慮しない規範モデルはしばしば不適切であり，合理性をテストするための道具として適していないと主張している。

　しかしながら，Gigerenzer（1991b, 1996）ほど強く批判を行った人物はいないだろう。彼の不満は以下の引用に要約されている。

　　ヒューリスティックとバイアスプログラムにおけるヒューリスティックは，

あまりにも曖昧で，説明と見なすことができない。ヒューリスティックは
ロールシャッハのインクのしみと同様のレッテルであり，研究者は，彼ら
が望むものをそこに見いだすのである。正確で反証可能な過程モデルを特
定してこなかったこと，各ヒューリスティックの生起条件を明らかにして
こなかったこと，ヒューリスティック間の関係を明らかにしてこなかった
ことは，これまでに何度も指摘されてきたことである（Gigerenzer, 1996,
pp.593-594）。

　Gigerenzer は，認知的決定過程に対して検証可能な制約を設定できないよ
うな，「代表性」といった一語によるレッテルを，理論の代替物として用いる
ことを認めなかった。同様の主張は Wolford（1991）によってなされている。
　この批判的評価と，この評価がおそらく正しいとされる理由を理解するため
に，ヒューリスティックによる最も有名な説明のうちのいくつかについて考え
てみよう。たとえば，リスク査定におけるバイアスについてよく引用される論
文（Combs & Slovic, 1979）において，死因の中には過大評価されるもの（た
とえば，殺人，落雷）と過小評価されるもの（自殺，心疾患）があるが，これ
は，利用可能性ヒューリスティックが原因とされている。殺人や落雷はすぐに
メディアによって報道されるのに対し，自殺や心疾患はメディアで報道される
ことはまれなので，前者は後者よりも想起されやすいと主張される。しかしな
がら，想起しやすさは，直接測定も操作もされていないのである。さらに，メ
ディア報道の規模という説明は，バイアスのかかったメディア報道という外的
な原因を示唆しており，利用可能性ヒューリスティックによる説明が焦点を当
てているバイアスのかかった記憶判断という内的原因とは区別されるべきであ
る。すべての死因について，まったくバイアスがかかっておらず同等の想起内
容があると仮定できるのであれば，メディア報道の規模が不均衡であることは，
利用可能性とは本質的に異なる，標本抽出による説明がなされることになる。
　別の有名な適用例では，利用可能性ヒューリスティックが，いわゆる利己的
バイアス〔egocentric bias〕（Ross & Sicoly, 1979）の説明に使用されてきた。
利己的バイアスとは，（たとえば，合名会社や職場集団における）共同活動に
おいて，他者よりも自分のほうが多く貢献しているという信念のことである。

この現象は，他者の行為と比較して，自分の行為に対してより記憶が促進されることによって生じるとされてきた。しかしながら，この解釈は相関的証拠のみに基づいたものであり，自分と他者の活動の想起しやすさが実験的に操作されていない。この相関関係は，単に自己一貫性によるものかもしれない。すなわち，頻度判断が想起内容に合うように調整された可能性がある一方で，想起に要する負担が頻度判断を正当化するように調整されたのかもしれないのである。

　基礎的な認知過程についての説得的証拠が欠けていることは，係留ヒューリスティックに関する実証的研究にもいえることである。最初に与えられる係留値について不十分な調整がなされるという漸進的な過程の証明を試みた研究はほとんどない。それゆえ，社会保障番号の下4桁の数字が大きい参加者が，より高い売値を受け入れた場合（Chapman & Johnson, 1999），それは単に，数的判断尺度上の反応に対して，数的プライミング〔numerical priming〕が生じたことを反映しているのかもしれない（Oppenheimer, LeBoeuf, & Brewer, 2008）。必ずしも，未熟な計算に起因した，不完全状態にとどまらせるような調整過程の結果であるとする必要はない。係留効果は多くの異なる認知過程に起因するという Epley & Gilovich（2006, 2010）の結論は，元々のヒューリスティックによる説明が想定する特定の過程をあきらめるに等しい。確かに，先行刺激が後の判断に影響することを検証した実験は無数にある。通常のプライミング効果が，係留効果という別の名前で呼ばれる一方で，Tversky & Kahneman（1974）によって提案され，行動科学者によって無批判的に採用されたメカニズムを支持する研究はほとんどないのである。

　Fiedler, Schmid, Kurzenhaeuser, & Schroeter（2000）は，連続的な調整という仮定を検証するために計画した実験で，嘘の検出に係留の概念を利用した（Zuckerman, Koestner, Colella, & Alton, 1984）。一連のコミュニケーションが，協力を誘発すると仮定された課題（あなたはこのメッセージを理解しましたか？）と疑いを誘発すると仮定された課題（これは嘘でしょうか？）において判断された場合，協力を誘発する課題の前に疑いを誘発する課題が実施される場合には負の係留が設定されることになり，コミュニケーションがより真実とは思われなくなるのである。Fiedler et al.（2000）は，コミュニケーションの

ビデオ映像をコンピュータ上に提示し，マウス追跡テクニックを用いてその主観的信用性の変化をオンラインで査定した結果，発信者を信頼するか否かについて，最初のバイアスが十分に調整されなかったことを示す証拠は得られなかった。むしろ，マウスの座標は，中央の位置から開始され，コミュニケーションの進展に伴って偏向していった。このことは，係留ヒューリスティックによって示される不十分な脱偏向過程とは反対の，長期的過程を反映している。

　最後に述べるが重要なこととして，単一の認知メカニズムとして係留を位置づけることができないことは，数的プライミングと選択的接近可能性〔selective accessibility〕という2種類のまったく異なる理論的説明が共存していることからも明らかである。数的プライミングによる説明が，まったく関係のない数的先行刺激が判断に影響し得ることを予測する一方で，選択的接近可能性による説明（Strack & Mussweiler, 1997）は，係留値の影響が，判断課題の内容に関連した知識に関する場合に限定される。これらの説明は，知識の活性化という最初の段階と，判断を数的尺度に変換する次の段階という，完全に独立した過程の段階を示しているということに注意されたい。さらに，これらのうちのどちらの過程も，不十分な調整過程という元の説明とは異なっているのである。この曖昧な現状は，明確な判断バイアスについての正確なアルゴリズム的説明を可能にするような明確な認知過程として，ヒューリスティックがあることを示す証拠がほとんどないという，Gigerenzer（1996）による根本的な批判を支持するものである。

(1) ポスト Kahneman–Tversky 期のヒューリスティック

適応的道具箱　これらの不満に対する反応はどのようなものであり，ポスト Kahneman–Tversky 期における新たな発展はどのようなものであったのだろうか。Gigerenzer と彼の共同研究者たちは，「ヒューリスティック道具箱〔heuristic toolbox〕」のメタファーという独自の理論的概念を提案した。この道具箱にある各道具は，用いられるタイミングと状況が適切であるならば，人（または動物）が賢く振る舞うのにほとんど情報を必要としないような高速・倹約ヒューリスティック〔fast and frugal heuristic〕として記述される。たと

えば，最善選択ヒューリスティック〔Take-the-Best heuristic〕（Gigerenzer & Goldstein, 1996）は，予測や選択を行うために最も生態学的妥当性の高い手がかりを1つだけ用いるのであるが，これは，単一の手がかりが明らかに最も妥当であるような課題状況においてのみ適用できる。これとは対照的に，多くの類似した妥当な手がかりがある場合には，集計〔tallying〕（すなわち，多くの異なる手がかりに対して同じ重みづけを行う）が適切となる。

最善選択に関連するものとして，再認ヒューリスティック〔recognition heuristic: RH〕（Goldstein & Gigerenzer, 2002；この他，Pachur, Todd, Gigerenzer, Schooler, & Goldstein, 2011 も参照）は，適応的道具箱がどのように機能するかを示すための理想的な例である。RH は明確に定義された領域と決定規則をもっている。ある選択課題において一組の選択肢（たとえば，2つの町のうちどちらが大きいか？　2つの株式のうちどちらを購入すべきか？）が提示されたとき，RH は，まず再認手がかりにおける2つの選択肢の価値を査定する（過去に経験したと認識しているかどうか）。もし再認手がかりが2つの選択肢を弁別するのであれば（もし一方が再認され，他方が再認されないのであれば），RH は知っているほうの選択肢を選ぶのである。ヒューリスティックは適応的または領域固有の〔domain-specific〕道具として適用されるので，再認ヒューリスティックは，（町の例のように）再認が基準値と高く相関するときにのみ適用される。しかしながら，この場合，さらなる情報については考慮されない（非補償型の一理由の意思決定〔non-compensatory one-reason decision making〕である──Pohl, 2011 を参照）。しかし，もし再認手がかりが弁別をしないのであれば，別のヒューリスティック（たとえば，先行経験の頻度に対して敏感な流暢性ヒューリスティック〔fluency heuristic〕）が適用されるか，決定はランダムな推測に基づいてなされる（Hilbig, Erdfelder, & Pohl, 2010 を参照）。再認手がかりの生態学的妥当性は驚くほど高いので（Goldstein & Gigerenzer, 2002），再認された株式はそうでないものよりも成功する。この単純な決定規則は，多くの課題で高い正決定率をもたらす。さらに RH は，少が多になり得る〔less can be more〕理由について，すなわち，再認によって親しみの感覚のみに依拠する素人が，時々，より知識のある判断者よりも好成績を示す理由についても説明する。より知識のある判断

者は多くの手がかりを同時に利用しようとし，それによって偶然に身をゆだねる（妥当ではない手がかりに対して保証のない重みづけを行う）のである。

　適応的道具箱に由来するヒューリスティックは，Kahneman–Tversky のプログラムの古典的なヒューリスティックとは異なり，詳細に説明済みのアルゴリズムに基づいていることに注意すべきである。その多くは，相互に補償的な多数の手がかりの間のトレード・オフを行うよりも，単一の手がかりに頼った辞書編集的〔lexicographic〕な方略を構成している。適応的道具箱のヒューリスティックは，Simon（1982）の限定合理性〔bounded rationality〕の基準に照らした場合，人々を惑わせて認知的錯覚や欠点を示すのではなく，人々を明晰にすると仮定されていることにも注意すべきである。

　しかし，この新たなヒューリスティック研究プログラム（Gigerenzer & Todd, 1999）のシミュレーションには，よりわかりやすいアルゴリズムが使用されているにもかかわらず，人間の認知過程が，全体的にこれら特定のアルゴリズムに従っているという，確固たる実験的証拠は少ない（Hilbig, 2010; Pohl, 2011）。また，選択肢間で再認されたかどうかの主観的弁別がいかになされるかについて，ほとんどわかっていない。おそらく，特有の再認手がかりそのものが，より複雑な他の（代替的な）手がかりの候補から推測されているようである。同様に，人間や動物が，複数ある手がかりの妥当性をどのように判断できるのか，そして，まず第 1 に，推論問題で利用する手がかりをどのようにして選択するのかは，わかっていない。

　一方，特定のヒューリスティックに関する実験的検証のいくつかが示唆しているのは，それらが認知的現実性を記述していないかもしれないことである。たとえば，いわゆる優先ヒューリスティック〔priority heuristic〕（Brandstätter, Gigerenzer, & Hertwig, 2006）は，くじの間の選択が，3 段階の過程を含むと仮定する。①結果の最小値が十分に異なっている場合，結果の最小値のより高い選択肢を選ぶ。②勝率が十分に異なっている場合，勝率のより高い選択肢を選ぶ。もしそうでなければ，③結果の最大値のより高い選択肢を選ぶ。この，最小値が大きく異なっていないときには確率のみが重視され，確率が同様の値である場合には最大値のみが重視されるというアルゴリズムの内容は，最近の研究で確認されていない（Fiedler, 2010）。

(2) 二重過程接近法

　適応的道具箱の接近法が，ヒューリスティックとバイアスについての古いプログラムに対する根本的な批判から生じた一方で，1980年代に始まり，多くの研究がなされてきた二重過程接近法〔dual-process approaches〕は，誤りをもたらすヒューリスティックの概念と，正確で合理的な情報処理過程の可能性を調和させる試みとして理解することができる（Chaiken & Trope, 1999）。Petty & Cacioppo（1986），Sloman（1996），Evans（2003），最近では，Stanovich & West（2002），Strack & Deutsch（2004），Kahneman & Frederick（2005）など，30ほど提案された二重過程理論の間には大きな違いがあるが，これらはすべて，情報処理には根本的に異なる2種類の方式〔mode〕があることを仮定する点で共通している。処理過程方式のうちの一方のみが，ヒューリスティックの近道と直感的方略をとる傾向にあると考えられており，もう一方の方式は，多くの条件下で規範的な結果をもたらす，系統的で網羅的な方略を用いると考えられている。これらの方式のうちの一方または他方を喚起する調整条件はたくさんあるので，二重過程理論は，事実上，ヒューリスティックによる説明と合致しないすべての判断を説明することができる。たとえば，もし判断者が連言錯誤に陥らなかったり，基礎生起率や標本サイズを無視しなかったり，係留値によって迷わされなかったならば，バイアスのかかっていない思考を可能にするような，第2のシステムが喚起されたと仮定すべきである。

　何千もの実証的研究と何百もの科学的発展が二重過程接近法を基礎としていることを考えると，これを，極めて多産で成功したものとして賞賛することは，正当化されるであろう（Smith & DeCoster, 2000を参照）。しかし，二重過程接近法は，厳しい批判の的でもあり（Keren & Schul, 2009; Kruglanski & Thompson, 1999; Osman, 2004），これは判断と意思決定研究の発展を支持するものではなく，むしろ遅らせるものではないかという問いかけがなされている。二重過程理論を非現実的で科学的に弱いものにしているのは，2種類のシステムが，同時に，あまりにも多くの属性において異なっていると考えられている点である。一方のシステムは，自動的連合過程を含むとされており，ヒューリスティックと直感に依拠し，容量の制約がほとんどなく，努力の負担が少な

く，無意識的で，メタ認知的制御がないとされている。これとは対照的に，もう一方のシステムは，熟考を伴う命題的操作に基づくものとされており，規則に基づいた，大きな認知容量と努力負担を必要とする網羅的な処理に固執し，意識的で，メタ認知的なモニタリングと制御を伴うものとされている。これらの属性のすべてが，完全にあるいは強く相関しているという仮定は，経験的にはほとんど確認されていない。逆に，論理的問題を解くために，努力を要し，持続的で，非常に意識的で制御を伴う試みでさえ，古典的なヒューリスティック（たとえば，連言錯誤，標本サイズ無視，係留効果）と同種の強いバイアスを引き起こすことを示す証拠はたくさん存在する（Fiedler, 2008; Le Mens & Denrell, 2011）。また逆に，単一の手がかりと不完全な標本に基づいて，直感的になされる，努力があまり必要とされない推論でさえ，正確で論理的に一貫した精神構造を導き得る（Dijksterhuis & Nordgren, 2006）。有名なバイアスには，低い認知能力と関係するものもあるが，そうでないものもある（Stanovich & West, 2008 を参照）。

5. 結論

(1) ヒューリスティックとバイアスに関する 40 年の研究の評価

ヒューリスティックとバイアスプログラムと，それがその後 40 年の行動研究にもたらした影響についての概要から，どのような結論を引き出すことができるだろうか？　私たちは，2 種類のまったく異なる結論に分かれる，というのが公平で適切な回答と考えている。率直にいえば，一方の結論は幻滅をもたらし，もう一方の結論は熱狂をもたらすものである。

<u>理論の発展</u>　まず，幻滅と落胆をもたらしたのは，理論的レベルにおいて得られた，正確，洗練，発展がいかに少ないかということである。古典的なヒューリスティックにおいて示されたメカニズムに依拠して，基礎生起率の無視，連言錯誤，係留効果といった特定の判断バイアスが生じることについての確固たる証拠を提供するような，巧みに計画された実験はほとんどなされてこなかった。1 つのバイアスが多くの過程に起因するという「ソロモンの判断」（Epley

& Gilovich, 2010）は，元のヒューリスティックによる説明的価値を放棄させるものであった。現代の認知科学の標準に従って，ヒューリスティックを正確に検証しようとしたいくつかの試みは，無情にも欲求不満をもたらす現状を明らかにした。

代表性の考察において，Kahneman & Frederick（2002, 2005）は，原型ヒューリスティック〔prototype heuristic〕の2段階過程を特定した。そこでは，まずあるカテゴリ（たとえば，「銀行の出納係」）が原型によって表され，次に，2番目の過程では，「外延的〔extensional〕な標的属性を評価するために，原型の（非外延的）特性が，ヒューリスティック属性として使用される」。これは，ヒューリスティックという「一語」を超えている。さらに，Nilsson, Olsson, & Juslin（2005）による代表性ヒューリスティックの認知基盤を研究する試みは，代表性ヒューリスティックにおいて類似関数〔similarity function〕がどのように使用されるのかということや，カテゴリが実際に原型として表現されるのか，あるいは原型のリストとして表現されるのか，ということや，複数のカテゴリの代表性を比較するために，どのような測定基準が用いられるのかということが，まったく不明な状態で開始されなければならなかった。まじめな認知的研究のレベルでは，実証的・理論的研究はほとんど不可能であることが明らかになった。いかなる条件下で，いかなるバイアスが，いかなる過程を反映するのかを予測できるような包括的な理論がない限り，ヒューリスティック理論の地位は，関連のありそうな複数の結果に対してもっともらしいレッテルを貼ることにすぎなくなる。理論の欠如の最も顕著な兆候は，増加している非ヒューリスティック過程から得られたバイアスのリストと，ヒューリスティックとバイアスの考えを関係づける議論がないことであろう（Fiedler, 2008; Le Mens & Denrell, 2011）。

応用心理学のレベルにおいても，明確に記述された理論がないことや，ヒューリスティックをアルゴリズムとして特定できていないことは，非ヒューリスティックと考えられる他の方略に対して，これらがヒューリスティックのどの部分を否定するとしても，ヒューリスティックの費用と便益を評価しようとする系統的な試みを妨げるものである。結果的に，研究者や実践家は，ヒューリスティックの誤りの可能性や危険について，または，直感的英知と低い機会費

用について，自由に指摘する。それは，医学的診断，投資，消費者選択，リスク制御，人事選考，法律，政治といった多くの領域でなされている。信号検出分析（Swets, Dawes, & Monahan, 2000）や辞書編集的アルゴリズム（Martignon, Katsikopoulos, & Woike, 2008）などの，明確に説明された決定用の道具については，健康，法律，およびリスク査定などの領域において正確な判断と決定を支援することが示されてきたのに対し，古典的ヒューリスティックは，実際にはほとんど利用されていない。

活性化と多産性　しかしながら，厳密で正確な理論構築の停滞があったにもかかわらず，Kahneman と Tversky の研究が現在の研究に与えた多産性と魅力による影響は，評価しすぎることはないだろう。理論についての着想の影響が，元の着想そのものの最終的妥当性とは別物であることは，典型的な科学の発展にはあることかもしれない。Wittgenstein による，壁を登ったときには必要でなくなる梯子のメタファーのように，Kahneman と Tversky の研究から創出された，多大でほぼ測定不可能な多産性と活性化は，代表性，利用可能性，係留の実証的検証とは別物となっている。これらの著者たちによる疑念を晴らすような論証を見聞きした科学者たちの間では，野火のように活気と興奮が広まったのであるが，それを目撃した人は，この影響が強大なものであることに賛成するだろう。心理学者は，多くの若い科学者たちに対する動機づけと方向づけを可能にする新たな研究の可能性と，合理性に関する挑戦的で新しい研究プログラムを認識していた。このプログラムは，行動科学者が，公衆，ジャーナリスト，政治家，および純粋に行動的な領域に関わる職業人を教育するための重要な課題を含んでいる。それは，（非）合理的な判断・決定である。

　実際，素人だけではなく，職業人や高度な教育を受けた専門家でさえ認知的バイアスと錯覚に陥るというメッセージは，知的文化と常識になくてはならないものになっている。それは，大学院生，大学生，そして高校生向けのカリキュラムにさえ含まれており，雑誌，人気の書籍，ラジオやテレビ番組，無数のインターネットサイトに含まれている。PsychInfo というデータベースにおける「ヒューリスティック」の引用数は，約 1 万件にのぼる。この概念が多くの研究領域で盛んに用いられていることは，「ヒューリスティック」と AND 検索をした場合の引用数，すなわち，「健康」では 1452 件，「臨床」では 1081 件，「医

学」では607件,「リスク」では595件,「消費者」では391件,「経済学的」では444件,「組織」では632件,「法律」では289件――から,主要な研究領域のわずかなリストに至るまで,明らかである。

それにもかかわらず,このサクセス・ストーリーは,確証的過程というよりは,弁証法的過程を反映している。適切な研究が数多くなされたのは,元の定立〔thesis〕が強く支持されたからではなく,バイアスと欠点に関する議論を呼びそうな証拠が,さまざまな反定立〔anti-theses〕や下位定立〔sub-theses〕を導くような,互いにゆるやかに関連し合った多くの研究を喚起したからである。Gigerenzer と共同研究者（Gigerenzer & Todd, 1999）の適応的道具箱は,反定立であるが,Kahneman と Tversky の研究によって動機づけられたものであった。認知的錯覚に関する現在の研究状況は,しばしば元のヒューリスティックによる説明とはかけ離れていたり,矛盾することすらあるが,ヒューリスティックによる説明は,研究プログラム全体を活気づけたのである。

たとえば,連言錯誤の研究は,論理用語の誤解（Hertwig, Benz, & Krauss, 2008）や,表現形式効果（Hertwig & Chase, 1998）のような,新たな原因へと導かれた。さらに,標準的な確率判断は,平均化確率（Jenny, Rieskamp, & Nilsson, 2014）や,逆確率判断（Fisk & Slattery, 2005）,パターン確率判断（von Sydow, 2011）,確証的判断（Tentori, Crupi, & Russo, 2013）によって置き換えることができると主張されてきた。おそらく,連言錯誤は2つ以上の過程によって引き起こされているのであろう。いずれにせよ,現在の研究における大いなる進歩（たとえば Tentori et al., 2013）は,もはや代表性には頼っていないが,それでも,古いヒューリスティックの着想によって影響を受けている。

同様に,係留効果に関する研究は,古い係留ヒューリスティックからは離れたが,バイアスの影響を受けた,計画についての計算（Buehler et al., 2010）,法的判断（Englich & Mussweiler, 2001）,オークションでつけられる価格（Ritov, 1996）,核戦争のリスク（Plous, 1989）,社会的比較（Mussweiler, 2003）について,多くの新しい洞察をもたらしてきた。

同様に,好みや態度の決定因としての,想起の流暢性と容易性に関するメタ認知についての研究の新たな展開（Unkelbach & Greifeneder, 2013; Winkielman, Schwarz, & Belli, 1998）は,利用可能性ヒューリスティックから

発展したものである。その利用可能性ヒューリスティックは，検証可能な認知過程の仮説としては時代遅れにみえる。

　特定のヒューリスティックの影響ではなく，研究プログラム全体としてみた場合，これは，合理性研究における心理学者と経済学者間の協同や，政治家や管理職における意思決定者に対する行動科学者のコンサルタントとしての新たな役割や，健康教育の新たな方針といった，いくつかのわくわくさせるような新たな発展に貢献したのである（Gigerenzer, Gaissmaier, Kurz-Milcke, Schwartz, & Woloshin, 2007; Swets et al., 2000）。ヒューリスティックの精神に対する悲観的イメージへの反発は，規範モデルの適切さに関する新たな理論化をもたらした（Krueger & Funder, 2004）。そして，最後になるが重要なこととして，個人の精神内部のヒューリスティック過程に対して当てられた限定的な焦点に対する不満足は，新たな認知－生態学的枠組みをもたらした。その枠組みの中では，バイアスは，バイアスのかかった認知過程なしでも生じること，すなわち，複雑な世界における情報抽出で生じる単なる副産物として示すことができるのである（Denrell & Le Mens, 2007; Fiedler & Juslin, 2006）。

6. 最終結論

　ヒューリスティックとバイアス研究についての現在の視座が，完全に不適切というわけではないのであれば，主な結論は，Kahneman と Tversky の研究による多大な影響は，確証的証拠が蓄積されることによるのではなく，皮肉にも，その不完全さと，元のヒューリスティックを明確に定義し損ね，おそらくそれによって反証と棄却をし損ねてきたことによるものである。少し離れて考えてみた場合，こういったことは，科学的発見の歴史においてはそれほど異常な事態ではない（Kuhn, 1962）。さらに，判断と決定におけるバイアスに関して蓄積されてきた実証的証拠は印象的であり，この研究の努力によって偶然得られた多くの副産物は実際的・理論的価値のあるものである。

　すべての実証的結果は，理論的なレベルでは明らかに欠陥があるが，見過ごしてよいものではなく，むしろ今後の研究で取り組まれなければならないものである。今後の行動科学にとって最も困難で野心的な目標は，実証的結果を拡

張することではなく，現存するデータの批判的検証を可能にするような理論的枠組みを発展させることや，理論に基づいて未熟な仮説を洗練し，その仮説を巧みに計画された研究で検証できるような理論的枠組みを発展させることである。しかしながら，理論が実証的証拠に後れをとっているという状況は，ヒューリスティックとバイアスに特有のものではなく，現在の行動科学の典型的な状況であろう。

原著者謝辞
本稿の執筆は，Klaus Fiedler に対する Deutsche Forschungsgemeinschaft による Koselleck 補助金（Fi 294/23-1），および，Momme von Sydow に対する DFG 補助金（Sy 111/2-1, 優先プログラム 合理性の新しい枠組み，SPP 1516）による支援を受けた。本章に有益なコメントを与えてくれた Mandy Hütter に大変感謝します。著者への連絡は，kf@psychologie.uni-heidelberg.de まで。

さらに学ぶために

Gigerenzer, G. (1996). On narrow norms and vague heuristics: A reply to Kahneman and Tversky. *Psychological Review*, 103(3), 592–596.

Gigerenzer, G., & Todd, P. M. (1999). *Simple heuristics that make us smart*. New York: Oxford University Press.

Gilovich, T., Griffin, D., & Kahneman, D. (2002). *Heuristics and biases: The psychology of intuitive judgment*. New York: Cambridge University Press.

Kahneman, D., & Frederick, S. (2005). A model of heuristic judgment. In K. J. Holyoak & R. G. Morrison (Eds.), *The Cambridge handbook of thinking and reasoning* (pp. 267–293). New York: Cambridge University Press.

Kahneman, D., & Tversky, A. (1996). On the reality of cognitive illusions: A reply to Gigerenzer's critique. *Psychological Review*, 103, 582–591.

13章

リスク下の意思決定

Kahneman & Tversky (1979) によるプロスペクト理論を超えて
Ben Newell

1. 古典的研究の背景

(1) リスク下の意思決定を定義する

2013年6月24日，Nik Wallenda は，私たちの多くにとっていわゆるリスクのある意思決定の原型ともいえるようなことを行った。彼は，グランドキャニオンの岩場から高さ450メートルのところに張られた426メートル長のワイヤーの上に足を踏み出したのだった。彼は安全装置も何もつけず，安全網も張らなかった。22分54秒後，道中常に突発的にやってくる風に揺らされながら，彼はワイヤーの端と反対側の安全な場所にたどり着いた。その驚くべき偉業について尋ねられたとき，Nik は自分のキリスト教への強い信仰によって死に対するいかなる恐怖にも打ち勝つことができるのだと答えた。「死ぬときにどこへいくのか私は知っている……私のすることは危険で，もし死んでも，私は安らかだ」。ワイヤーに足を踏み出そうと決断したとき，Nik はすでに成功したときの見込みと価値（ワイヤーの上を歩ききることがもたらす「幸福」）を，失敗する見込みと（最終的な）損失と比べて一通り見積もっていた。この損失は抽象的なものではない。彼の父 Kurt はタイトロープから落ちて死んでいた。明らかに，Nik の信仰は潜在的な利益と損失を秤にかけるうえで大いに役に立った。彼にしてみれば，状況の危険性を減じるものになっていたわけだ。

205

私たちの多くは Nik が直面したものほど結果のはっきりとした決定に直面することはないだろう。それにもかかわらず，まだ見ぬ結果の起こりやすさと価値を評価する過程は私たちが直面する決定の多くに共通するものである。「リスク下の決定」とは必ずしも危険や害にさらされることを含むわけではない。むしろ，私たちはリスクをより一般的に考え，特定の選択から得られる利益や損失の量に伴う不確実性とする。ディナーを鶏にするか魚にするか，乗る車をトヨタにするかフォルクスワーゲンにするか，休日を過ごすのをローマにするかバルセロナにするか，決定とは，異なる選択肢に伴う確率を査定してその状況のもとで最善の選択を下す試みとして捉えることができるのである。

しかしどうすればある選択肢が最善だとわかるのだろうか？　初期の「決定の質の基準」を公式化する試みは Blaise Pascal と Pierre de Fermat という，賭けに強い関心をもった2人の17世紀のフランスの数学者の往復書簡にまでさかのぼることができる。賭けゲームの「ポイント」を巡る2人の議論は数学的な期待値という，当時は合理的な選択の本質と考えられていた概念へとつながった（Hacking, 1975; Hertwig, Barron, Weber, & Erev, 2004 を参照）。単純にいえば，ある選択は決定者にとっての期待値を最大化すれば合理的であると考えられていたのである。期待値は与えられた選択肢のあらゆるの結果についての，個々の結果の確率とそれらの結果の値（典型的には金額）の積和と定義される。

単純な例でこの考えを具体的にしてみよう。対等の賭け金で行う「ピンゾロ」（6面のさいころのペアの各々で1が出る）の期待値を考えてみよう。そのようなさいころのペアの目の出方には36通りの可能性があって，「ピンゾロ」はその中の1つの結果にすぎない。賭け金を 100 ドルとして期待値を計算すれば $(1/36 \times \$100) + (35/36 \times \$0) = \$2.70$ になる。この期待値（\$2.70）は賭け金の損失（\$100）よりはるかに少ないため，明らかに筋の悪い賭けである。こう定義すれば，期待値は合理性の記述的および処方的説明の双方を与えるものと考えられる。しかしどちらでもないことはすぐに明らかになった（Gigerenzer & Selten, 2001）。

初期の反論はスイスの数学者である Nicolas Bernoulli からきており，彼は聖ペテルスブルグのパラドクスという名で今日知られている金銭的な賭け，具

体的には，人々が実際に下す意思決定のやり方を期待値という概念がいかに捉え損なうかを示す例を提案した。聖ペテルスブルグのパラドクスは，人々が無限の期待値をもつ賭けに対してほんの数ドルでも払おうとは思わないということを示したものである（Newell, Lagnado, & Shanks, 2007）。この「パラドキシカル」な発見を解決するため，Daniel Bernoulli（Nicolas の従弟）は期待「値」を期待「効用」に置き換えることで理論を修正した。後者は実際の金銭的な結果というよりはむしろ主観的な価値の評価を意味する主観的な構成概念である。この概念は心理学的にも大きな関連性をもつ重要な考えを取り入れている。金銭の効用は利益が上昇するにつれて減少する。Bernoulli（1738/1954）は効用と金銭的価値の関係は対数関数で捉えられると示唆している。

　数世紀してから後，von Neumann & Morgenstern（1947）は期待効用最大化原理に従って意思決定を評価する公理を発表した。彼らは自分たちの公理の行動的な側面よりはむしろ数学的な含意に関心をもっていたが，この公理化によって加わった結果の1つに人々の選択の合理性を検証する「規則の集合」を研究者に与えたことがある。それゆえ，人々がさまざまな賭けの状況に対しどう反応すべきかについての Pascal の熟考から始まったものは，歴とした合理的選択の理論へ成長を遂げたのである。Savage（1954）は期待効用最大化に主観性の概念を導入することで von Neumann と Morgenstern の仕事をさらに発展させた。Savage は，ある個人は，その選択が期待効用理論の公理すべてを満たしていれば，選択に関わる可能な結果に対して主観的な確率を与えながらその期待効用を最大化しているかのような選択をしていることを証明したのである。

　1950 年代以降，期待効用理論〔expected utility theory: EUT〕はリスク下の意思決定の支配的な理論になったが，敵がいなかったわけではない。その中で最も顕著なものはおそらく Maurice Allais であり，彼は人の選好が EUT の中心的な公理をいかに逸脱するかについての，単純だが有無をいわさぬ例を示した（Allais, 1953）。Daniel Kahneman と Amos Tversky は 1979 年 に Allais（1953），Markowitz（1952），Ellsberg（1961），等の理論的研究に基づいてこの論争に加わり，人間の経済行動の記述理論としての期待効用理論の欠陥を明らかにした一連の実験的な例を示した。彼らはこれらの体系的な逸脱は彼らの

新たな選択の理論によって捉えられ，説明できるとした。その理論がプロスペクト理論である。

2. 古典的研究の詳細な記述

(1) プロスペクト理論とは何か？

　Kahneman と Tversky の 1979 年の論文（以下 K & T）の美しいところは，新理論を紹介する前に，既存の EUT モデルへの見事な異議申し立てを与えるいくつかの選択問題の旅に読者をいざなったことである。そのため，理論にたどり着いたときには，数々の逸脱——間違いなく自分自身の選好にあっと驚いている——が解き明かされて驚いていることになる。異議申し立てを示すというこのやり方は，Kahneman と Tversky 自身がこの歴史的研究を行っている際に採用していた研究の習慣を反映したものである。Kahneman （2011, pp.7, 10）は「私たちの研究とは会話だった……私たちは選択の問題をつくっては自分たちの直観的な選好が選択の論理に従うかどうかを検討するのに多くの日を費やしたのだ」。選択が従わないとき——そしてしばしば従わなかった——彼らはなぜかと問い，そしてこの尋問の過程から彼らの新たな理論が発展してきたのであった。

　この論文に示された個々の問題は，EUT からの逸脱を示すようつくられたものである。オリジナル論文に示された 14 の選択問題すべてを検証することは本章の範囲を超えるため，重要な点を明らかにする一部のものをここで論じることにする。まず EUT からの逸脱を示すと Allais （1953）が最初に仮定した 2 つの問題をみてみよう。個々の問題を記述する用語法は K & T で使われたものに従う。結果はすべて仮説的なものであり，イスラエルポンドを単位として記述された（実験当時は 1 か月 3000 イスラエルポンドがちょうど中位の収入だった）。0 という結果は与えられなかった。それゆえ，問題 1（下に示す）は .80 の確率で 4000 を得る（そして 0.20 の確率で何も得ないと仮定される）のと，確実に 3000 を得る（確率 1.0）を比べていることになる。K & T はこの選択肢を「プロスペクト〔prospect〕」と記述する。だからプロスペクト

208

理論なのである。個々の問題の下にある N は，問題に与えられた参加者の数であり，角括弧の中の数はその選択肢を選んだ参加者の比率である。アスタリスクは比率の差に関する統計的な有意性を示す。あなた自身の選好を確かめる最初として，下の2つの問題の中で与えられた一組の仮説的な選択問題を考えてみよう。

問題1
A：(4000, .80) と B：(3000, 1.0)
$N = 95$ [20] [80]*

問題2
C：(4000, .20) と D：(3000, .25)
$N = 95$ [65]* [35]

　あなたの直観的な反応はどんなものだっただろうか？　もしあなたが多数派の人々と同様であれば，問題1でBを選び，問題2でCを選ぶ。なぜだろうか？問題1の中の選択肢Bは，それが確実な結果を与えるため，より魅力的にみえる。K&Tは確率的な結果にすぎないものと比べて確実な結果に過度に重きを置く傾向，確実性効果〔certainty effect〕を確認した。問題2では，どちらの選択肢も確実な結果を与えないが，相対的に小さい確率の差が選択肢Cによって与えられる相対的に大きい報酬によって打ち消されてしまうようにみえ，そちらのほうがより好ましくなる。

　このようなよくみられる選好の組み合わせがEUTのもとで非合理になるのはどうしてだろうか？　BをAより好むということは，確実に3000という値を得る期待効用が0.8の確率で4000を得る期待効用より大きい [U (3000) > 0.8 U (4000)] ことを意味する。CをDより好むということは [.2U (4000) > .25 U (3000)] を意味する。しかしながら，期待効用の置換公理は，もしBをAより好むのであれば，この選好は確率の比が同じである限り保たれることを述べる。問題2は問題1の個々の選択肢の当たる確率を4で割った変形（すなわち .80/4 = .2，1.0/4 = .25）であることがわかる。それゆえ確率間の比は保

13章　リスク下の意思決定

たれているものの，選好は逆転しており，[U (3000) > 0.8 U (4000)] であると同時に [U (3000) < 0.8 U (4000)] となっていることを示している。これは原理の逸脱である。「みたところ，当たる確率を 1.0 から 0.25 に減らすことは .8 から .2 に減らすよりも大きな効果がある」(Kahneman & Tversky, p.266)。

　K & T はさらにプロスペクトが利益ではなく損失を含むときにこの確実性効果がどうなるかを考えた。ここで問題 3 と 4 を考えてみよう。これらの問題は，損失をもたらす以外は問題 1 と 2 と同じである。

問題 3

A : (−4000, .80) と B : (−3000, 1.0)

N = 95 [92]* [8]

問題 4

C : (−4000, .20) と D : (−3000, .25)

N = 95 [42] [58]

　結果の符号に応じて起きるこの選好の逆転は，問題 1 と 3 を比較してみると驚くべきものである。確実な 3000 に対する明白な選好は 4000 の損失を伴うリスクに対する圧倒的な選好に取って代わられている。これはリスクのある損失のほうが低い期待値（−4000 × .8 = −3200 は −3000 と比較すると）にもかかわらず起きている。K & T は正のプロスペクトに対する選好が負のプロスペクトの鏡映像であるため，これらの逆転を反射効果と記述した。ここでの重要な洞察とはこのようなものである。「同じ心理学的原理——確実性に対する過大評価——が利得状況ではリスク回避を，損失状況ではリスク志向を好むのである」(Kahneman & Tversky, p.269)。

　確実性の重要さ，そして損失となるか利得となるかを明白に描いて表した行動の差といったものを用いて，K & T は孤立効果と彼らが呼ぶところのものを描き出した。2 つの異なる実験参加者集団に対して示された以下の一組の問題を考えてみよう。

210

問題5

今持っているものに加え，1000 与えられたとする。そして以下の中から選ぶことを求められた。

A：(1000, .50) と B：(500, 1.0)

$N = 70$ [16] [84]*

問題6

今持っているものに加え，2000 与えられたとする。そして以下の中から選ぶことを求められた。

C：(−1000, .50) と D：(−500, 1.0)

$N = 68$ [69]* [31]

ここでまず気がつくべきことは反射効果の再現である。人々は利得に直面するとリスク忌避になる。すなわち問題5では確実なものを好むが，問題6で損失に直面するとリスクに引き寄せられている。しかしここではもう1つ別のものが動いている。2つの問題の最後の財産の状態は同一である。これは問題6では最初に1000余計に（問題5と比較して）与えられているためである。そのため，これらの問題は以下のように書き直せる。

$$A = (1000) + (1000 \times .50) = 1500, \text{ そして } B = 1000 + 500 = 1500$$
$$C = (2000) − (1000 \times .50) = 1500, \text{ そして } D = (2000−500) = 1500$$

そしてそれゆえ，

$$A = (1000 \times .50; 1000 \times .50) = C, \text{ それゆえ } B = (1500) = D$$

典型的な反応が示唆するのは，参加者が見込みを評価する際に，最初のボーナス，あるいは棚ボタを，ひょっとすると両方の選択肢に共通しているがゆえに考慮していないことである。それゆえ，人は問題の異なる側面を切り離し，共通する部分を無視するのである。要するに，K&Tは，異なった選択肢によっ

てもたらされる，最後は同じである富の状態ではなく，富の状態の変化の仕方を指摘して逸脱を説明するのである。ここでの重要なアイデアは，人はプロスペクトを，最初の状態と必ずしも対応するわけではない中立な準拠点と比較して，利得や損失として見込みを知覚しているのである。

これらの心理学的洞察を備えて，K＆Tは彼らの手によるもう1つの理論を提案した。プロスペクト理論は期待効用理論の根底にある論理（期待の最大化）に根差しているものの，結果の効用と確率がともに認知的な歪曲を受けるよう重要な修正を施したものである。この理論は2つの過程からなる——編集と評価である。編集段階は後続する評価をより簡単にするために選択肢を再構成する認知的操作（符号化，結合，分離，消去）を行うものである。問題5と6で描かれた分離効果は消去編集の一例である。批判の節で述べることになるが，プロスペクト理論に対する批判の1つに編集段階が特定されておらず，単純さに欠けるというものがある。対照的に，評価段階ははるかに隅々まで議論が展開しており，標準的な期待効用理論からの乖離を説明する2つの規則だった関数が示されている。価値関数と加重関数である。

価値関数は客観的な金銭的効用がどのように主観的価値へ返還されるかを説明することを試みたものである。この関数は前述の，賭けの中でみられた人々の選択の2つの主要な特徴を捉えている。①人々は中立的な準拠点からの相対的な利益と損失から見込みを評価する，②人々は利得領域ではリスク忌避，損失領域ではリスク志向になる。後者は図13.1に図示されるS字型曲線につながる。これは利得領域（右上の象限）では凹型となり，利得の限界効用の低減（Bernoulli が自身の提案した対数効用関数を用いて示したもののような）を表している。似たような減少関数は損失に対する凸関数（左下の象限）にも反映されている。中点より下の損失に対する急な勾配の線は（それより上の利得におけるそれと比較して）おそらくプロスペクト理論で最もよく知られた側面を捉えたものである。「損失は利得よりも大きくみえる」，すなわち100ドルを失ういらだちは同じ額を得る喜びより大きい。特にK＆Tは，まさにこの損失忌避によって人々は，同じ額を得る確率と失う確率が同じである対称的な賭けには気乗りしないだろうと推測した。

加重関数は結果に対する客観的な確率がどう主観的加重へと変換されるのか

2. 古典的研究の詳細な記述

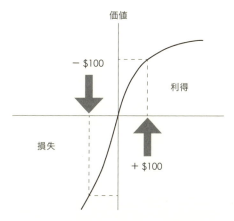

図 13.1　プロスペクト理論における価値関数
(Kahneman & Tversky, 1979 より改変)

を説明するものである。ここでいう重みとは，見込みの望ましさに対する出来事の純粋な起こりやすさというよりはむしろ出来事のインパクトの測度である。確実性効果（問題 1 〜 4 を参照）を捉えるために，K＆T は加重関数は端のほう（低い，もしくは高い確率）では「うまく働かない」と考えた。彼らは同時に，いかに低い確率が，その客観的な確率と比べ相対的に過大評価されやすいかを下の最後の例によって示した。

問題 7
A：(5000, .001) と B：(5, 1.0)
N = 72 [72]* [28]

問題 8
C：(−5000, .001) と D：(−5, 1.0)
N = 72 [17] [83]*

　問題 7 の低い確率の利得に対する圧倒的な選好は，人々がより大きな利得の確率に対してプロスペクトの期待値より大きな重みを与えることを示している——これは賭けのチケットを購入する際に実際に人がしていることである。

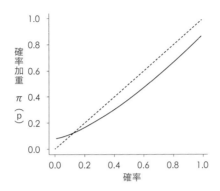

図 13.2　Kahneman & Tversky（1979）における確率加重関数
（中村，2013, p.46, Figure 1 の右図より引用）◆1

　対照的に，問題 8 では選好が逆転している。人々は確実な損失のほうをより大きな損失を伴うリスクより好む——これは保険掛け金を払うのに似ている（Markowitz, 1952 もみよ）。この選好パターンは問題 5 と 6 でみられたものの逆であることに注目してほしい。非常に低い確率が含まれているとき，人々は利得領域でリスク志向になり，損失領域ではリスク忌避になっている。これらのような選好パターンを総合して考え，図 13.2 で描かれている加重関数が導かれた。ここでの重要な特徴は低い確率への過大評価，中程度から高い確率への過小評価，そして 0 や 1 に近い領域での極端な行動である。
　以上をまとめると，プロスペクト理論は，「色々なもの」は予期を最大化するためにかけ算されるという期待効用理論の仮定を踏襲しつつも，それらの色々なものとは客観的な効用や確率というよりは，主観的な価値や決定のための加重であったのである。そうすることによって，賭けの問題において示される 4 種類の選択行動のパターンとして知られるようになったもの——ここで検討され，表 13.1 にまとめられた——を理論は捉えたのである。

訳注◆1　原著に示されている確率加重関数の図は Kahneman & Tversky（1979, p.283）のものとは形状が大きく異なり，Tversky & Kahneman（1992, p.313）で記載されたものに類似している。実際に Kahneman & Tversky（1979）で示された図はこの図のように，文中で指摘されているような，0，1 付近では「うまく働かない」といった特徴が表現されており，かつ原書の図と異なって，かなり直線に近い形で描かれている。

表 13.1　プロスペクト理論が説明できる選択の 4 領域のパターン

	利得	損失
小さい確率	リスク志向	リスク忌避
中程度および大きい確率	リスク忌避	リスク志向

3.　古典的研究の影響

　おそらくプロスペクト理論の最も目立った影響とは，Daniel Kahneman が 2002 年にノーベル経済学賞を受賞したことだった。授賞理由では，「心理学的研究から得た統合された洞察を，経済科学，特に不確実状況における人間の判断と意思決定に関連したものに対してもたらした」ことについて，今は亡き Amos Tversky と Kahneman との共同の貢献を認めている。この理論は，経済学者が愛してやまない，リスク下の意思決定の標準的な「合理的エージェント」モデルへの，最初の，非常に有力な代替案を与えたことで大きな影響力をもった。この論文の測定可能な影響は引用件数である。1979 年の出版以来，引用件数は 9000 件（Web of Science で 2013 年 9 月 24 日現在）から 2 万 7000 件（Google Scholar で 2013 年 9 月 24 日現在）の間である。経済学に対するその深遠な衝撃は，かなりの部分この論文が心理学ではなく経済学の有力な雑誌（*Econometrika*）に掲載されたことからもたらされている。このため，Tversky と Kahneman の判断に関する研究（12 章）をすでに知っていた心理学者，および経済学者もこの論文に注意を向けることになった。この研究は両分野から多くの研究者を，リスク化の意思決定に対する満足のいく心理学的説明の整理，構築，発展へ駆り立てることになった（たとえば Kahneman & Tversky, 2000）。

　Camerer（2000）は，実験室実験で参加者に与えられる仮説的な賭けにとどまらない，現実場面での観察からプロスペクト理論の予測を支持する例をいくつか論じている。たとえば，「その日の終わり効果」という，レースの日が終わりに近づくにつれ賭け師が本命から大穴狙いに賭け方を変えるというよく知られた効果がある。一日の終わりまでに賭け師はだいたい損をしており，この

損失を取り返してとんとんにしようともくろむためにこのような変化は起こる。Camerer はこのような振る舞いはゼロの利益を一日の「準拠点」とするため損失領域へ入っていくにつれどんどんリスク志向になることと一貫していると論じている。異なる賭けの文脈で、Smith, Levere, & Kurtzman（2009）は「とんとん」仮説なるものの証拠を見いだしている。Smith らはオンライン上でポーカーをした人たちの用いた 2000 以上もの戦略を分析し、大きな損失を経験した後は目立って慎重さに欠けるプレイになりがちであることを見いだした。大穴の勝利を望む競馬に賭ける人たち同様、ポーカーをする人たちも最初の損を埋め合わせてとんとんという準拠点を維持しようとして偽りの望みを押し通しているようにみえる。Pope & Schweitzer（2011）は、プロゴルファーのパットの成績にもプロスペクト理論の重要な教義――損失回避――がみられると論じている。250 万ものパットの分析から、Pope と Schweitzer はバーディーパット（ホールの規定打数より一打少なく済ませるパット――つまり望ましい結果）を打つときのほうがパーショットを打つときより有意に正確さが下がることを示した。このような行動は、パーをミスすること（ホールを終えるために打つべきショットより多くを要すること）は、基準となる「パー」という準拠点と比べれば損失として記録され、そのためゴルファーはパーを維持するときよりも損失に焦点を当てていることから損失回避になると解釈できる。

　実験室でみられたバイアスが現実場面で観察された行動と比べてどれだけ顕著か、またどう関連するかには議論はあるものの（e. g., Levitt & List, 2008）、プロスペクト理論に関する研究は行動経済学として知られる分野の分水嶺になった。行動経済学――厳密に合理的な経済エージェントに関するものとは対照的な、人間の経済行動の研究――は、現在全盛期を迎えている。いくつかの政府（アメリカ、イギリス、オーストラリア）では、人々の損得に対する反応、準拠点からみた相対的な評価、そして現状維持への欲望に関する洞察に基づいた行動的「一押し〔Nudge〕」という概念を展開させてきた心理学者や経済学者に政策上のアドバイスを求めるようになっている。それゆえ象牙の塔の内外に対して与えたプロスペクト理論の影響はいくら評価しても過大評価しすぎることはない。

4. 古典的研究への批判

　プロスペクト理論の主要な側面の１つは特定の決定に関する選択肢・確率・結果の表現を意思決定者が構成する編集段階にある。そのような編集段階の働きの候補たるプロセスやヒューリスティックはいくつかあるものの，そのアイデアはどちらかといえば特定されておらず，いくつかの場合では支持されない行動の予測を導いている。たとえば，価値の尺度での準拠点の設定の例をみてみよう。プロスペクト理論はこの準拠点を現状維持（変化しない）と仮定し，典型的にはゼロという主観的価値を置く。しかしながら，この仮定は常に成り立つというわけではなく，選択肢が示される文脈から影響を受ける。Kahneman（2011）は以下の例証を示している。

問題 9
A：確実に 100 万ドル手に入る
B：90％の確率で 12 ドル手に入り，10％の確率で何も手に入らない
C：90％の確率で 100 万ドル手に入り，10％の確率で何も手に入らない

　何も手に入らないという可能性は３つすべての選択肢に共通しているにもかかわらず，そのような結果は選択肢 A，B と比べれば選択肢 C でより強く感じられるだろう。それゆえ何も得ることができないことを準拠点として３つすべての選択肢についてそこにゼロを置くこと——プロスペクト理論がそうするように——は私たちの直観からすれば奇妙である。そのような文脈依存した準拠点の変化はもっと多くのあり得る可能性を含む意思決定ではより顕著となる。問題 10（Lopes & Oden, 1999 より引用）で与えられる賭けを考えてみよう。

問題 10
A：（$200, .04; $150, .21; $100, .50; $50, .21; $0, .04）
B：（$200, .20; $150, .20; $100, .20; $50, .20; $0, .20）

　これらの状況で起こっているようにみえるのは，人々はプロスペクトをその

217

順位で，すなわち自分の得ることのできる最高のもの，2番目のもの，3番目のもの，といった形で評価するということである。それゆえあるものは少なくとも何かを得られる見込みがBより高く（たとえば.50で100ドル），何も得られない見込みがBより低い（.04）ことで，最大のもの（200ドル）を得る見込みがBより低くともAのほうを好むかもしれない（AとBの期待値は同じ100ドル）。このような行動は準拠点が不安定であり，「要求水準〔aspiration level〕」（手に入る最高のものは？）と「安全水準〔secure level〕」（Xドル以上失う可能性はどれくらいか？）の双方を合わせて考えていることを示している。より大きくいえば，このような「順位依存」の考え方はリスク下の意思決定のいくつかの他の心理学的モデルに含まれている。これらのモデルは，人は確率を独立ではなく累積的に取り扱うという関連した考え方を取り込んでもいる。オリジナルのプロスペクト理論は，人々は個々の結果の確率をそれぞれ独立に扱うということを提案していた。しかしながら，問題10のような例は，複数の選択肢を含む賭けに直面すると，人々は目の前の選択肢の中で少なくとも何かを得られる確率を累積的に評価することを示している。要するに，これらのモデルは結果と同程度かそれ以上を得る累積確率に当てはまる加重関数をもっているのである。Tversky & Kahneman（1992）はそのような関数を彼ら自身の累積版プロスペクト理論に導入し，そのような関数はBirnbaum（2004, 2008）の注意の交換の転換〔transfer of attention exchange: TAX〕モデルやLopes & Oden（1999）の安全－潜在的要求水準モデル〔security–potential aspiration model: S/PA〕といった，ある状況においてはオリジナル版や累積版のプロスペクト理論より優れた説明力を有する他のモデルの特徴にもなっている。

　選択時の人々の要求を考えることでもう1つ得られる洞察は，異なる結果に対する隠れた感情の影響である。特に，何人かの研究者はプロスペクト理論が後悔や喜びといった概念を導入し損なっていると論じている（Bell, 1982; Loomes & Sugden, 1982; Starmer, 2000; またMellers, Schwartz, Ho, & Ritov, 1997も参照）。もし決定が悪い方向（結果が他の起こり得たものより悪い）に行けば，私たちはただ単に結果が悪かったということ以上の苦しみを感じるだろう——私たちは決定を後悔もするのである。同様に，もし決定が他の選択肢

よりもよいようにみえる結果につながれば，私たちはその結果を，利得に伴う単純な効用以上に楽しみ，喜ぶようにみえる。このようなパターンを説明しようと試みる理論はリスク下の意思決定に対する私たちの考えを進展させるうえで有用であったが，後悔や喜びといった概念は，特にプロスペクト理論から大きく離れる予測を与えることはあまりないという点で選択行動に対する完全な説明を与えるには不十分であるようにみえる（Baron, 2008; Kahneman, 2011; Newell et al., 2001——ただし感情的な結果がいつどのようにして異なる予測を与えるかについては Rottenstreich & Hsee, 2001 や McGraw, Shafir, & Todorov, 2010 も参照）。

　プロスペクト理論の影響はここ 10 年ほどのいわゆる「経験に基づく決定〔decision from experience〕」（Barron & Erev, 2003; Camilleri & Newell, 2011; Hertwig et al., 2004; Rakow & Newell, 2010）と呼ばれる研究関心の復興にも顕著である。プロスペクト理論は結果や確率が参加者に対して明確に述べられた（あるいは記述された）状況での選択について提案されたものである。たとえば，先にあげた問題 1 では，売り物に出ているプロスペクトについての曖昧さは一切ない。このような記述された問題に対し，日々私たちが直面する決定の多くには関連する確率や曖昧さのない結果の便利な早見表など存在しない（Knight, 1921 を参照）。Nik Wallenda と彼の綱渡りを思い出してほしい。成功の確率は似たような経験から彼が決める必要のあるものであり，本の中から見つけ出すようなものではなかった。そのような「経験に基づく決定」がかくも多くの注目を集めたのは，人々が確率や結果を経験から学習せざるを得ないとき，選択はプロスペクト理論の予測からしばしば大きく外れたからであった。

　「経験からの決定」の標準的な実験手続きは単純である。参加者は 2 つのラベルのついていないコンピュータ・スクリーン上のボタンを示され，どちらを押すかを試行ごとに何回も聞かれる，というものである。ボタンを 1 回押すと，どちらの結果を受け取ったかが示される。結果の生じる確率は実験者によってあらかじめプログラムされているが，参加者はその確率を知ることはできない——経験から学ばなければならない。そのため，問題 1 の経験ヴァージョンにはボタンが 2 つあり，片方はクリックするたびに常に 3000 を与え，もう片方は 80％の確率で 4000 が手に入り，20％の確率で 0 になる。問題 1 が書か

れた形式で提示されたときには，確実な報酬（3000）が圧倒的に好まれたことを思い出してほしい。同じ問題をフィードバックから学習した場合はどうなっただろうか？　確実性効果の命ずるものとは逆に，参加者は4000のボタンを好むようになるのである（Baron & Erev, 2003）。さらに，プロスペクトが損失に置き換えられ，片方がクリックすると常に−3000で，もう片方が80％の確率で−4000を示すようになると，参加者は確実な損失である−3000を好むようになる。言い換えれば，経験すると確実性効果の逆転が起こり，利得の領域ではリスク志向に，損失の領域ではリスク回避になる——プロスペクト理論の予測とは逆である。このパターンを説明する1つとして，人々は，何も得ない確率がより低いほう（20％）を利得フレーム下では過小評価して，その結果0.8で4000を得る選択をし，同様に損失フレーム下では何も失わない確率がより低いほう（20％）を過小評価して，−3000を選ぶという選択につながる，というものがある。つまり，プロスペクト理論では過大評価になるところで，過小評価がみられるのである。

　経験からの決定の中では過小評価というパターンが強固であるにもかかわらず，このような傾向が存在する理由については依然として完全には明らかにされていない。今のところの説明は，フィードバックが「攪乱」の効果をもって確率の負の出来事の効果を弱める（Barron, Leider, & Stack, 2008）というものから，繰り返しのフィードバックが個々の選択に対する注意を弱める（Yechiam, Erev, & Barron, 2006）というものまでさまざまである。研究者の中には経験ベースの選択に備わっている選択と情報獲得の側面をときほぐして，経験からの決定と描写からの決定がなぜかけ離れるか（いわゆる「描写と経験の乖離」——Hertwig & Erev, 2009; Rakow & Newell, 2010）を説明しようとするものもいる。Barron & Erev（2003）の課題では，選択肢について学ぶためには，仮にそれが次善のものであるかもしれないと恐れていても，選んでみることしかない。それゆえ，描写と経験の乖離は描写が「純粋な」選択を許すのに対し，経験のほうは選択肢について学ぶために異なった「選択」のパターンを要することから発しているのかもしれない。

　この問題を乗り越えようとして，Hertwig et al.（2004）は実験をサンプリングの段階と選択の段階に分けた。サンプリング段階では，参加者はそれぞれ

の選択肢が与えるものを見いだすために好きなだけ双方のボタンをクリックできた。しかしこのサンプルは全体的な獲得金額には影響を与えなかった。獲得金額はその後に続いた選択段階によって決まり、そこでは参加者は好ましいと思った選択肢を「実際に」体験して報酬を受け取った。このサンプリングの実験手続は探索（選択肢について学習する）と実施（報酬のために選択肢を選ぶ）という、フィードバック手続きのもとでは絡み合っていた2つの局面を分離している。驚くべきことに、このようなサンプリングの状況であっても、経験と描写の間の大きな乖離が観察された。この知見は、観察された選択パターンをプロスペクト理論では説明できないため、リスクに対する選択の新しい理論が必要であると Hertwig et al.（2004）に考えさせるに至った。

　そのような新理論が実際に必要であるかどうかは近年の大きな議論の課題となってきた。何人かの研究者が、描写による決定と経験による決定の乖離が、いつ、なぜ、どのように起きるかを検討し、「ギャップ」を説明するさまざまな説明が提案されてきた（Camelleri & Newell, 2011, 2013; Fox & Hadar, 2006; Hsu, Pleskac, & Hertwig, 2010; Rakow, Demes, & Newell, 2008; Ungemach, Stewart, & Chater, 2009）。合意は得られていない一方で、経験に基づく決定に対する「新たな」焦点は、1930年代から60年代までの研究者を悩ませてきた問題への好ましい回帰である（たとえば、いつ、なぜ人々は最大化を行いそして確率マッチングを行うか――Goodnow, 1955; Humphreys, 1939; Peterson & Ulehla, 1965）。しかしながら、退行であるどころか、経験やサンプリング、記憶、そして学習の役割をさらに強調することは、「典型的」な判断と意思決定現象を認知心理学の関連領域と統合することを促進するものである（Bröder & Newell, 2008; Weber & Johnson, 2009）。それゆえ経験からの決定が当初関心を集めたのはそれがプロスペクト理論とは一致しないいくつもの選択のパターンを示したからであったが、それらに関する研究は単なる観察を超えて根本的な理論的問題の豊かなレパートリーへの扉を開けたのであった。

5. 結論

(1) プロスペクト理論はどのように思考を発展させ，思考はその結果どう進んだか

　リスク下の意思決定の分析に対するプロスペクト理論の主要な貢献は，長い間優勢であり続けた期待効用理論への可能な代替案を与えたことにある。プロスペクト理論は，リスク下の意思決定に直面した際に人がどうあるべきかではなく，実際にどうであるかを考えたときに初めてあらわとなる，いくつかの頑健な期待効用理論からの逸脱を捉え，かつ予測するものであり，それゆえに有望でもっともらしいものといえる。その最も単純でかつ永続的なメッセージの1つとはおそらく，フレーミングの人々の決定に対する影響である。賭けの問題や，さらに有名なアジア病問題（Tversky & Kahneman, 1981）のような単純な言葉の問題は，フレームが問題の異なる側面を強調する（利得と損失，あるいは命が助かると命が失われる）ことによって選択が影響を受けやすいことを示している。この数学的等価性と心理学的等価性は同じではないという洞察は，医療場面（Li, Rakow, & Newell, 2009; McNeil, Pauker, Sox, & Tversky, 1982）や法律場面（Koehler, 2001），そして環境場面（Newell & Pittman, 2010; Weber, 2006）といった，リスクを理解し伝達する必要のある状況にとどまらず重要である。近年の研究では損失と利得に対する非対称な反応がみられる状況や理由を分類しようとし，プロスペクト理論が与えたものよりもさらに微妙な意味の「損失回避」からの説明を示唆している（Yechiam & Hochman, 2013）。

　K & T公刊以来の考え方の進展の仕方は多方面にわたる。批判の節で議論したように，それらの方向性は累積確率や感情の役割を導入したモデルから，描写ではなく確率を経験から学ぶ必要のある状況に至るまで多様である。リスク下の意思決定を下す際の過程をさらに理解しようとする試みもある。たとえば，Brandstätterと共同研究者が提案した優先ヒューリスティック〔priority heuristic〕は情報を探索し，探索を停止し，そして決定を下すといった，価値の最大化の概念を含まない単純なルールの当てはめからリスクのある選択を説

明しようとする（Brandstätter, Hertwig, & Gigerenzer, 2006——しかし反対の証拠として Johnson, Schulte-Mecklenbeck, & Willemsen, 2008 も参照）。類似した，そしておそらくさらに急進的な方向性として，Stewart とその共同研究者は，背後にある心理学的・経済学的な効用の尺度という概念を完全に避けたモデルを発展させている（Stewart, 2009; Stewart, Chater, & Brown, 2006）。彼らのサンプリングによる決定という記述は，確実性効果のような主要な現象を，直接の文脈や長期記憶から検索した属性値のサンプルを用いて繰り返し行われる大小判断の一対比較から記述（単なる記述ではなく）することを試みる。このような説明は，プロスペクト理論の主要な教義である，決定者は選択肢間で選択をする際に価値の計算を試みるという考えに疑問を投げかける（Vlaev, Chater, Stewart, & Brown, 2011）。このような「比較のみ」という新しいモデルが，私たちのリスク下の意思決定の理解に対し，プロスペクト理論と同様の衝撃や遺産を与えるかを見極めることは興味深いものになるだろう。

原著者謝辞
本章の作成にはオーストラリア学術会議（DP110100797: FT110100151）から資金的援助を受けた。本章の初期草稿に対する Adrian Camilleri, Sule Guney, Christin Shulze, David Groome, そして Michael Eysenck の洞察に満ちたコメントに感謝する。

さらに学ぶために

Kahneman, D., & Tversky, A. (Eds.) (2000). *Choices, values, and frames*. Cambridge, UK: Cambridge University Press.
プロスペクト理論に触発された研究の多くをまとめて編纂した論文集。

Rakow, T., & Newell, B. R. (2010). Degrees of uncertainty: An overview and framework for future research on experience-based choice. *Journal of Behavioral Decision Making*, **23**, 1–14.
リスクのある選択における描写と経験の「ギャップ」に関する入門。

Thaler, R., & Sunstein, C. (2008). *Nudge: Improving decisions and about health, wealth and happiness*. London: Penguin.
政策策定に行動経済学の洞察がどのように用いられたかについての入手しやすい説明。

Vlaev, I., Chater, N., Stewart, N., & Brown, G. D. A. (2011). Does the brain calculate value? *Trends in Cognitive Science*, **15**, 546–554.

13章　リスク下の意思決定

リスク下の意思決定における，価値の計算を仮定するアプローチと，そうでないものに関する議論。

14章

言語

Chomsky (1957) による統語構造論[1]を超えて
Trevor Harley & Siobhan MacAndrew

1. 古典的研究の背景

(1) 誰が心理言語学をダメにしたのか？——Chomsky に責任を負わせよう

　書評された本よりも書評のほうが有名になるのはまれなことだが，B. F. Skinner の *Verbal Behavior*（1957）についての Noam Chomsky（1959）の書評は，まさにそのケースである。この書評が出版された前後を認知革命の始まりと考えてもよいだろう。Chomsky にすべての功績を与えるわけではない（情報理論とコンピュータの興隆はともに重要である）が，彼の書評が認知科学の誕生において先導的な役割を果たしたことは間違いない。この書評の中で，人間の心の仕組みを完全に説明するとみなされていた行動主義の土台に欠陥があることが白日のもとにさらされたのだ。行動主義の欠陥を露見する過程で，研究の重点が行動一般に関するものから言語に特化したものへと変化した。Chomsky によるこの書評は，『統辞構造論〔*Syntactic Structures*〕』（1957）と『統辞理論の諸相〔*Aspects of the Theory of Syntax*〕』（1965）という多大な影響力をもつ 2 冊の本によって区切られた時代を印象づけることとなった。

訳注◆1 「統語」は「統辞」と訳される場合もある。

225

これら3つの著作は初期認知科学における古典的3部作となり，入力と出力の間に介在するプロセスを考慮しない認知に関するアプローチすべてを論駁し，言語学という学問分野を完全に定義し直した。この古典的研究の不幸な，そしておそらくは意図されていなかった副産物として，言語処理に関する科学的研究(今日では心理言語学と呼ばれている)の発展を遅らせることになってしまったことがあげられる。

しかし，刺激と反応の間を仲介する何らかのプロセスが存在すると仮定することと，それがどのようなものなのかを特定することとは別物である。プロセスが特定できないという問題は，その初期から認知モデルにつきまとっており，それは今でも続いている。この問題は時折はっきりと表面化する。多くの認知的モデルや神経心理学的モデルに対する批判の1つは，これらのモデルは単なる「箱学」にすぎず，フロー・チャート（流れ図）の中で入力と出力の間の作業を行う魔法の箱に名前をつけているにすぎないというものである。

2. 古典的研究の詳細な記述

Chomsky の言語と心理へのアプローチは，最初に『統辞構造論』（1957）の中で詳細に述べられた。Chomsky の研究とそれ以前の研究との違いは非常に大きく，1つのパラダイム・シフト（Kuhn, 1962）の始まりになっただけでなく，心理学と言語学双方の方向性に重大な変化を与えたという意味で，二重のパラダイム・シフトをもたらしたといえる。

当時の心理学は行動主義と動物モデルの心理学が席巻していた。Watson とSkinner による極端な行動主義では，心は最も不要な概念であるとされていた。心は測定も観察もできないものであり，科学者は測定でき観察できる対象だけを扱うべきであると行動主義者たちは言った。それゆえ，心理学の研究は刺激と反応を測定し，その2つを関連づけることのみに限定されていた。Skinner による古典的著作 *Verbal Behavior*（1957）では，動物の行動を説明するオペラント条件づけが，どのように言語使用と言語学習にも応用できるかを示そうと試みられている。

現代の観点からみると Skinner の理論には稚拙な側面もあるのだが（たとえ

ば，発話の音量，速度，繰り返しを言語反応の強さとして測定したこと），当時としては，彼の理論は完全に理にかなっており，成熟した言語理論を構築する妥当で立派な試みであった。

　同時期の言語学では Leonard Bloomfield と Zellig Harris の研究に代表される構造主義が主流であった。構造主義では言語の構成単位を分析することに重きが置かれていた。言語学者はコーパスといわれる大量の発話を集め，発話がどのように小さな構成単位へと分解でき，構成単位間にどのような相互関係があるのかを分析した。言語学者は，異なる言語間の関係についての歴史的な分析の流れを汲みながら，言語間にみられる違いをどのように分析するかにも関心をもっていた。

　Chomsky が『統辞構造論』（1957）において果たした大きな貢献は，心理学と言語学を結びつけ，言語の構造記述に存在する基底パターンの解明を試みたことであった。その際，Chomsky は文が文法によってどのように構築されるかの理論を規定し，このようなアプローチを生成文法と呼んだ。簡単な例を示すと，文 (S) は名詞句 (NP) と動詞句 (VP) によって形成される（他の構成方法も存在する）。他動詞文では VP は動詞ともう 1 つの名詞句（目的語）にさらに分解される。名詞句は限定詞 (the, a, an など) と名詞から構成される。これらのことからたとえば，

The aardvark chases the echidna.
「ツチブタがハリモグラを追いかける」

という文には，

　限定詞　名詞　動詞　限定詞　名詞

という構成要素が含まれる。そして重要なことなのだが，これらの構成要素は以下のように漸進的にまとめていくことが可能である。

14章　言語

NP　V　NP

NP　VP

S

　私たちは文を記述しただけでなく，文の構造を産出し，文法規則によって文がどのように生成されるのかを示した。上記の例の場合は，以下の規則によって生成可能である。

S → NP ＋ VP

　しかし，Chomsky は，このような規則だけでできた文法は人間言語の複雑さや無限性を捉えるには力不足であり，文法の力を強化する必要があると主張した。この目的のために，Chomsky は（少なくとも初期生成文法では）統語的な深層構造を表層構造に変える，変換〔transformational〕プロセスを規定した。文の深層構造は言語の意味部門によって生成され，表層構造は音韻部門への入力になる。ここには心理学に対する2つの重要なアイデアがあった。1つは統語論の自律性，つまり，統語的プロセスは意味や音韻などの他のプロセスとは独立しているというものである（統語論は，どのような順序で単語が組み合わされ，数や時制などの文法情報がどのよう伝達されるかに関わる分野である。意味論は意味，音韻論は音に関する分野である）。したがって，意味の入力から始まり，音韻の出力で終わる一連の流れの中にあっても，言語モジュールは統語レベルにおいては統語プロセスしか行えないようになっている。多少の変容はあるものの，現代の言語処理理論においても，この考えは重要でありかつ影響力をもっている。たとえば，統語的要素だけが構文解析の決定に影響するとする袋小路モデルと，使用できるすべての情報が統語構造の選択に影響するとする制約に基づくモデルとの間で，構文解析モデルに関する最先端の議論が起こっている。第2の重要なアイデアは派生による複雑さの理論〔derivational theory of complexity: DTC〕である。これは統語構造が複雑になればなるほど処理がより難しくなるという理論である。複雑さは表層構造に達するまでに必要な変換の数で定義される。たとえば，「ツチブタがハリモグラ

228

を追いかける」という核文〔kernel sentence〕を受動否定文である「ハリモグラがツチブタに追いかけられなかった」に変えるには，2つの変換（受動化と否定化）を適用することが必要である。このような文は1つしか変換が適用されていない文よりも処理が難しく，1つしか変換が適応されていない文は核文よりも処理が難しいはずである。後に，『統辞理論の諸相』（1965）の中で，Chomskyは随意変換というアイデアを取り除き，代わりに，基底となる深層構造と認知的に浅い表層構造という，有名な区分を設けた。この区分はその後，Ｉ言語（内在化された言語）とＥ言語（外在化された言語）という観点から言い表されることとなった。それでもなお，言語表示を基底となるものとそれより透過的なものとに区別し，それらの間にルールが介在しているとするこの考えは，常にChomskyのアプローチの中心であり続けている。

3. 古典的研究の影響

(1) 言語能力と言語運用の区別

　では，Chomskyの初期の研究における変換などの考えは，言語処理の心理的モデルにおいてどのような地位を占めているのであろうか。初期の心理言語学者たちはChomskyの理論を人間がどのように言語を使うかという言語運用の理論だと見なしていた。生成文法が誕生してすぐ後に，心理学者は新しい実証手法を開発し，以前は隠れて見ることのできない心理プロセスと考えられていたものを測定することができるようになった。主なものには記憶負荷の計測，特に反応時間の計測（認知心理学の兵器倉庫で依然として主要な装備となっている）がある。反応時間を計測する実験における重要な仮定は，統制された条件間にみられる反応時間の違いは認知的処理の基本的な違いを反映しているというものである。記憶負荷などのオフラインの計測方法を用いた初期の研究ではChomskyのモデルを限定的に支持する結果が得られた。しかし，反応時間などのオンラインの計測方法を用いたより洗練された研究によって，人間は深層構造を表層構造に変換して発話しているわけではないことが明らかになった。また，統語的処理が他の処理（最初は意味的な処理）と独立しているという仮

定が非常に疑わしいことも示された（ただし，この仮定は現代心理言語学においても研究の焦点の１つになっている）。たとえば，変換の数のより多い文が常に処理がより難しいというわけではない（より詳しい説明と理論の欠点に関しては Harley, 2014 を参照のこと）。一般的に，統語論の自律性や派生による複雑さの理論を支持する明確な証拠はほとんどない。ゆえにほどなく生成文法は言語能力〔competence〕の理論であるとする合意に達することとなった。このような初期の実験がもたらした副産物の１つは，（言語能力を研究対象とする）言語学と（言語運用を研究対象とする）心理言語学との間に最終的に明確な線が引かれたことである。

　しかし，文処理モデルの詳細に関係なく，生成文法に基づいたモデルを人間の言語処理の理論として採用したことが心の計算モデルを構築する理論的な動機となり，さらにそれが認知革命を支えることになったことは明らかである。計算モデルでは，規則が情報を処理する。操作されるものの中身の性質は重要ではない。心はまるで肉工場のようなものでる。どのような肉が入力されるかにかかわらず，ミンチにされ，最後には美味しいパイができ上がる。しかし，もし統語表象（およびその他の言語表象）を仲介するプロセスが変換ではないとしたら，それはいったい何なのであろうか？

4.　古典的研究への批判

(1) 経験主義から合理主義への変遷

　Chomsky の言語へのアプローチはさまざまな重要な帰結を生み出した。ここではその中のいくつかに焦点を当ててみよう。

　第１の帰結は，理論的，計算論的考察により，私たちがある種の合理主義を受け入れる流れになっているようにみえることだ。Chomsky は，子どもが聞く言語の入力がいくつかの意味で欠乏している〔impoverished〕と述べた。たとえば，大人の発話はスピードが速く，分節の区切りが明確でなく，間違いが多い。特に重要な点は，大人の言語には子どもがその言語の潜在的な文法規則を見つけ出すために必要なタイプの発話が含まれていないということだ。こ

の刺激の貧困という考えによると，子どもはノイズに満ちた現実世界の言語の正事例に接するだけでは言語を獲得することができない。Chomsky は，子どもはある生得的に備わった構造——言語獲得装置〔language acquisition device: LAD〕，後に普遍文法〔universal grammar〕と呼ばれる——を使って入力をふるいにかけているに違いないと主張した。

　Chomsky の研究における第 2 の帰結は，子どもの言語獲得のプロセスが心の研究の中心となったことである。すでに述べたように，Chomsky は，正負の強化をどれだけ行ったとしても，子どもは言語に触れるだけでは言語を獲得することはできないと主張した。Chomsky は，生成能力の異なる種々の文法がつくり出し得る統語構造に着目し，条件づけのみによって教えることのできる文法ではとうていつくり出せない非常に複雑な文を人間がつくり出すことを示した。最もよく知られた例は，多重埋め込み文である。以下に示すように，文の埋め込みはどこまででも続けることができる。

　　猫がネズミを追いかけた。
　　犬が追いかけた猫がネズミを追いかけた。
　　蚤が噛んだ犬が追いかけた猫がネズミを追いかけた。

　実際には誰もこのような文をつくり出さないことは気にしなくてよい。原理的には，大人の英語母語話者は，このようないくつも埋め込みがされている文が文法的であることを認めるはずである（ただし，この主張には議論の余地があるかもしれない）。ここで重要なポイントとしてあげておくが，Chomsky は，ワーキングメモリのような心理学的な構成概念によってもたらされる文処理の制限は言語運用〔performance〕の問題であると見なしている。一方，何が容認される文字列であるかに関する言語学者による直観は言語能力〔competence〕の問題であり，これが言語そのものを研究するための唯一の使用可能なデータを提供する。

　もし子どもが単純な強化では十分に強力な文法を獲得できないとしたら，他に何が必要なのだろうか？　子どもの言語と文法の生成能力に関する研究分野における最も有名な成果は Gold の定理〔Gold's theorem〕（Gold, 1967）である。

この定理によると，ある種の発話を習得するためには，容認される統語構造の正事例にさらされるだけでは不十分であり，非文を明確に指摘する指導（「違うよ，エリザベス，"The cat the dog the flea chased chased the mouse." は英語では文法的ではないのだよ」）が必要である。以前は，上の例のように親が子どもの発話を監視して統語の間違いを直すようなことはしないと考えられていた。しかし，現実世界における言語の効力に関しては議論が続いており，言語発達に関する実際のデータによると，子どもへの言語入力は以前考えられていたよりもはるかに豊富である（ただし文化間の差異は大きい）。

　すでに述べたように，Chomsky は言語獲得に必要なのは生得的な言語獲得装置であると主張した。つまり，子どもは言語に関する知識をもって生まれ，その知識のおかげで，入力のみから特定の文法を習得することが可能になっているということだ。具体的には，子どもは一般的な文法の枠組みをパラメータ〔parameters〕という形でもっており，特定の統語にさらされることによって，パラメータのスイッチ（たとえば，語順の詳細など）が決定される。Chomsky にとってこの理論は，なぜすべての人間言語が（Chomsky によると）本質的に同じであるのかの説明となる。かつて Stephen Pinker が述べた有名な言葉であるが，人間の行動を分析する火星人なら誰しもが人間はみな基本的に同じ言語を話していると直ちに結論づけるであろう（Pinker, 1995）。このような理由により，言語学者たちは言語の普遍性を探求することに没頭してきた。ここでいう言語の普遍性というのは，すべての言語に共通した特性で，一連のパラメータの構成やパラメータのとり得る一連の値（設定されたパラメータの値の詳細ではなく）を特徴づけるものである。しかしながら，上でみたように，子どもが言語を獲得するのに，必ずしも生得的な助けが必要というわけではない。また，異なる文化に属する子どもでも認知や環境の制限を共有しており，このような制約が今まで見つかっている言語のタイプを形作っているのかもしれない。少なくとも，文献の議論のレベルを考えると，言語固有の生得的な情報が存在するという主張は立証されていない。そうだとするならば，言語における認知の役割，そして認知における言語の役割とは何なのであろうか。

　Chomsky による貢献の第 3 の帰結は，認知における計算の役割，文脈，ならびに言語の役割についての理解を促進したことである。初期の行動主義者た

ちは，行動はすべて機能的に同一だと見なしていた。問題となっていたのは何に触れたかではなく，どのように触れたかであった。Garcia, Kimeldorf, & Koelling（1955）のような後の研究では，形成され得る連合の強さには生物学的制約が存在することが示されたが（たとえば，吐き気を味覚と連合させて条件づけるのは他のタイプの刺激と連合させて条件づけるよりも容易である），Skinner の時代には，生物にとって重要なのは条件づけの過程だけであると考えられていた。何が条件づけられたかは問題ではなかったのだ。Chomsky の最大の貢献の 1 つは，言語が特別なものであることを明らかにしたようにみせたことである。Chomsky は言語が独立した心的機能であると（そして後の議論においては，言語に特化した脳領域を使用していると）論じた。この一般的アプローチは心理学に多大な影響を与え，現在では Fodor（1983）の提案に代表される心のモジュール性〔modularity of mind〕として知られている。言語や言語の構成要素のモジュール性は心理言語学の歴史において最も重要な研究テーマの 1 つとなっている（Harley, 2014）。言語のプロセスはどの程度まで他のプロセスから独立しているのかという問いが研究の中心課題となってきた。私たちが単語を見たり聞いたりしたとき，その単語を特定するプロセスは視覚データや聴覚データのみによって推進されるのか，それとも知覚プロセスは意味に関する知識や予測の影響を受けるのか。私たちが文の構文解析をするとき，そのプロセスは統語情報のみに制限されるのか，それとも意味や文脈が解析木をオンラインで構築する際にも影響するのか。これらの論点は心理言語学の研究の中で依然として注目されている。

　言語が特別な機能であるとする Chomsky の見解から導かれる帰結の 1 つは，言語は人間という種に固有のものに違いないという結論であった。初期における動物言語の議論では，チンパンジーやその他の類人猿に人間のような言語を教える試みが行われた際に，それがどのような形式（表意文字，アメリカ手話など）であるかにかかわらず，多くの言語学者は，チンパンジーなどが使用している言語が本当に統語的な仕組みをもっているかどうかに疑念を抱いていた。適切な条件下で動物が何を達成できるのかの例を Washoe や Kanzi のような類人猿が示したことで，動物が言語を使えるかどうかという研究は大衆の想像力を刺激した。ほとんどの研究者は，この問題はまさに言語の定義次第であると

いう点で同意しており，言語の定義は連続的ではなく二分法的であると考えている研究者が多い。

しかし，Chomsky にとってさえ，人間の固有性を決めていると考えられる要因の数は年々減ってきている。現在では，再帰〔recursion〕を含む規則のみが人間に固有のものであると考えられているようである。別の言い方をすれば，脳の大きさのようないくつかのやっかいな変数を除けば，人間は再帰のみによって他の動物と区別されるということになる。再帰とは規則がそれ自体によって定義されることである。再帰は言語の計り知れない力の源である。たとえば，上で論じた多重埋め込み文を再帰によって定義することができる。しかし，単に言語学のゲームとしか思えないこともあるそのような文にとどまらず，人間は再帰のおかげで自分たち自身について考えることができるのだ。意識について書いている多くの著述家によると，再帰が私たち人間に自分自身ついて考える自分自身について考える自分自身について考える自分自身……をモデル化する能力を与えてくれているのだ（もちろん，無限に続く多重埋め込み文との類似は偶然ではない）。人間はまた再帰のおかげで他者に関する洗練されたモデルをつくることができる。「彼女は私が彼女が……と考えると考えると考える」。このようなアイデアが意味するのは，人間の文法に備わっている計算力は人間の意識全般に直接的に関わっているということである。さらに，最近の Chomsky とその共同研究者たちの研究によると，動物は再帰的な思考ができない（Hauser, Chomsky, & Tecumseh-Fitch, 2002）。Chomsky の世界では，言語，自己，意識，そして人間のアイデンティティは必然的に絡み合っているのだ。

Chomsky の研究はまさに合理主義的伝統の系譜にある。合理主義にはやや敗北主義的なところがある。つまり，もしあることに関して容易に説明ができなければ，それは生得的な情報によるものに違いない，となるところである。敗北主義は研究を窒息させてしまう。

Chomsky のアプローチに取って代わる研究にはどのようなものがあるだろうか。言語学的直観から心理言語学的処理への変遷に加え，この数十年で心理学において 2 つの重要なアプローチが注目されるようになった。これらの新しい考え方は，さまざまな点において，Chomsky が開拓してきた規則に基づ

く言語学モデルを使った生得的知識よりも，心理に対して見込みのあるアプローチの基礎となっているように思われる。

　2つのアプローチのうちより確立されているのはコネクショニズムである。コネクショニズムの基本的な考えは，計算がより脳に似たシステムによって行われるという点である（ただし，生物学的妥当性にあまり重きを置くべきではない）。この理論では，明示的なルールを使用して計算を行うのではなく，環境中の統計的な規則性を検出するシステムが潜在的にルールを使用する。システムの検出した規則性がルールのようにみえるのである。コネクショニスト・モデルは，非常に多くの相手と相互連結している単純な処理ユニットからなる大規模ネットワークによって構成されている。典型的なモデルでは，何らかのパターンが入力ユニットに示されると，活性化がネットワークを通して伝播し，一連の出力ユニットを活性化させる。この活性パターンがターゲット・パターンと比較され，誤差逆伝播などのアルゴリズムを使ってユニット間の結合強度を調整することによって誤差が減らされる。誤差が前もって決められた容認水準に達するまでこの過程が何度も繰り返される。コネクショニスト・モデルは，読解，音声知覚，意味，音声産出，過去形の発達，アルツハイマー病，失語症などの理解に貢献してきた（より詳細な説明は Harley, 2014 を参照のこと）。

　これらのモデルにはいくつかの重要な特徴がある。第1に，このモデルは必要な情報を環境から最適に蓄積する方法を学習する。第2に，使用される表示が複合的である（たとえば，意味情報は何百，何千にもわたる意味素性の活性パターンとして符号化される）。第3に，上述したように，規則は明示的には符号化されておらず，入力における統計的な規則性から生じる。これらの規則性が十分かどうか，またどの程度明示的規則に対応するかについては，これまでに多くの議論が文献で交わされてきた。第4に，コネクショニズムはまさに経験主義的伝統に則っている。当然のことながら，ネットワークのアーキテクチャと（必要に応じて）学習規則は与えなければならないのだが，明示的に前もって与えられた（生得的情報に対応する）情報なしにモデルがどこまでできるのかを調べるアプローチが一般的にとられている。第5に，発達の別の側面を説明するためにアーキテクチャに変更を加えることが可能である。たとえば，学習の際に，すべての情報を一度に与える（というやや非現実的な

想定に従う）のではなく，「小さく始めて」最終的に必要な情報の一部だけを学習しようとするネットワークのほうに優位性があることが示されている。さらに，このような修正によって，たとえば，他の方法では説明が困難な言語発達の特徴を説明することにつながる。第6に，あらかじめ与えられた規則に頼るのではなく，モデルが規則性を発見する。最後に，コネクショニスト的認知においては，規則や構造の一般性が重視される。つまり，言語に固有のものはなく，言語は他の認知と同じ汎用学習規則を使っているのだ。

より近年になって進展した考え方の1つに，身体化された認知〔embodied cognition〕というものがある。身体化された認知は，現実世界における認知プロセスならびにその脳との関係を重視する。簡単な例をあげると，ボールを投げることを考えるとき，投げる動作を担う脳領域が活性化する。身体化された認知では，心，脳，環境の複雑な相互作用のあり方が重視されている。

5. 結論

Chomsky による認知科学に対する多大な貢献が私たちの論争によって損なわれることはない。Chomsky が，Carlyle がいうところの「偉人」であることを疑う余地はない。しかし，科学は他の偉人が出現することでさらに発展する。入力と出力を仲介する内的規則を考えなければならないという一般的な考えが初期に注目を集めたのは彼のおかげである。加えて，彼の貢献によって，言語は心の中で独立した機能として（Chomsky によると）認識されるという，やや逆説的な状況がもたらされ，また言語が認知心理学を席巻するという意味での言語研究の興隆をもたらした。現在でも認知科学の授業では，言語学と，認知心理学の一分野である心理言語学との相互関係は，やや曖昧にされている。

言語学の発展における Chomsky の重要性は誰も否定できないであろう。しかし，初期においては言語学と心理学との区分ははっきりしていなかったが，現在ではその区分は明確になっている。基本的に心理学は言語運用を研究し，言語学は言語能力を研究する。当然のことながら，言語運用に関して心理学的な側面が存在する。言語記号列の文法性判断を行うことは心理学的プロセスであり，文法性判断がある種の後天的障害の診断になると考えられる。つまり，

心理学は言語能力の研究においてさえも役割を果たしているのだ。

　私たちはこれらの多大な功績の価値を落としめることを望んでいるわけではないが，過去30年間における心理学の動向を考察すると，以下のようなことがみえてくる。

1．心理学者は言語能力の問題（すなわち，容認可能性に関する言語直観から得られる文法規則を適切に記述する方法）よりも，言語運用の問題（すなわち，私たちが実際にどのように言語を産出し，理解し，記憶しているのか）に関心を抱いている。

2．認知に含まれているプロセスへの注目が高まっている。

3．複雑で困難な課題（たとえば言語獲得）を前に絶望してあきらめ，その限界に対処するために生得的知識が必要であると結論づけるよりも，私たちは大人が子どもに話しかけるとき実際に何をしているのかを考慮しなければならない。つまり，言語学を心理言語学へと転換しなければならないのである。また，言語獲得における計算論的制約——たとえば，小さく始めることの優位性（Elman, 1993）——を考えることは有益なことであろう。

4．直観の報告には誤りが含まれている可能性がある。よい実験以上のものはない。

5．言語が独立したモジュールであることに焦点を当てるより，身体化された認知と呼ばれる近年のアプローチでは，心と身体の関係に重点を置く。

　一学問分野としての心理言語学の地位に関しても，あまりはっきりしないままである。もしChomskyが正しく，言語が特別で独立した機能であるのなら，心理学における基本的なプロセスに興味をもつ心理学者にとって，言語は一般的な関心の対象とはならない。一方，もし彼が間違っていて，言語が汎用メカ

ニズムを使用しているとするならば，言語の自律性を強調する代わりに，それらの基本的なプロセスを研究しない手はない。ある程度，コネクショニスト・モデルは一般的に後者のアプローチを採用し，汎用学習メカニズムを重視する。この重要な課題に関してはHarley（2010）でより詳しく議論されている。

　もう1つの最近の傾向は，言語システム全体に関しての洗練された理論を構築すること，ならびに，特にその理論が脳とどのように関係しているかを研究することである。これは，心理言語学のさまざまな側面における一連の研究の統合ならびにfMRIなどの簡便で精確な脳イメージング技術の発達によって可能になった。私たちは言語の心理モデルが言語知識の理論に匹敵するほど高度化する時代に近づきつつあるのである。

さらに学ぶために

Chomsky, N. (1957). *Syntactic structures*. The Hague/Paris: Mouton.
Chomsky, N. (1959). Reviews: 'Verbal behavior by B. F. Skinner'. *Language*, **35**, 26–58.
Chomsky, N. (1965). *Aspects of the theory of syntax*. Cambridge, MA: The MIT Press.
Harley, T. A. (2014). *The psychology of language* (4th edn). Hove, UK: Psychology Press.

15 章

言語の神経心理学

Marshall & Newcombe (1973) による錯読パターンを超えて
Max Coltheart

1. 古典研究への背景

　1971 年の夏，国際神経心理学シンポジウムの年次総会がスイスのスキーリ
ゾート地であるエンゲルベルグで行われ，その席上で，John Marshall と
Freda Newcombe は獲得性失読〔acquired dyslexia〕（脳損傷による読みの
障害）に関する論文を発表した。その論文は 2 年後に，"Patterns of Paralexia:
A Psycholinguistic Approach" (Marshall & Newcombe, 1973) というタイトル
で，*Journal of Psycholinguistic Research* に掲載された。この論文は，リーディ
ングに関する実験心理学に対してだけでなく，現代の認知神経心理学という学
問全体の発展に多大な影響を与えてきた。

　私はその論文がそれほどまでに影響力をもち続けている理由について簡潔に
説明する予定であるが，まずは論文そのものの内容について述べることにする。

2. 古典的研究の詳細

　その論文ではまず初めに，過去 80 余年にわたる獲得性失読に関する研究の
詳細かつ学術的なレビューが，特にその症例で報告されてきた多種多様な読み
のエラーに焦点を当てて行われている。研究のこの部分は，意味深く素晴らし
い観察結果ではあるが，科学的説明はほとんどなく，それゆえ謎が多い。読み

239

のエラーが典型的には単語の右側に集中する（たとえば，*obtained* を "oblong"，あるいは *beware* を "because" と読む）患者がいる一方で，単語の左側がエラーの対象になる（たとえば，*light* を "night"，*gnome* を "income" と読む）患者がいるのはなぜなのか。刺激語中の文字すべては反応語中に含まれているのに位置が間違っているというようなタイプのエラー（*broad* を "board" と読む）の原因は何なのか。一部の患者は印字された単語を全体として即時かつ自動的に認知することができないため，音読するために書記素－音素規則による音声化に頼らなければならず，その結果として，*island* を "iz-land" と読むような不規則なスペルの単語でエラーが生じるが，それはなぜか。そして，最後に，音読時の意味的エラーを引き起こす原因としてどのようなものがあり得るか。たとえば，患者は単語を一語提示され声に出して読むのに十分な時間が与えられても，*garden* を "flowers" と，*little* を "small" と，*wed* を "marry" と読むというような，意味的に関連する読みのエラーを犯す。

Marshall と Newcombe は，2つのことを行ってこのほとんどカオスといえる状態に秩序を与えた。1つは，獲得性失読は単一の等質な状態ではなく，特にエラータイプというようなその特徴的な症状が異なる，明確な獲得性失読のサブタイプが存在すると主張したことであった。もう1つは，健常者の読みのプロセスのモデルを用いてさまざまな特徴的症状を解釈し，これらのサブタイプのそれぞれについての説明を提示したことであった。すなわち，獲得性失読のさまざまなサブタイプを，モデルにおけるさまざまな処理コンポーネントの障害と対応づけたのである。

(1) 獲得性失読の3つのサブタイプ

Marshall と Newcombe はその論文の中で，脳損傷による読みの障害をもつ6人の男性のデータを報告している。6人中5人は第二次世界大戦での兵役（彼らは負傷してから約25年後に検査されていた）によりミサイル傷を脳の左半球に負っていた。残りの1人は読みの検査を受ける2か月前に交通事故で閉鎖性頭部外傷を負っていた。

獲得性失読が等質な状態ではないなら，患者群のメンバーのデータの平均値

を算出することには何の意味もない（むしろ，誤解を招く）であろう。必要なのは，個々の患者を個別に研究することである。そのため，この種の研究は集団研究アプローチではなく，単一事例研究アプローチをとる必要がある。そして，獲得性失読のさまざまなサブタイプが読みのシステムのモデルにおけるさまざまな処理コンポーネントの障害によるものであるということが正しければ，以下のことが重要となる。第1に，読みの検査をするにあたってさまざまな心理言語学的変数（たとえば，具体性，品詞，文字の紛らわしさ）を操作することが重要である。これらのさまざまな変数は，読みのシステムにおけるさまざまな処理コンポーネントに影響するからである。第2に，患者が犯す読みのエラーのタイプを注意深く分析することが重要である。最後に，どの心理言語学的変数が特定の患者の読みに影響し，どの心理言語学的変数が影響しないのかといった詳細な特徴を得たいのであれば，読みの検査はできる限り広範囲であることが必須である。Marshall と Newcombe の患者の1人は4000語以上の読みの検査を，5年以上にわたって受けた。この論文にみられる彼らの研究の4つの特徴，すなわち単一事例研究アプローチ，理論に基づいた刺激変数の選択，エラータイプの詳細な分析，患者に対する非常に広範な検査は，**認知神経心理学**〔cognitive neuropsychology〕として知られるようになる学問の典型的な研究の型の特徴である。この学問の性質については，さらに後に述べる。

　この論文において，Marshall と Newcombe は，獲得性失読の3つのサブタイプを定義した。そして，彼らがこれら6人の患者のデータを報告することにした理由は，それぞれの患者がこれらのサブタイプのうちの1つ（それぞれのサブタイプあたり2人の患者）を示していたためであった。

　患者のうちの2人，G. R. と K. U. は，Marshall と Newcombe が**深層失読**〔deep dyslexia〕と名づけた獲得性失読のサブタイプの例である。これは，音読時に意味的エラーがみられる獲得性失読のサブタイプである。G. R. は *city* を "town" と読むようなエラーを犯し，K. U. は *diamond* を "necklace" と読むようなエラーを犯していた。これらの患者が示した症状はこれだけではない。*shallow* を "sparrow" と読むような視覚的エラーや，*strength* を "strong" と読むような形態論的エラーも認められた。そして，彼らの読みの正確性は具体性（具体的

な名詞は抽象的な名詞よりよく読める）や品詞（内容語は機能語よりよく読める）の影響を受けた。この深層失読についての最初の報告以来，獲得性失読のこのサブタイプに関する非常に多くの研究が行われてきた。それは，本のタイトルとなっており（Coltheart, Patterson, & Marshall, 1980），また Google Scholar での検索では "deep dyslexia" という言葉で 2014 年 3 月 12 日に 4700 件以上ヒットした。

　別の 2 人の患者，J. C. と S. T. は，Marshall と Newcombe が**表層失読**〔surface dyslexia〕と名づけた獲得性失読のサブタイプの例である。これらの患者は単語を音読しようとするとき，しばしば全体的に直接単語を認知できないようにみえる。その代わり，単語の音韻的な断片を書記素−音素規則を用いて組み立てなければならないようにみえる。そのため，この規則に反する単語で，*listen* を "Liston" と読むエラー（ここで J. C. は「それはボクサーだ」と注釈を行った）や，*island* を "iz-land" と読むエラーを犯した。また，間違った強勢のつけ方がみられ，第 2 シラブルに強勢をつけるのが正しい *begin* や *omit* に対して第 1 シラブルに強勢をつけて読んだ。獲得性失読のサブタイプとして Marshall と Newcombe が確認して以来，表層失読に関してはかなりの研究が行われてきた。それは，本のタイトルとなっており（Patterson, Marshall, & Coltheart, 1985），また Google Scholar での検索では "surface dyslexia" という言葉で 2013 年 12 月 25 日に 5500 件以上ヒットした。

　残りの 2 名の患者，J. L. と A. T. は，Marshall と Newcombe が**視覚性失読**〔visual dyslexia〕と名づけた獲得性失読のサブタイプの例である。この獲得性失読の第 3 のサブタイプは他の 2 つのものほど明確に記述されているわけでも，詳細に記述されているわけでもなかった。特徴的な読みのエラーは，視覚的なエラーであるが，著者たちがその言葉をどういう意味で用いているのかははっきりしない。*dug* を "bug"（J. L.）あるいは *lit* を "hit"（A. T.）と読むようなエラーからすると，ある文字が他の視覚的に類似する文字と間違って同定される（*d* を *b*，*l* を *h*）という意味での視覚的エラーと捉えることができるかもしれない。しかし，*was* を "saw" あるいは *rut* を "tug"（J. L.）や *broad* を "board" あるいは *angel* を "angle"（A. T.）と読むようなエラーはそのような文字同定という意味での視覚的エラーではない。これらのエラーは，文字

そのものは正しく同定できているが，その位置の処理が間違うことによるものである。したがって，これら2つの明らかに異なるタイプのエラーのどちらが視覚性失読というサブタイプを定義することになるのかはっきりしない。MarshallとNewcombeの示した特徴をもつ視覚性失読に関する研究がこれまでほとんど公刊されてこなかったのは，この曖昧さのためであろう。おそらく，半ダースほどの論文が公刊されている程度である。実際，Shallice & Rosazza（2006）は近年，これを「忘れられた視覚性失読」と呼んでいる。Coltheart & Kohnen（2012）はさらに突っ込んで，最近発見された獲得性失読の複数のサブタイプを考えると，視覚性失読と推定される事例はすべて，これらの新しいサブタイプのいずれかに分類することができるので，「視覚的失読」というサブタイプは必要ないことを示唆している。

(2) 健常者の読みのモデルを用いた獲得性失読のサブタイプの解釈

3つのサブタイプの特徴を記述した後，続いてMarshallとNewcombeはそれぞれについて理論的解釈を行った。「私たちは失読症におけるエラーを健常者の読みのプロセスの**機能的分析**〔functional analysis〕によって解釈する」（Marshall & Newcombe, 1973, p.188）と記しているが，このことは彼らが健常者の読みのプロセスが実際どのようなものなのかを示すモデルを提案しなければならないことを意味していた。彼らが提案したモデルは，図15.1のとおりである。

このモデルの基本的な特徴は，視覚（コンポーネントA）から構音（コンポーネントE）に至る2つのルート，すなわち印字から音声への2つのルートが存在するという点である。音韻的アドレスコンポーネントを経由し，意味的アドレスコンポーネントを用いないABDTEルートと，意味的アドレスコンポーネントを経由し，音韻的アドレスコンポーネントを用いないABCTEルートである。そのため，読みの二重ルートモデルとなる。これはMarshallとNewcombeの論文の主たる貢献の1つである。なぜなら，読みのシステムの機能的アーキテクチャを考える際に二重ルートで考えることは，今や読みの理論家たちの間で異論なく受け入れられており，この考え方はMarshallと

15章 言語の神経心理学

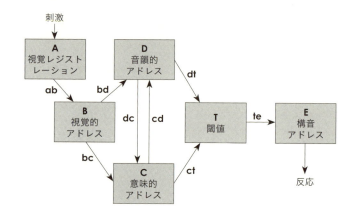

図 15.1 Marshall & Newcombe (1973) によって提案された読みの二重ルートモデル

Newcombe の論文がその端緒だからである[1]。現在の読みのモデルに関する理論家たちは，2つの読みのルートのそれぞれがどのように働くと考えるかに関して大いに意見を異にはしているものの，2つのルートが存在することについては全員同意している。さらに，読みに関するどのモデルでも獲得性失読の各サブタイプが生じる理由を説明しなければならないという必要性からこの幅広いコンセンサスが得られているという側面があることについても広く支持されている。

Marshall と Newcombe の次の作業は，このモデルを用いて獲得性失読の3つのサブタイプを解釈することであった。Marshall と Newcombe が行ったように，健常者の認知処理のモデルを用いて障害を受けた認知処理のパターンを解釈するということは，時の試練に耐えてきた冒険的な企て（それが認知神経心理学の基礎である）であるが，彼らによる獲得性失読の3つのサブタイプに対する解釈の詳細は時の試練に耐えるものではなかった，と私は議論する予定である。

原注●1 読みの二重ルートの考え方は，同じ年に Forster & Chambers (1973) によってこれとは別に提案されている。

２. 古典的研究の詳細

　まず，視覚性失読についてである。Marshall と Newcombe がこの形態の獲得性失読に対してモデルに基づく解釈を行った結果提示したものは，文字混同効果〔letter-confusability effects〕に関する考察だけであった。しかしながら，視覚性失読における障害がコンポーネント B（視覚的アドレスコンポーネント）にあると彼らが考えていたということは，明確には述べられていないものの，推し量ることはできる。そして，モデルにおけるそのコンポーネントの単一の障害によって *lit* を "hit" と間違うタイプのエラーと同時に *broad* を "board" と間違うタイプのエラーがどのようにして生じるのか考えるのは困難である。

　次に，深層失読についてである。意味的エラーは，「コンポーネント C 内で生じる」（Marshall & Newcombe, 1973, p.193）。一見すると，このことは深層失読ではコンポーネント C に障害を受けていると述べているようにみえるが，それは Marshall と Newcombe が実際に意味したこととは異なる。彼らの見解は，システム全体が損傷を受けていない場合であってもコンポーネント C 内の意味的アクセスが本質的に不正確（彼らは「不安定〔unstable〕」という言葉を用いている）であるというものであった。*strength* を "strong" と間違うような形態的エラーは，コンポーネント B の障害に帰属されている。おそらくこれは視覚的エラーの説明でもあるだろう。経路 b d も深層失読において障害を受けていなければならない。というのは，もしそうでなければ正しい音読反応が可能となり，起こり得る意味的エラーが阻止される可能性があるからである。品詞や具体性の効果に関してモデルに基づく説明はまったく提示されていない。

　深層失読に関するこの分析には多くの問題がある。個別の問題としては次のものがある。すなわち，健常な言語処理システムにおいてさえ意味的アドレスコンポーネントが本質的に不正確であるならば，そして彼らが論じているようにそれがモダリティに依存しないならば，健常な実験参加者では間違わずに絵の命名ができるという現象はどのようにして生じ得るのであろうか。絵が絵認知→意味→音韻という経路を経て命名されることについては極めて一般的な合意がある。もしそうなら，そして健常な意味へのアクセスが本質的に意味的に不正確なのであれば，深層失読の患者が音読時に犯す意味的エラーに類似した絵の命名における意味的エラーを健常者も犯すはずである。しかし，実際には

245

そのようなことは生じない。

　より全般的な問題としては次のものがある。すなわち，視覚的エラーや形態的エラーは視覚コンポーネント B の障害によって起こり，意味的エラーは経路 b d に障害があり意味コンポーネント C が本質的に意味的に不正確であることによって起こるとするならば，これらは 2 つの独立した要因であるため独立して生じるはずである。特に，音読において多くの意味的エラーを犯すが，視覚的あるいは形態的エラーは犯さない患者がいるはずである。しかし，このパターンは獲得性失読の症例で報告されたことはない（Coltheart, 1980a）。このような結果や，その他の乖離を見いだせない（意味的エラーを犯すが品詞あるいは具体性の効果は示さない患者を観察できないような）ことのために，深層失読は（Marshall と Newcombe が論じたように）健常な左半球システムが障害を受けた状態での読みではなく，未発達で障害を受けていない右半球の読みシステムを用いた読みであるという，1970 年代終わりに Eleanor Saffran や私によって別々に行われた根本的な示唆へとつながった。後の脳研究はこの右半球説を支持した経緯がある。この仮説が正しければ，深層失読は他のすべての既知の獲得性失読のサブタイプとは異なり，健常な読みプロセスのモデルとは無関係ということになる。

　最後に，Marshall と Newcombe の行った，モデルに基づく表層失読の解釈について考察する。彼らによる 2 人の表層失読患者のデータをより詳細に検討すれば，それを自分たちのモデル（すなわち，図 15.1）が健常な読みのモデルとして不十分であることを示すために使えたであろうし，その結果として自分たちのモデルを改良することもできたであろうと考えられる。

　言及すべき第 1 のポイントは，図 15.1 中の「アドレス」という用語が単語表象のシステムを指すことになっている点である。「その図は次のことを示している。すなわち，個々の単語の読みにおいて，視覚的アドレス（B）は一次視覚レジスターにおける刺激項目と連合されていなければならず，（そして）次に音韻的アドレス（D）と意味的アドレス（C）の両方は個々の視覚的アドレスと連合されていなければならない……」（Marshall & Newcombe, 1973, p.188）。この結果，経路 b d の機能は視覚システム B における単語固有の表象から音韻システム D における単語固有の表象を活性化させることであるとい

うことになる。

言及すべき第2のポイントは，Marshall と Newcombe は経路 bd の特徴の記述において首尾一貫していない点である。彼らは，その経路が書記素－音素変換経路であることをも求めているからである。それが彼らの表層失読の理解の仕方である。「機能的経路 bc が通常用いられない場合（視覚的アドレス→意味的アドレス），書記素－音素対応規則と推定されるもの（経路 bd）によって読むことが必要となるだろう」。そして，彼らは書記素－音素規則システムだけではすべての英単語に対する正しい反応を生じさせることはできないと指摘することによって，多くの後続の研究の機先を制しさえしている。なぜならどのようなシステムにもあるように，多くの英単語はこの規則を破っている。これらが英語における不規則語あるいは例外語である。

そのため，経路 bd が単語固有のものであるとするならば，そして書記素－音素経路が必要であるならば，このモデルに書記素を表象する視覚的コンポーネント（これはコンポーネント B とは異なる）と音素を表象する音韻的コンポーネント（これはコンポーネント D とは異なる），さらにこれらの間の連絡経路を加えなければならない。これがなければ，表層失読における *listen* を "Liston"と *island* を "iz-land" と読み間違うような規則化エラーを解釈する手段がないばかりでなく，健常な読み手が非単語を音読できる理由を説明することもできない。この点について，二重ルートモデルの他の発案者である Forster とChambers がはっきり主張している。彼らは，印字から音声への2つのルートは書記素－音素変換ルートと辞書探索ルート〔dictionary lookup route〕であるとした。その一方で，Forster と Chambers は，印字された単語からその意味を探索する辞書探索と印字された単語からその音韻を探索する辞書探索とを区別しなかったが，Marshall と Newcombe はこれらを区別した（経路 bc と経路 bd との区別という形で）。二重ルートモデルは過去40年にわたって発展してきたので，これらの考えの両方が組み入れられ，図 15.2（Coltheart,Rastle, Perry, Langdon, & Ziegler, 2001）に示したような二重ルートモデルの最新版となった。そこでは，Marshall と Newcombe の経路 bd と bc だけでなく，Forster & Chambers（1973）における書記素－音素経路も含まれている。

247

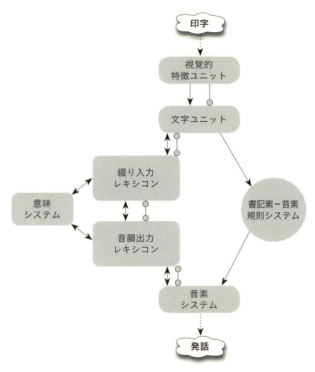

図 15.2　読みの二重ルートモデル（Coltheart et al., 2001）

3. 古典的研究の影響と批評

　認知心理学における過去 40 年にわたる数多くの成果が，Marshall と Newcombe の草分け的な論文から直接生まれたと認めることができる。私はまず，これらのうちの最も顕著なものについて考察する。

(1) 他の獲得性失読のサブタイプの発見——そして獲得性書字障害のサブタイプの発見

　印字から音韻への単語固有の（すなわち，語彙的）ルートと，印字から音韻への書記素−音素規則に基づく非語彙的ルートの間の区別（この区別について

は表層失読に関する Marshall と Newcombe の研究が示唆を与えたといえる）
が行われるとすぐさま，語彙的な単語固有ルートは健常であるが非語彙的な書
記素−音素規則ルートに障害を受けている獲得性失読の型があり得るのかとい
う疑問がその区別によって浮かび上がってくる。そのような障害によって，単
語を上手に読むことはできる（不規則なスペルの単語を含む）が，非単語の読
みができない患者を生み出すことになるであろう。この獲得性失読の型は，時
宜にかなうように Dérouesné & Beauvois（1979）によって報告された。それ
は音韻性失読として知られており，それ以来このサブタイプの事例が数多く報
告されている[2]。単一事例アプローチ，モデルに基づく検査材料の選択，エラー
タイプの注意深い分析，そして各患者の詳細な検査の実施という Marshall と
Newcombe による先駆的な方法を用いた，獲得性失読に関するさらなる研究
によって，さらにその他のサブタイプが見いだされた。最近のレビューにおい
て，Coltheart & Kohnen（2012）は獲得性失読の 8 つの異なるサブタイプが
文献に記されていると述べている。

　次に，図 15.2 のモデルを逆方向に走らせるとしよう。すなわち，入力とし
て音素系列を提示し出力として文字列を要求するとしよう。そして，書記素−
音素規則が反対方向にも働く（すなわち，音素を書記素に変換できる）としよ
う。このとき，そのモデルが実行するのは単語を綴ることになる。実際，私た
ちは単語を綴る二重ルートモデルをもっている。そのモデルでは，単語固有の
情報を備えた辞書で綴りを探索する手続きと，音素−書記素規則を用いる手続
きという 2 つの手続きを用いて音素列を文字列に変換しているのである。確
かに，そのような単語を綴る二重ルートモデルはこれまで提案されてきた（た
とえば Shallice, 1981 を参照）。そして，もし人の綴りの実行の仕方をこのよ
うに記述できるのであれば，異なった類の脳損傷では異なった様式で単語を綴

原注[2]　Crisp & Lambon Ralph（2006）は，音韻性失読と深層失読は獲得性失読の異なるタイプと
　　　見なさず，獲得性失読という単一の連続的系列上のそれぞれの点と見なしたほうがよいと主
　　　張した。しかしながら，音読において意味的エラーを犯す患者のすべてが定義により深層失
　　　読に分類され，音読において意味的エラーを犯さないが非単語の読みに障害のある患者のす
　　　べてが定義により音韻性失読に分類されているので，この分類上の区分は十分はっきりして
　　　いる。

249

る障害が生じる可能性があると予測できることになる。すなわち，**獲得性書字障害**〔acquired dysgraphia〕のサブタイプが存在することになるのである。脳損傷によって単語の綴りに障害を受けた患者の単一事例研究はそのとおりになることを示してきた。書字障害の患者の中には音素と書記素の関係が規則的な単語は正しく綴ることができるが，"blood" を綴るように求められると *blud* と書く。このような場合は，**表層性書字障害**〔surface dysgraphia〕と呼ばれる。また，音素と書記素の関係が不規則な単語も含めて正しく単語を綴ることができるが，簡単な非単語を綴ることができない書字障害の患者もいる。このような場合は，**音韻性書字障害**〔phonological dysgraphia〕と呼ばれる。さらにそれ以外の書字障害患者は，"chipmunk"〔シマリス〕が口頭で提示されると *squirrel*〔リス〕と書くような口述書き取り時の意味的エラーを犯す。このような場合は，**深層性書字障害**〔deep dysgraphia〕と呼ばれる。これらのさまざまな獲得性書字障害のサブタイプは Coltheart & Kohnen（2012）でレビューされている。このように，Marshall と Newcombe のアプローチは読みの障害の研究だけでなく，単語を綴ることの障害の研究に対しても知見を提供してきたことになる。

（2）これらの方法の発達性失読や書字障害の研究への応用

　熟練した読み手や書き手が用いる心的な情報処理システムが多要素システム（図 15.1 や図 15.2 で表現されたように）であるならば，子どもが読むことや綴ることを学習する場合，当該の多要素システムのうちの個々のコンポーネントを学習していることになる。このことからすると，読み（あるいは綴り）の学習が困難な子どもの場合，その困難はそのシステムの特定のコンポーネントの獲得だけに限定されていて，その他のコンポーネントは通常の道筋で獲得されている可能性も考えられる。たとえば，読みのシステムの書記素－音素規則コンポーネントの学習に限定して困難をもつというような**発達性音韻性失読**〔developmental phonological dyslexia〕と呼ぶことのできる発達性失読の 1 つのサブタイプがあるだろうか。また，綴り全体をひとかたまりとして単語を認知する学習やその単語固有の綴り表象をその単語全体の音韻的形態へとマッピン

250

グすることに限定して困難をもつというような**発達性表層失読**〔developmental surface dyslexia〕と呼ぶことのできる発達性失読のもう1つのサブタイプがあるだろうか。Marshallはそう考え，彼の学生のJane HolmesやChristine Templeとともにこの見解に対する証拠を提出した。そして，その見解は後続の諸研究において確認されてきたのである。そのため，発達性失読は獲得性失読と同様に一様なものではない。また，発達性書字障害に関する同様の研究によって，発達性書字障害は獲得性書字障害と同様に一様なものではないことが示された。すなわち，発達性失読や発達性書字障害にもサブタイプが存在するのである（発達性失読と発達性書字障害のサブタイプについての簡潔なレビューはColtheart & Kohnen, 2012を参照）。

(3) 視覚的単語処理を超えて他の認知の基礎的領域へ：認知神経心理学

認知システムのモジュール型モデリングというものが，読みと綴りに適用できるだけでなく，すべての基本的な認知プロセスのモデリングにまでかなり広く適用できるならば，MarshallとNewcombeが獲得性失読の理解に用いたアプローチを拡張して，健常な処理についてのそれなりのモジュール型モデルが存在するすべての基礎的な認知プロセスの獲得性障害の理解にそれを用いることができるだろう。MarshallとNewcombeの論文に刺激された多くの研究者がまさにこの種の研究を認知のさまざまな基礎的領域で行い始め，このタイプの研究に対してまもなく**認知神経心理学**〔cognitive neuropsychology〕という名称が与えられた。認知神経心理学は，認知の障害をもった患者のケース・スタディによるデータを用いて健常者の認知についてより多くの知見を得，また健常者の認知のモデルを用いて認知の障害をもった患者のケース・スタディによるデータを理解しようとするものである。MarshallとNewcombeは読みの障害についてまさにこのことを行ったのである。

認知神経心理学者は通常，脳損傷患者を研究しており，さらに"cognitive neuropsychology"という用語中の"neuro"という接頭辞によって受ける印象にもかかわらず，認知神経心理学は脳に関する学問ではなく，認知の情報処

理モデルについての学問である。もちろん，多くの科学者が認知を支える神経構造に興味をもっており，認知の獲得性障害をもった患者の脳の究明はそのような興味を追究する1つの明確な方法である。しかし，それは認知神経心理学ではなく，認知神経科学である。これら2つの異なる学問領域は時として混同される。

Marshall と Newcombe の論文が公刊された後の10年間，多くの者が認知神経心理学を始めたため，彼らの論文の発表後10年を待たず，1984年に私たちは *Cognitive Neuropsychology* という雑誌を立ち上げた。その後，この領域の古典的な教科書が1988年に刊行（Ellis と Young の *Human Cognitive Neuropsychology*）された。その本は，顔の認知，物体認知，視空間処理，発話言語の産出，発話言語の理解，読み，スペリング，記憶といった，多くの認知の基礎的領域における認知神経心理学的研究を取り扱った複数の章からなっていた。

(4) 認知の高次領域への拡張：認知神経精神医学

認知心理学の学部生向け教科書の典型的な章題となっている領域なので，私はこれまでそれらを「認知の基礎的領域」と呼んできた。それらは，認知の高次領域と対比され得る。認知の高次領域は基礎的領域に比べて認知心理学者による究明はずっと困難で，またそのために，それに関する知見はずっと少ない。これらのうちのいくつかの例として，信念形成と評価，ボディ・イメージと自分自身の身体や部位の所有感，自分自身の行為の主体感があげられる。私たちは，これらの類の認知プロセスがどのように働くのかに関してせいぜいほんの初歩的な理論しかもっていないが，脳損傷が原因でこれらの高次認知にさえ選択的な衰弱が起こり得ることは明らかである。それらの衰弱とは，妄想，幻覚，幻肢感覚，あるいは「ヒステリー」性麻痺などである。Marshall と Newcombe によって開拓された方法である認知神経心理学の方法を，これらの高次の衰弱の理解にまで適用し，そのような研究からのデータを用いてこれら高次認知能力が健常な状態ではどのように実行されているのかに関する理論の発展に用いることが可能ではないだろうか。

Marshall はそう考えた。1990年代に彼は，幻覚（Halligan, Marshall, & Ramachandran, 1994），過剰幻肢（Halligan, Marshall, & Wade, 1993），身体パラフレニア〔somatoparaphrenia〕のような妄想（自分の四肢のうちの1つが自分のものではなく他の誰かのものであるという信念——Halligan, Marshall, & Wade, 1995），および「ヒステリー」性麻痺（Marshall, Halligan, Fink, Wade, & Frackowiak, 1997）に関する認知神経心理学的研究を発表した。このタイプの認知神経心理学的研究の特徴は，研究対象となる症状が紛れもなく精神医学的なものであるということである。そして，認知障害の精神医学的諸タイプを理解するために認知神経心理学を用いることを明確にする用語をもつことは有益なことである。1996年にMarshall は Peter Halligan とともに，このような高次障害に関するさまざまなケース・スタディを記述した著書（『狂気に対する方法〔*Method in Madness*〕』，Halligan & Marshall, 1996）を出版した。その中で彼は**認知神経精神医学**〔cognitive neuropsychiatry〕という用語を用いた。それは今やこの種の研究を記述する標準的な用語になっている。認知神経精神医学という学問領域は過去20年にわたって繁栄してきており，1996年に発刊された*Cognitive Neuropsychiatry* という独自のジャーナルもある。

そのジャーナルのウェブサイトでは，認知神経精神医学は認知神経心理学の一分野であるとはっきりと述べられており，認知神経精神医学はMarshall と Newcombe に負っていることを示している。そのサイトでは，「認知神経精神医学は，器質的な脳疾患の有無にかかわらず，精神病症状を含む，心理上，行動上の異常性の根底にある認知プロセスに関する研究の促進に努める。本ジャーナルは，臨床神経精神医学や認知神経精神医学における質の高い実験的な論文や理論的な論文（原著，ショートレポート，ケース・スタディ，レビュー）を掲載する。そしてそれらは健常な認知プロセスの理解にもつながる」と記されている。

(5) 将来：統合失調症と自閉症？

Marshall & Newcombe（1973）からの1つのメッセージは，「獲得性失読」

あるいは「発達性失読」のような臨床的症候群は，同じ症候群を示すとして分類された患者群であるにもかかわらずその症候群の名称以外の共通点は何もないという場合もあるため，科学的研究の対象としては適していないというものである。研究すべきものは症候群ではなく症状である。たとえば，まさにMarshall と Newcombe が行ったのと同じく，読みにおけるある共通の症状が全員に認められる獲得性失読の患者（たとえば，全員が音読における意味的エラーを犯す）を数人選べば，これらの患者のデータを用いて，健常な読みのシステムのモデルにおける損傷という視点から意味的エラーが生じる理由を説明することができる。そして，患者の読みの困難と，健常な読みのモデルについての両方の理解が進むかもしれない。

　後に，Marshall は，研究が症候群ではなく症状に向けられねばならないもう1つの説得力のある理由をあげている。図15.1 にあるようなモデルを引き合いに，彼はどんな単純なモデルでも非常に多くの要素からなっていると指摘している。このモデルの場合は，6つの箱と8つの経路を示す矢印がある。脳損傷によってこれら14個の要素の1つだけが損傷を受けその他のすべては無傷であるということが実際にあるとしよう。もしそうであるならば，起こり得る異なるパターンの障害の数，すなわち個別の症候群の数は，$2^{14} - 1$ となる。つまり，1万6383である。私たちは，獲得性失読の1万6383に及ぶ個々の症候群どうしの区別を行いたいとは思わない。そして，たとえ区別したとしても，ある特定の症候群をもった患者に遭遇する確率は，1万6383分の1であり，2名の同じ症候群をもつ患者と遭遇する確率は，300万分の1以下であるので，それは徒労でしかない[3]。

　症候群ではなく症状を研究せよという批評がこれまで受け入れられてきた認知障害がたくさんある。しかし，2つの特筆すべき例外がある。それらは，統合失調症と自閉症である。これらの障害のどちらについても，現在ほとんどす

原注[3]　1人の獲得性失読の患者研究からもう1人の同様の患者の研究へと，どのように一般化すればよいのだろうか。その答えは，獲得性失読のすべての患者は脳損傷が生じる前の読みにおいて用いていた認知的アーキテクチャをシステムに共通してもっていると考えられていることである。ここでの一般化は，患者のデータから損傷前の認知的アーキテクチャの状態，すなわち健常な読みのシステムの状態について推論することである。

べての研究が症候群に基づいている。この領域の出版物は実験参加者のセクションで「実験参加者は，すべて統合失調症と臨床的に診断を受けた（あるいは，自閉症の場合，「自閉症と臨床的に診断を受けた」）××人」のように記述されている。これらの臨床的診断を行う最も一般的なツールは，アメリカ精神医学会の『精神疾患の診断・統計マニュアル〔Diagnostic and Statistical Manual of Mental Disorders: DSM〕』である。その最新版は，2013年に出版された『DSM-5』である。

　統合失調症の患者を診断する際のDSM-5による基準に従えば，ある人が「妄想」と「感情鈍麻」の2つの症状を示しているだけでも，統合失調症と診断するには十分である。「幻覚」と「解体した行動」の2つの症状だけでもそうである。さらに，「解体した会話」と「意欲低下（行動の始発の欠如）」の2つの症状だけでもそうである。これら3つのタイプの患者は共通する症状をもっていないが，どの統合失調症研究においてもこれら3つのタイプすべての患者が対象となり得る。もし，そのような研究における目的が，たとえば統合失調症の遺伝学的基盤，あるいは統合失調症の神経化学的基盤，または統合失調症の認知的基盤であったとしたら，そのような目的は筋が通らないことになる。妄想と感情鈍麻を引き起こす場合もあれば，幻覚と解体した行動を引き起こす場合もあり，解体した会話や意欲低下を引き起こす場合もあるような，単一の遺伝的（あるいは神経化学的，あるいは認知的）欠損というものがあり得るのであろうか。そのために，Marshall & Newcombe（1973）の視点からみたとき，症候群に基づく統合失調症の研究（それが標準なのだが）は理解できないのである。

　同じことは，自閉症でもいえる。子どもAの示す症状が「社会的状況におけるアイコンタクトと身振りの不使用,情緒的相互性の欠如,言語の発達がまったくみられない，常同的で反復的な衒奇的運動，物体の一部への持続的熱中，行動上の手順に対する柔軟性のない執着を示す」であれば，その子どもにDSM-5による自閉症の診断を下すには十分である。子どもBの示す症状が「仲間関係をつくれない，他者と注意を分かち合わない，独特の言葉の使用，会話のやりとりができない，限定された興味への没頭と社会的相互性の欠如」という先ほどとは異なるもの（多少似通ってはいるが）である場合でも，その子ど

もに DSM-5 による自閉症の診断を下すには十分である。このように，子ども A と B は共通の症状をもっていないが，彼らには同じ診断が下される。そのため，「私は自閉症の性質を研究しています」あるいは「私は自閉症の原因を研究しています」と述べたとき，研究している子どもたちすべてに共通する症状がないのであれば，そのような陳述は何を意味するのであろうか。Brock (2011) はこの問題について考察し，Marshall と Newcombe が 40 年前私たちに獲得性失読の症候群をサブタイプに分類してみせたのとまったく同じ方法で自閉症の症候群をサブタイプに分類しようと試みるという，将来の研究の可能性についても考察している。

　症候群に基づく研究から症状に基づく研究への全体的なシフトが生じるかもしれないかすかな兆候が現れつつある。世界で最も大きなメンタルヘルス研究の資金支援財団であり統合失調症や自閉症に関する非常に多くの研究に資金提供している国立精神保健研究所〔National Institutes for Mental Health: NIMH〕の所長である Thomas Insel は，2013 年 4 月 29 日にある声明を発表した (Insel, 2013)。そこでは，NIMH は今後，たとえ複数の診断群をまたぐような症状をもつ患者の場合であっても，「DSM による分類から研究を切り離すよう再方向づけ」，特定の症状に関する研究を志向させると述べている。すなわち，症状が大切なのであって，症候群は大切ではないのである。

　つまり，John Marshall と Freda Newcombe の声は，NIMH の神聖な玄関におそらく今やっと届いたのである。そしてそうであるならば，私たちはおそらく将来のある時点で，現在獲得性失読を理解しているのと同じように統合失調症と自閉症を理解しているだろう。John と Freda に感謝する。

原著者謝辞
Ken Forster, David Howard, Saskia Kohnen, Eva Marinus ならびにこの本の 2 人の編集者からは，初期の草稿に対して有益なコメントをいただいた。ここに感謝いたします。

さらに学ぶために

Coltheart, M. (2012). The cognitive level of explanation. *Australian Journal of Psychology*, **64**, 11-18.
　本章で記述されている諸タイプの認知現象に対し，認知レベルでの記述と神経レベルでの記述の両方が必要となる理由について説明している。

Coltheart, M., & Kohnen, S. (2012). Acquired and developmental disorders of reading and spelling. In M. Faust (Ed.), *Handbook of the neuropsychology of language*. Oxford, UK: Blackwell.
　現在認識されている獲得性および発達性の失読や書字障害のサブタイプについての最新のまとめ。

Coltheart, M., Langdon, R., & McKay, R. T. (2011). Delusional belief. *Annual Review of Psychology*, **62**, 271-298.
　妄想的信念は認知神経精神医学における最も進んだ領域であり（獲得性失読が認知神経心理学における最も進んだ領域であるのと同じように），この論文は妄想に関する認知神経精神医学において現在行われている研究の解説である。

Ellis, A. W., & Young, A. W. (1988). *Human cognitive neuropsychology*. Hove, UK: Psychology Press.
　認知神経心理学の全領域に関する最良の概説。

Heilman, K. H. (2006). Aphasia and the diagram makers revisited: An update of information processing models. *Journal of Clinical Neurology*, **2**, 149-162.
　認知神経心理学は19世紀後半に開花したが20世紀初頭から1960年代の終わりまでの間，ほぼ完全にその姿を消した。この論文は19世紀の認知神経心理学についての貴重な解説である。

文　献

❀1章

Adams, D. (1979). *The hitchhiker's guide to the galaxy*. London: Pan. （安原和見（訳）（2005）. 銀河ヒッチハイク・ガイド　河出書房新社）

Atkinson, R. C., & Shiffrin, R. M. (1968). Human memory: A proposed system and its control processes. In K. W. Spence & J. T. Spence (Eds.), *The psychology of learning and motivation* (Vol. 2). London: Academic Press.

Baddeley, A. D., & Hitch, G. J. (1974). Working memory. In G. H. Bower (Ed.), *Recent advances in learning and motivation* (Vol. 8, pp. 47–89). New York: Academic Press.

Bartlett, F. C. (1932). *Remembering: An experimental and social study*. Cambridge, UK: Cambridge University Press. （宇津木　保・辻　正三（訳）（1983）. 想起の心理学—実験的社会的心理学における一研究—　誠信書房）

Cherry, E. C. (1953). Some experiments on the recognition of speech with one and two ears. *Journal of the Acoustical Society of America*, **25**, 975–979.

Chomsky, N. (1957). *Syntactic structures*. The Hague/Paris: Mouton. （福井直樹・辻子美保子（訳）（2014）. 統辞構造論 付『言語理論の論理構造』序論　岩波書店）

Chomsky, N. (1959). Reviews: 'Verbal behavior by B. F. Skinner'. *Language*, **35**, 26–58.

Ebbinghaus, H. (1885/1913). *Über dan Gedächtnis*. Leipzig, Germany: Dunker. Trans. H. Ruyer & C. E. Bussenius (1913). *Memory*, New York: Teachers College, Columbia University.

Ehinger, K. A., Hidalgo-Sotelo, B., Torraiba, A., & Oliva, A. (2009). Modelling search for people in 900 scenes: A combined source model of eye guidance. *Visual Cognition*, **17**, 945–978.

Eysenck, M. W., & Keane, M. T. (2015). *Cognitive psychology: A student's handbook* (7th edn). Hove, UK: Psychology Press.

Franses, P. H. (2014). When do painters make their best work? *Creativity Research Journal*, **25**, 457–462.

Gibson, J. J. (1950). *The perception of the visual world*. Boston, MA: Houghton Mifflin. （東山篤規・竹澤智美・村上嵩至（訳）（2011）. 視覚ワールドの知覚　新曜社）

Goodale, M. A., & Milner, A. D. (1992). Separate visual pathways for perception and action. *Trends in Neuroscience*, **15**, 22–25.

Groome, D. (2014). *An introduction to cognitive psychology* (3rd edn). Hove, UK: Psychology Press.

Jones, B. F., & Weinberg, B. A. (2011). Age dynamics in scientific creativity. *Proceedings of the National Association of Sciences*, **108** (47), 18910–18914.

Kahneman, D., & Tversky, A. (1979). Prospect theory: An analysis of decision under risk.

258

Econometrica, **47**, 263–291.

Köhler, W. (1925). *The mentality of apes* (trans. Ella Winter). New York: Harcourt, Brace and World.

Lakatos, I. (2001). *The methodology of scientific research programmes.* Cambridge, UK: Cambridge University Press. （村上陽一郎・井山弘幸・小林傳司・横山輝雄（訳）（1986）. 方法の擁護―科学的研究プログラムの方法論― 新曜社）

Marr, D. (1982). *Vision: A computational investigation into the human representation and processing of visual information.* San Francisco, CA: W. H. Freeman.

Marshall, N., & Newcombe, F. (1973). Patterns of paralexia: A psycholinguistic approach. *Journal of Psycholinguistic Research*, **2**, 175–199.

McClelland, J. L., & Rumelhart, D. E. (1981). An interactive activation model of context effects in letter perception. Part 1. An account of basic findings. *Psychological Review*, **88**, 375–407.

Meiser, T. (2011). Much pain, little gain? Paradigm-specific models and methods in experimental psychology. *Perspectives on Psychological Science*, **6**, 183–191.

Mishkin, M., Ungerleider, L. G., & Macko, K. A. (1983). Object vision and spatial vision — 2 cortical pathways. *Trends in Neurosciences*, **6**, 414–417.

Newell, A., Shaw, J. C., & Simon, H. A. (1958). Elements of a theory of human problem solving. *Psychological Review*, **65**, 151–166.

Okasha, S. (2002). *Philosophy of science: A very short introduction.* Oxford: Oxford University Press.

Scoville, W. B., & Milner, B. (1957). Loss of recent memory after bilateral hippocampal lesions. *Journal of Neurology, Neurosurgery & Psychiatry*, **20**, 11–21.

Skinner, B. F. (1938). *The behaviour of organisms.* New York: Appleton-Century-Crofts.

Stroop, J. R. (1935). Studies of interference in serial verbal reactions. *Journal of Experimental Psychology*, **18**, 643–662.

Tolman, E. C. (1932). *Purposive behaviour in animals and men.* New York: Century.

Tolman, E. C. (1948). Cognitive maps in rats and men. *Psychological Review*, **55**, 189–208.

Tulving, E. (1972). Episodic and semantic memory. In E. Tulving & W. Donaldson (Eds.), *Organisation of memory.* London: Academic Press.

Tulving, E. (1983). *Elements of episodic memory.* Oxford: Clarendon Press. （太田信夫（訳）（1985）. タルヴィングの記憶理論―エピソード記憶の要素― 教育出版）

Tulving, E., & Thomson, D. M. (1973). Encoding specificity and retrieval processes in episodic memory. *Psychological Review*, **80**, 352–373.

Tversky, A., & Kahneman, D. (1974). Judgment under uncertainty: Heuristics and biases. *Science*, **185**, 1124–1130.

Watson, J. B. (1913). Psychology as the behaviourist views it. *Psychological Review*, **20**, 158–177.

Wertheimer, M. (1912). Experimentelle Studien über das Sehen von Bewegung. *Zeitschrift für Psychologie*, **61**, 161–265.

2章

Allport, D. A., Antonis, B., & Reynolds, P. (1972). On the division of attention: A disproof of the single channel hypothesis. *Quarterly Journal of Experimental Psychology*, **24**, 225–235.

Baars, B. J. (1997). *In the theatre of consciousness: The workspace of the mind.* New York: Oxford University Press. (苧阪直行（監訳）（2004）. 脳と意識のワークスペース 協同出版）

Broadbent, D. E. (1958). *Perception and communication.* Oxford: Pergamon Press.

Cherry, E. C. (1953). Some experiments on the recognition of speech with one and two ears. *Journal of the Acoustical Society of America*, **25**, 975–979.

Dawson, M. E., & Schell, A. M. (1982). Electrodermal responses to attended and non-attended significant stimuli during dichotic listening. *Journal of Experimental Psychology: Human Perception and Performance*, **8**, 315–324.

Driver, J. (2001). A selective review of selective attention research from the past century. *British Journal of Psychology*, **92**, 53–78.

Ehinger, K. A., Hidalgo-Sotelo, B., Torraiba, A., & Oliva, A. (2009). Modelling search for people in 900 scenes: A combined source model of eye guidance. *Visual Cognition*, **17**, 945–978.

Eysenck, M. W., & Keane, M. T. (2010). *Cognitive psychology: A student's handbook* (6th edn). Hove, UK: Psychology Press.

Harley, T. A. (2013). *The psychology of language: From data to theory* (4th edn). Hove, UK: Psychology Press.

Horton, C., D'Zmura, M., & Srinivasan, R. (2013). Suppression of competing speech through entrainment of cortical oscillations. *Journal of Neurophysiology*, **109**, 3082–3093.

James, W. (1890). *The principles of psychology.* New York: Holt, Rinehard & Winston.

Kurt, S., Deutscher, A., Crook, J. M., Ohl, F. W., Budinger, E., Moeller, C. K., Scheich, H., & Schulze, H. (2008). Auditory cortical contrast enhancing by global winner-take-all inhibitory interactions. *PLoS One*, **3**, 317–335.

Lachter, J., Forster, K. I., & Ruthruff, E. (2004). Forty-five years after Broadbent: Still no identification without attention. *Psychological Review*, **111**, 880–913.

Lien, M.-C., Ruthruff, E., Kouchi, S., & Lachter, J. (2010). Even frequent and expected words are not identified without spatial attention. *Attention, Perception, & Psychophysics*, **72**, 973–988.

Melloni, L., Molina, C., Pena, M., Torres, D., Singer, W., & Rodriguez, E. (2007). Synchronisation of neural activity across cortical areas correlates with conscious perception. *Journal of Neuroscience*, **27**, 2858–2865.

Mesgarani, N., & Chang, E. F. (2012). Selective cortical representation of attended speaker in multi-talker speech perception. *Nature*, **485**, 233–U118.

Miller, G. A. (1956). The magic number seven, plus or minus two: Some limits on our capacity for processing information. *Psychological Review*, **63**, 81–93.

Shamma, S. A., Elhilali, M., & Micheyl, C. (2011). Temporal coherence and attention in auditory scene analysis. *Trends in Neurosciences*, **34**, 114–123.

Shen, W., Olive, J., & Jones, D. (2008). Two protocols comparing human and machine phonetic discrimination performance in conversational speech. *INTERSPEECH*, 1630–1633.

Sperling, G. (1960). The information that is available in brief visual presentations. *Psychological Monographs*, **74** (Whole No. 498), 1–29.

Treisman, A. (1964). Verbal cues, language and meaning in selective attention. *American Journal of Psychology*, **77**, 206–219.

Underwood, G. (1974). Moray vs. the rest: The effect of extended shadowing practice. *Quarterly Journal of Experimental Psychology*, **26**, 368–372.

Von Wright, J. M. (1970). On selection in visual immediate memory. In A. F. Sanders (Ed.), *Attention and performance* (Vol. III, pp. 280–292). Amsterdam: North Holland.

Von Wright, J. M., Anderson, K., & Stenman, U. (1975). Generalisation of conditioned G.S.R.s in dichotic listening. In P. M. A. Rabbitt & S. Dornic (Eds.), *Attention and performance* (Vol. V). London: Academic Press.

Woodworth, R. S. (1938). *Experimental psychology*. London: Methuen.

❀ 3 章

Bruce, V., Green, P., & Georgeson, M. (2003). *Visual Perception* (4th edn, and earlier editions too). Hove, UK: Psychology Press.

Charles, E. P. (2011). *A new look at New Realism: The psychology and philosophy of E. B. Holt*. New Brunswick, NJ: Transaction.

Crombie, A. C. (1964). Kepler: De Mondo Visionis. In *Melange Alexandre Koyre L'Aventure de la Science* (pp 135–172). Paris: Hermann.

Geisler, W. S. (2008). Visual perception and the statistical properties of natural scenes. *Annual Review of Psychology*, **59**, 167–192.

Gibson, J. J. (1947). *Motion picture testing and research*. AAF Aviation Psychology Research Report, No. 7. Washington, DC: Government Printing Office.

Gibson, J. J. (1950). *The perception of the visual world*. Boston, MA: Houghton Mifflin.（東山篤規・竹澤智美・村上嵩至（訳）(2011)．視覚ワールドの知覚　新曜社）

Gibson, J. J. (1966). *The senses considered as perceptual systems*. Boston, MA: Houghton Mifflin.（佐々木正人・古山宣洋・三嶋博之（監訳）(2011)．生態学的知覚システム―感性をとらえなおす―　東京大学出版会）

Gibson, J. J. (1967). Autobiography. Reprinted (pp. 7–22) in E. Reed & R. Jones (1982 eds), *Reasons for Realism*. Hillsdale, NJ: Lawrence Erlbaum Associates.

Gibson, J. J. (1979). *The ecological approach to visual perception*. Boston, MA: Houghton Mifflin.（古崎　敬・古崎愛子・辻　敬一郎・村瀬　旻（訳）(1985)．生態学的視覚論―ヒトの知覚世界を探る―　サイエンス社）

Gibson, J. J., & Crooks, L. E. (1938). A theoretical field analysis of automobile-driving.

American Journal of Psychology, **51**, 453–471.

Hayhoe, M. M., Shrivastava, A., Mruczek, R., & Pelz, J. B. (2003). Visual memory and motor planning in a natural task. *Journal of Vision,* **3**, 49–63.

Land, M. F., & Lee, D. N. (1994). Where we look when we steer. *Nature,* **369**, 742–744.

Land, M. F., & Tatler, B. W. (2001). Steering with the head: the visual strategy of a racing driver. *Current Biology,* **11**, 1215–1220.

Land, M. F., Mennie, N., & Rusted, J. (1999). The roles of vision and eye movements in the control of activities of daily living. *Perception,* **28**, 1311–1328.

Lee, D. N. (1980). The optic flow field: The foundation of vision. *Philosophical Transactions of the Royal Society of London,* **290**, 169–179.

Lee, D. N., & Reddish, P. E. (1981). Plummeting gannets: A paradigm of ecological optics. *Nature,* **293**, 293–294.

Lee, D. N., Young, D. S., Reddish, P. E., Lough, S., & Clayton, T. M. H. (1983). Visual timing in hitting an accelerating ball. *Quarterly Journal of Experimental Psychology,* **35A**, 333–346.

Lishman, J. R., & Lee, D. N. (1973). The autonomy of visual kinaesthesis. *Perception,* **2**, 287–294.

Marr, D. (1982). *Vision: A computational investigation into the human representation and processing of visual information.* San Francisco, CA: W. H. Freeman.

Michaels, C., & Carello, C. (1981). *Direct perception.* Englewood Cliffs, NJ: Prentice Hall.

Neisser, U. (1976). *Cognition and reality.* San Francisco, CA: W. H. Freeman. (古崎　敬・村瀬　旻（訳）(1978).　認知の構図—人間は現実をどのようにとらえるか—　サイエンス社)

Osorio, D., & Vorobyev, M. (1996). Colour vision as an adaptation to frugivory in primates. *Proceedings of the Royal Society of London,* **B263**, 593–599.

Parraga, C. A., Troscianko, T., & Tolhurst, D. J. (2002). Spatiochromatic properties of natural images and human vision. *Current Biology,* **12**, 483–487.

Reed, E., & Jones, R. (1982). *Reasons for realism: Selected essays of J. J. Gibson.* Hillsdale, NJ: Lawrence Erlbaum Associates.

Regan, B. C., Julliot, C., Simmen, B., Vienot, F., Charles-Dominique, P., & Mollon, J. D. (2001). Fruits, foliage and the evolution of primate colour vision. *Philosophical Transactions of the Royal Society of London,* **B356**, 229–283.

Rothkopf, C. A., Ballard, D. H., & Hayhoe, M. M. (2007). Task and context determine where you look. *Journal of Vision,* **7** (14), 16, 1–20.

Simoncelli, E. P., & Olshausen, B. A. (2001). Natural image statistics and neural representation. *Annual Review of Neuroscience,* **24**, 1193–1216.

Sinai, M. J., Ooi, T. L., & He, Z. J. (1998). Terrain influences the accurate judgement of distance. *Nature,* **395**, 497–500.

Tadmor, Y., & Tolhurst, D. J. (2000). Calculating the contrasts that retinal ganglion cells and LGN neurons encounter in natural scenes. *Vision Research,* **40**, 3145–3157.

Tatler, B. W., Hayhoe, M. M., Land, M. F., & Ballard, D. H. (2011). Eye guidance in natural vision: Reinterpreting salience. *Journal of Vision*, **11** (5), article 5. DOI: 10.1167/11.5.5.

Wade, N. J. (1998). *A natural history of vision*. Cambridge, MA: The MIT Press.

Wann, J. P. (1996). Anticipating arrival: Is the tau margin a specious theory? *Journal of Experimental Psychology: Human Perception and Performance*, **22**, 1031–1048.

❀ 4 章

Frisby, J. P., & Stone, J. V. (2010). *Seeing: The computational approach to biological vision*. Cambridge, MA: The MIT Press.

Hayward, W. G. (2003). After the viewpoint debate: where next in object recognition? *Trends in Cognitive Sciences*, **7** (10), 425–427.

Hubel, D. H., & Wiesel, T. N. (1959). Receptive fields of single neurons in the cat's striate cortex. *Journal of Physiology*, **148**, 574–591.

Marr, D. (1982). *Vision: A computational investigation into the human representation and processing of visual information*. San Francisco, CA: W. H. Freeman.（乾　敏郎・安藤広志（訳）(1987). ビジョン―視覚の計算理論と脳内表現― 産業図書）

Marr, D., & Poggio, T. (1976). From understanding computation to understanding neural circuitry. *MIT AI Memo*, 357.

Morgan, M. J. (2011). Features and the 'primal sketch'. *Vision Research*, **51** (7), 738–753.

Pollard, S. B., Mayhew, J. E., & Frisby, J. P. (1985). PMF: A stereo correspondence algorithm using a disparity gradient limit. *Perception*, **14** (4), 449–470.

Pouget, A., Dayan, P., & Zemel, R. (2000). Information processing with population codes. *Nature Reviews Neuroscience*, **1** (2), 125–132.

Quiroga, R. Q. (2012). Concept cells: The building blocks of declarative memory functions. *Nature Reviews Neuroscience*, **13** (8), 587–597.

Stevens, K. A. (2012). The vision of David Marr. *Perception*, **41** (9), 1061–1072.

Tsotsos, J. K. (1990). Analyzing vision at the complexity level. *Behavioral and Brain Sciences*, **13**, 423–469.

Warren, W. H. (2012). Does this computational theory solve the right problem? Marr, Gibson, and the goal of vision. *Perception*, **41** (9), 1053–1060.

❀ 5 章

Aglioti, S., DeSouza, J. F., & Goodale, M. A. (1995). Size-contrast illusions deceive the eye but not the hand. *Current Biology*, **5**, 679–685.

Bridgeman, B., Kirch, M., & Sperling, A. (1981). Segmentation of cognitive and motor aspects of visual function induced motion. *Perception & Psychophyscs*, **29**, 336–342.

Culham, J. C., Danckert, S. L., DeSouza, J. F. X., Gati, J. S., Menon, R. S., & Goodale, M. A. (2003). Visually guided grasping produces fMRI activation in dorsal but not ventral stream brain areas. *Experimental Brain Research*, **153** (2), 180–189.

Dijkerman, H. C., Milner, A. D., & Carey, D. P. (1998). Grasping spatial relationships: Failure to demonstrate allocentric visual coding in a patient with visual form agnosia.

文　献

Consciousness and Cognition, 7, 438–453.

Di Pellegrino, G., Rafal, R., & Tipper, S. P. (2005). Implicitly evoked actions modulate visual selection: Evidence from parietal extinction. *Current Biology, 15,* 1469–1472.

Ettlinger, G. (1990). 'Object vision' and 'spatial vision': The neuropsychological evidence for the distinction. *Cortex, 26,* 319–341.

Foster, R. M., Kleinholdermann, U., Leifheit, S., & Franz, V. H. (2012). Does bimanual grasping of the Muller-Lyer illusion provide evidence for a functional segregation of dorsal and ventral streams? *Neuropsychologia, 50,* 3392–3402.

Franz, V. H., Fahle, M., Bulthoff, H. H., & Gegenfurtner, K. B. (2001). Effects of visual illusions on grasping. *Journal of Experimental Psychology: Human Perception and Performance, 27,* 1124–1144.

Franz, V. H., & Gegenfurtner, K. R. (2008). Grasping visual illusions: Consistent data and no dissociation. *Cognitive Neuropsychology, 25,* 920–950.

Franz, V. H., Scharnowski, F., & Gegenfurtner, K. R. (2005). Effects on grasping are temporally constant not dynamic. *Journal of Experimental Psychology: Human Perception and Performance, 31,* 1359–1378.

Goodale, M. A. (2014). How (and why) the visual control of action differs from visual perception. *Proceedings of the Royal Society of London,* **B281,** 20140337.

Goodale, M. A., & Milner, A. D. (1992). Separate visual pathways for perception and action. *Trends in Neurosciences, 15,* 20–25.

Hesse, C., Ball, K., & Schenk, T. (2012). Visuomotor performance based on peripheral vision is impaired in the visual form agnostic patient DF. *Neuropsychologia, 50,* 90–97.

Himmelbach, M., Boehme, R., & Karnath, H. O. (2012). 20 years later: A second look on DF's motor behaviour. *Neuropsychologia, 50,* 139–144.

Humphreys, G. W., & Riddoch, M. J. (2001). Detection by action: Evidence for affordances in search in neglect. *Nature Neuroscience, 4,* 84–88.

Ingle, D. (1973). Two visual systems in the frog. *Science, 181* (Sept.), 1053–1055.

Jeannerod, M., Decety, J., & Michel, F. (1994). Impairment of grasping movements following a bilateral posterior parietal lesion. *Neuropsychologia, 32,* 369–380.

Kitadono, K., & Humphreys, G. W. (2007). Interactions between perception and action programming: Evidence from visual extinction and optic ataxia. *Cognitive Neuropsychology, 24,* 731–754.

Konen, C. S., & Kastner, S. (2008). Two hierarchically organized neural systems for object information in human visual cortex. *Nature Neuroscience, 11,* 224–231.

Lestou, V., Kourtzi, Z., Humphreys, K. L., Lam, J., & Humphreys, G. W. (2014) The necessary role of the dorsal visual route in the heterarchical coding of global visual pattern: Evidence from neuropsychological fMRI. *Journal of Cognitive Neuroscience, 26,* 1154–1167.

McIntosh, R. D., & Schenk, T. (2009). Two visual streams for perception and action: Current trends. *Neuropsychologia, 47,* 1391–1396.

Milner, A. D., & Goodale, M. A. (1995). *The visual brain in action.* New York: Academic Press.

文 献

Milner, A. D., Paulignan, Y., Dijkerman, H. C., Michel, F., & Jeannerod, M. (1999). A paradoxical improvement of misreaching in optic ataxia: New evidence for two separate neural systems for visual localization. *Proceedings of the Biological Sciences*, **142**, 225–242.

Milner, A. D., Perrett, D. I., Johnston, R. S., Benson, P. J., Jordan, T. R., Heeley, D. W., Bettucci, D., Mortara, F., Mutani, R., Terazzi, E., & Davidson, D. L. W. (1991). Perception and action in visual form agnosia. *Brain*, **114**, 405–428.

Mishkin, M., & Ungerleider, L. G. (1982). Contribution of striate inputs to the visuospatial functions of parieto-preoccipital cortex in monkeys. *Behavioral Brain Research*, **6** (1), 57–77.

Perenin, M. T., & Vighetto, A. (1988). Optic ataxia: A specific disruption in visuomotor mechanisms. I. Different aspects of the deficits in reaching for objects. *Brain*, **111**, 643–674.

Pisella, L., Sergio, L., Blangero, A., Torchin, H., Vighetto, A., & Rossetti, Y. (2009). Optic ataxia and the function of the dorsal stream: Contributions to perception and action. *Neuropsychologia*, **47**, 3033–3044.

Pisella, L., Striemer, C., Blangero, A., Gaveau, V., Revol, P., Salemme, R., & Rossetti, Y. (2007). Perceptual deficits in optic ataxia? In P. Haggard, Y. Rossetti, & M. Kawato (Eds.), *Attention and performance XXI: Sensorimotor foundations of higher cognition* (pp. 47–71). Oxford: Oxford University Press.

Plewan, T., Weidner, R., Eickhoff, S. B., & Fink, G. R. (2012). Ventral and dorsal stream interactions during the perception of the Muller-Lyer illusion: Evidence derived from fMRI and dynamic causal modelling. *Journal of Cognitive Neuroscience*, **24**, 2015–2029.

Riddoch, M. J., Humphreys, G. W., Edwards, S., Baker, T., & Willson, K. (2003). Seeing the action: Neuropsychological evidence for action-based effects on object selection. *Nature Neuroscience*, **6**, 82–89.

Rizzolatti, G., & Matelli, M. (2003). Two different streams form the dorsal visual system: Anatomy and functions. *Experimental Brain Research*, **153**, 146–157.

Roberts, K. L., & Humphreys, G. W. (2010). Action relationships concatenate representations of separate objects in the ventral visual system. *Neuroimage*, **42**, 1541–1548.

Robertson, I. H., Nico, D., & Hood, B. (1995). The intention to act improves unilateral left neglect: Two demonstrations. *Neuropreport*, **7**, 246–248.

Robertson, I. H., Nico, D., & Hood, B. (1997). Believing what you feel: Using proprioceptive feedback to reduce unilateral neglect. *Neuropsychology*, **11**, 53–58.

Rossetti, Y., Revol, P., McIntosh, R., Pisella, L., Rode, G., Danckert, J., Tilikete, C., Dijkerman, H. C., Basson, D., & Vighetto, A. (2005). Visually guided reaching: Bilateral posterior parietal lesions cause a switch from fast visuomotor to slow cognitive control. *Neuropsychologia*, **43**, 162–177.

Schneider, G. E. (1969). Two visual systems. *Science*, **163** (3870) February, 895–902.

Schwarzkopf, D. S., & Rees, G. (2013). Subjective size perception depends on central visual

文　献

cortical magnification in human v1. *PLoS One,* **8,** e60550.

Trevarthen, C. B. (1968). Two mechanisms of vision in primates. *Psychologische Forschung,* **31** (4), 299–348.

6 章

Algom, D., Chajut, E., & Lev, S. (2004). A rational look at the emotional Stroop phenomenon: A generic slowdown, not a Stroop effect. *Journal of Experimental Psychology: General,* **133,** 323–338.

Brittain, J.-S., Watkins, K. E., Joundi, R. A., Ray, N. J., Holland, P., Green, A. L., Aziz, T. Z., & Jenkinson, N. (2012). A role for the subthalamic nucleus in response inhibition during conflict. *The Journal of Neuroscience,* **32,** 13396–13401.

Bush, G., Frazier, J. A., Rauch, S. L., Seidman, L. J., Whalen, P. J., Jenike, M. A., Rosen, B. R., & Biederman, J. (1999). Anterior cingulate cortex dysfunction in attention-deficit/hyperactivity disorder revealed by fMRI and the Counting Stroop. *Biological Psychiatry,* **45,** 1542–1552.

Carter, C. S., Macdonald, A. M., Botvinick, M., Ross, L. L., Stenger, V. A., Noll, D., & Cohen, J. D. (2000). Parsing executive processes: Strategic vs. evaluative functions of the anterior cingulate cortex. *Proceedings of the National Academy of Sciences of the United States of America,* **97,** 1944–1948.

Cattell, J. M. (1886). The time it takes to see and name objects. *Mind,* **11,** 63–65.

Cohen, J. D., Dunbar, K., & McClelland, J. L. (1990). On the control of automatic processes: A parallel distributed processing account of the Stroop effect. *Psychological Review,* **97,** 332–361.

Dalrymple-Alford, E. C., & Budayr, B. (1966). Examination of some aspects of the Stroop Color-Word Test. *Perceptual and Motor Skills,* **23,** 1211–1214.

Dell'Acqua, R., Job, R., Peressotti, F., & Pascali, A. (2007). The picture–word interference effect is not a Stroop effect. *Psychonomic Bulletin & Review,* **14,** 717–722.

Dunbar, K., & MacLeod, C. M. (1984). A horse race of a different color: Stroop interference patterns with transformed words. *Journal of Experimental Psychology: Human Perception and Performance,* **10,** 622–639.

Dyer, F. N. (1973). The Stroop phenomenon and its use in the study of perceptual, cognitive, and response processes. *Memory & Cognition,* **1,** 106–120.

Egner, T., & Hirsch, J. (2005). Where memory meets attention: Neural substrates of negative priming. *Journal of Cognitive Neuroscience,* **17,** 1774–1784.

Friedman, N. P., & Miyake, A. (2004). The relations among inhibition and interference control functions: A latent-variable analysis. *Journal of Experimental Psychology: General,* **133,** 101–135.

Glaser, M. O., & Glaser, W. R. (1982). Time course analysis of the Stroop phenomenon. *Journal of Experimental Psychology: Human Perception and Performance,* **8,** 875–894.

Herd, S. A., Banich, M. T., & O'Reilly, R. C. (2006). Neural mechanisms of cognitive control:

266

文 献

An integrative model of Stroop task performance and fMRI data. *Journal of Cognitive Neuroscience,* **18**, 22–32.

Hock, H. S. & Egeth, H. (1970). Verbal interference with encoding in a perceptual classification task. *Journal of Experimental Psychology,* **83**, 299.

Jensen, A. R., & Rohwer, W. D., Jr. (1966). The Stroop Color-Word Test: A review. *Acta Psychologica,* **25**, 36–93.

Kahneman, D., & Chajczyk, D. (1983). Tests of the automaticity of reading: Dilution of Stroop effects by color-irrelevant stimuli. *Journal of Experimental Psychology: Human Perception and Performance,* **9**, 497–509.

Klein, G. S. (1964). Semantic power measured through the interference of words with color-naming. *American Journal of Psychology,* **77**, 576–588.

MacLeod, C. M. (1991a). Half a century of research on the Stroop effect: An integrative review. *Psychological Bulletin,* **109**, 163–203.

MacLeod, C. M. (1991b). John Ridley Stroop: Creator of a landmark cognitive task. *Canadian Psychology,* **32**, 521–524.

MacLeod, C. M. (1992). The Stroop task: The 'gold standard' of attentional measures. *Journal of Experimental Psychology: General,* **121**, 12–14.

MacLeod, C. M., & Dunbar, K. (1988). Training and Stroop-like interference: Evidence for a continuum of automaticity. *Journal of Experimental Psychology: Learning, Memory, and Cognition,* **14**, 126–135.

MacLeod, C. M., & MacDonald, P. A. (2000). Inter-dimensional interference in the Stroop effect: Uncovering the cognitive and neural anatomy of attention. *Trends in Cognitive Sciences,* **4**, 383–391.

MacLeod, C. M., Dodd, M. D., Sheard, E. D., Wilson, D. E., & Bibi, U. (2003). In opposition to inhibition. In B. H. Ross (Ed.), *The psychology of learning and motivation* (Vol. 43, pp. 163–214). New York: Elsevier Science.

Mägiste, E. (1984). Stroop tasks and dichotic translation: The development of interference patterns in bilinguals. *Journal of Experimental Psychology: Learning, Memory, and Cognition,* **10**, 304–315.

Martin, M. (1978). Speech recoding in silent reading. *Memory & Cognition,* **30**, 187–200.

Meier, M. E., & Kane, M. J. (2013). Working memory capacity and Stroop interference: Global versus local indices of executive control. *Journal of Experimental Psychology: Learning, Memory, and Cognition,* **39**, 748–759.

Melara, R. D., & Algom, D. (2003). Driven by information: A tectonic theory of Stroop effects. *Psychological Review,* **110**, 422–471.

Melara, R. D., & Mounts, J. R. (1993). Selective attention to Stroop dimensions: Effects of baseline discriminability, response mode, and practice. *Memory & Cognition,* **21**, 627–645.

Minzenberg, M. J., Laird, A. R., Thelen, S., Carter, C. S., & Glahn, D. C. (2009). Metaanalysis of 41 functional neuroimaging studies of executive function in schizophrenia. *Archives of*

General Psychiatry, **66**, 811–822.

Mitchell, R. L. C. (2005). The BOLD response during Stroop task-like inhibition paradigms: Effects of task difficulty and task-relevant modality. *Brain and Cognition*, **59**, 23–37.

Moors, A., & De Houwer, J. (2006). Automaticity: A theoretical and conceptual analysis. *Psychological Bulletin*, **132**, 297–326.

Morton, J., & Chambers, S. M. (1973). Selective attention to words and colours. *Quarterly Journal of Experimental Psychology*, **25**, 387–397.

Neill, W. T. (1978). Decision processes in selective attention: Response priming in the color-word task. *Perception & Psychophysics*, **23**, 80–84.

Peterson, J., Lanier, L. H., & Walker, H. M. (1925). Comparisons of white and negro children in certain ingenuity and speed tests. *Journal of Comparative Psychology*, **5**, 271–291.

Posner, M. I., & Snyder, C. R. R. (1975). Attention and cognitive control. In R. L. Solso (Ed.), *Information processing and cognition: The Loyola symposium* (pp. 55–85). Hillsdale, NJ: Lawrence Erlbaum Associates.

Preston, M. S., & Lambert, W. E. (1969). Interlingual interference in a bilingual version of the Stroop color-word task. *Journal of Verbal Learning and Verbal Behavior*, **8**, 295–301.

Roelofs, A. (2003). Goal-referenced selection of verbal action: Modeling attentional control in the Stroop task. *Psychological Review*, **110**, 88–125.

Sabri, M., Melara, R. D., & Algom, D. (2001). A confluence of contexts: Asymmetric versus global failures of selective attention to Stroop dimensions. *Journal of Experimental Psychology: Human Perception and Performance*, **27**, 515–537.

Sternberg, S. (1969). The discovery of processing stages: Extensions of Donders' method. *Acta Psychologica*, **30**, 276–315.

Stroop, J. R. (1935). Studies of interference in serial verbal reactions. *Journal of Experimental Psychology*, **18**, 643–662. [Reprinted in 1992 in the *Journal of Experimental Psychology: General*, **121**, 15–23.]

Stroop, J. R. (1938). Factors affecting speed in serial verbal reactions. *Psychological Monographs*, **50**, 38–48.

Taylor, D. A. (1977). Time course of context effects. *Journal of Experimental Psychology: General*, **106**, 404–426.

Thurstone, L. L. (1944). *A factorial study of perception*. Chicago, IL: University of Chicago Press.

Townsend, J. T. (1976). Serial and within-stage independent parallel model equivalence on the minimum completion time. *Journal of Mathematical Psychology*, **14**, 219–238.

van Maanen, L., van Rijn, H., & Borst, J. P. (2009). Stroop and picture — word interference are two sides of the same coin. *Psychonomic Bulletin & Review*, **16**, 987–999.

Warren, R. E. (1972). Stimulus encoding and memory. *Journal of Experimental Psychology*, **94**, 90–100.

Williams, J. M. G., Mathews, A., & MacLeod, C. (1996). The emotional Stroop task and psychopathology. *Psychological Bulletin*, **120**, 3–24.

Woodworth, R. S., & Wells, F. L. (1911). Association tests. *Psychological Review Monograph Supplements*, **13** (57).

❀ 7 章

Andersen, P., Morris, R., Amaral, D., Bliss, T., & O'Keefe, J. (2007). *The hippocampus book*. New York: Oxford University Press.

Bartsch, T., Schönfeld, R., Müller, F. J., Alfke, K., Leplow, B., Aldenhoff, J., Deuschl, G., & Koch, J. M. (2010). Focal lesions of human hippocampal CA1 neurons in transient global amnesia impair place memory. *Science*, **328**, 1412–1415.

Bayley, P. J., Hopkins, R. O., & Squire, L. R. (2006). The fate of old memories after medial temporal lobe damage. *Journal of Neuroscience*, **26**, 13311–13317.

Brewer, J. B., Zhao, Z., Desmond, J. E., Glover, G. H., & Gabrieli, J. D. (1998). Making memories: Brain activity that predicts how well visual experience will be remembered. *Science*, **281**, 1185–1187.

Cabeza, R., & Moscovitch, M. (2013). Memory systems, processing modes, and components: Functional neuroimaging evidence. *Perspectives on Psychological Science*, **8**, 49–55.

Corkin, S. (1984). Lasting consequences of bilateral medial temporal lobectomy: Clinical course and experimental findings in H. M. *Seminars in Neurology*, 4, 249–259.

Corkin, S. (2013). *Permanent present tense: The unforgettable life of the amnesic patient H. M.* New York: Basic Books.

Eichenbaum, H. (2004). Hippocampus: Cognitive processes and neural representations that underlie declarative memory. *Neuron*, **44**, 109–120.

Eichenbaum, H. (2012). What H. M. taught us. *Journal of Cognitive Neuroscience*, **25**, 14–21.

Eichenbaum, H. (2013). Memory on time. *Trends in Cognitive Sciences*, **17**, 81–88.

Eichenbaum, H., & Cohen, N. J. (2001). *From conditioning to conscious recollection: Memory systems of the brain*. New York: Oxford University Press.

Eichenbaum, H., Yonelinas, A. R., & Ranganath, C. (2007). The medial temporal lobe and recognition memory. *Annual Review of Neuroscience*, **30**, 123–152.

Graham, K. S., Scahill, V. L., Hornberger, M., Barense, M. D., Lee, A. C. H., Bussey, T. J., & Saksida, L. M. (2006). Abnormal categorization and perceptual learning in patients with hippocampal damage. *Journal of Neuroscience*, **26**, 7547–7554.

Hannula, D. E., Tranel, D., & Cohen, N. J. (2006). The long and short of it: Relational memory impairments in amnesia, even as short lags. *Journal of Neuroscience*, **26**, 8352–8359.

Hassabis, D., Kumaran, D., Vann, S. D., & Maguire, E. A. (2007). Patients with hippocampal amnesia cannot imagine new experiences. *Proceedings of the National Academy of Science of the United States of America*, **104**, 1726–1731.

Komorowski, R. W., Manns, J. R., & Eichenbaum, H. (2009). Robust conjunctive item–place coding by hippocampal neurons parallels learning what happens. *Journal of Neuroscience*, **29**, 9918–9929.

Lashley, K. S. (1950). In search of the engram. *Symposium of the Society of Experimental*

文 献

Biology, **4,** 454–482.

Manns, J. R., Hopkins, R. O., Reed, J. M., Kitchener, E. G., & Squire, L. R. (2003). Recognition memory and the human hippocampus. *Neuron,* **37,** 171–180.

McKensie, S., & Eichenbaum, H. (2011). Consolidation and reconsolidation: Two lives of memories? *Neuron,* **71,** 224–233.

Milner, B., Squire, L. R., & Kandel, E. R. (1998). Cognitive neuroscience and the study of memory. *Neuron,* **20,** 445–468.

Mishkin, M. (1978). Memory in monkeys severely impaired by combined but not by separate removal of amygdale and hippocampus. *Nature,* **273,** 297–298.

Murray, E. A., & Mishkin, M. (1998). Object recognition and location memory in monkeys with excitotoxic lesions of the amygdale and hippocampus. *Journal of Neuroscience,* **18,** 6568–6582.

Nadel, L., & Moscovitch, M. (1997). Memory consolidation, retrograde amnesia and the hippocampal complex. *Current Opinion in Neurobiology,* **7,** 217–227.

O'Keefe, J. A. (1976). Place units in the hippocampus of the freely moving rat. *Experimental Neurology,* **51,** 78–109.

O'Keefe, J., & Nadel, L. (1978). *The hippocampus as a cognitive map.* New York: Oxford University Press.

Scoville, W. B., & Milner, B. (1957). Loss of recent memory after bilateral hippocampal lesions. *Journal of Neurology, Neurosurgery, and Psychiatry,* **20,** 11–21.

Steinvorth, S., Levine, B., & Corkin, S. (2005). Medial temporal lobe structures are needed to re-experience remote autobiographical memories: Evidence from two MTL amnesic patients, H. M. and W. R. *Neuropsychologia,* **43,** 479–496.

Voss, J. L., Gonsalves, B. D., Federmeier, K. D., Tranel, D., & Cohen, N. J. (2011). Hippocampal brain-network coordination during volitional exploratory behavior enhances learning. *Nature Neuroscience,* **14,** 115–120.

Voss, J. L., Warren, D. E., Gonsalves, B. D., Federmeier, K. D., Tranel, D., & Cohen, N. J. (2011). Spontaneous revisitation during visual exploration as a link among strategic behavior, learning, and the hippocampus. *Proceedings of the National Academy of Sciences,* **108,** E402–409.

Wagner, A. D., Schacter, D. L., Rotte, M., Koutstaal, W., Maril, A., Dale, A. M., Rosen, B. R., & Buckner, R. L. (1998). Building memories: Remembering and forgetting of verbal experiences as predicted by brain activity. *Science,* **281,** 1188–1191.

Zola-Morgan, S., Squire, L. R., & Amaral, D. G. (1986). Human amnesia and the medial temporal region: Enduring memory impairment following a bilateral lesion limited to field CA1 of the hippocampus. *Journal of Neuroscience,* **6,** 2950–2967.

Zola, S. M., Squire, L. R., Teng, E., Stefanacci, L., Buffalo, E. A., & Clark, R. (2000). Impaired recognition memory in monkeys after damage limited to the hippocampal region. *Journal of Neuroscience,* **20,** 451–463.

文　献

❊ 8 章

Allen, R. J., Baddeley, A. D., & Hitch, G. J. (2006). Is the binding of visual features in working memory resource-demanding? *Journal of Experimental Psychology: General*, **135**, 298–313.

Atkinson, R. C., & Shiffrin, R. M. (1968). Human memory: A proposed system and its control processes. In K. W. Spence & J. T. Spence (Eds.), *The psychology of learning and motivation: Advances in research and theory* (Vol. 2). New York: Academic Press.

Baddeley, A. D. (1983). Working memory. *Philosophical Transactions of the Royal Society of London*, **B302**, 311–324. （井関龍太・齊藤　智・川崎惠里子（訳）(2012). ワーキングメモリ　思考と行為の心理学的基盤　誠信書房）

Baddeley, A. D. (1986). *Working memory*. Oxford: Oxford University Press.

Baddeley, A. D. (2000). The episodic buffer: A new component of working memory? *Trends in Cognitive Sciences*, **4**, 417–423.

Baddeley, A. D., & Hitch, G. J. (1974). Working memory. In G. H. Bower (Ed.), *Recent advances in learning and motivation* (Vol. 8, pp. 47–89). New York: Academic Press.

Baddeley, A. D., & Lieberman, K. (1980). Spatial working memory. In R. S. Nickerson (Ed.), *Attention and performance* (Vol. VIII, pp. 521–539). Hillsdale, NJ: Lawrence Erlbaum Association.

Baddeley, A. D., & Logie, R. H. (1999). Working memory: The multiple component model. In A. Miyake & P. Shah (Eds.), *Models of working memory* (pp. 28–61). New York: Cambridge University Press.

Baddeley, A. D., Grant, W., Wight, E., & Thomson, N. (1975). Imagery and visual working memory. In P. M. A. Rabbitt & S. Dornic (Eds.), *Attention and performance* (Vol. V, pp. 205–217). London: Academic Press.

Baddeley, A. D., Logie, R., Bressi, S., Della Sala, S., & Spinnler, H. (1986). Senile dementia and working memory. *Quarterly Journal of Experimental Psychology*, **38A**, 603–618.

Baddeley, A. D., Thomson, N., & Buchanan, M. (1975). Word length and the structure of short-term memory. *Journal of Verbal Learning and Verbal Behavior*, **14**, 575–589.

Borst, G., Niven, E. H., & Logie, R. H. (2012). Visual mental image generation does not overlap with visual short-term memory: A dual task interference study. *Memory and Cognition*, **40**, 360–372.

Broadbent, D. E. (1958). *Perception and communication*. Oxford: Pergamon Press.

Brown, J. (1958). Some tests of decay of immediate memory. *Quarterly Journal of Experimental Psychology*, **10**, 12–21.

Cowan, N. (1997). *Attention and memory: An integrated framework*. Oxford: Oxford University Press.

Cowan, N. (2005). *Working memory capacity*. Hove, UK: Psychology Press.

Daneman, M., & Carpenter, P. A. (1980). Individual differences in working memory and reading. *Journal of Verbal Learning and Verbal Behavior*, **19**, 450–466.

Della Sala, S., Foley, J. A., Parra, M. A., & Logie, R. H. (2011). Dual tasking and memory binding in Alzheimer's. *Journal of Alzheimer Disease*, **S23**, 22–24.

De Renzi, E., & Nichelli, P. (1975). Verbal and nonverbal short term memory impairment following hemispheric damage. *Cortex*, **11**, 341–353.

Engle, R. W., & Conway, A. R. A. (1998). Working memory and comprehension. In R. H. Logie & K. J. Gilhooly (Eds.), *Working memory and thinking* (pp. 67–91). Hove, UK: Psychology Press.

Engle, R. W., Kane, M. J., & Tuholski, A. W. (1999). Individual differences in working memory capacity and what they tell us about controlled attention, general fluid intelligence, and functions of the prefrontal cortex. In A. Miyake & P. Shah (Eds.), *Models of working memory* (pp. 102–134). New York: Cambridge University Press.

Gathercole, S., & Baddeley, A. D. (1989). Evaluation of the role of phonological STM in the development of vocabulary in children: A longitudinal study. *Journal of Memory and Language*, **28**, 200–213.

Gathercole, S., & Baddeley, A. D. (1993). *Working memory and language*. Hove, UK: Lawrence Erlbaum.

Hitch, G. J., Halliday, M. S., Schaafstal, A. M., & Schraagen, J. M. C. (1988). Visual working memory in young children. *Memory and Cognition*, **16**, 120–132.

James, W. (1890/1905). *Principles of psychology* (Vol. 1). London: Methuen & Co.

Kane, M. J., Conway, A. R. A., Miura, T. K., & Colflesh, J. H. (2007). Working memory, attention control, and the n-back task: A question of construct validity. *Journal of Experimental Psychology: Learning, Memory, and Cognition*, **33**, 615–622.

Locke, J. (1690). *An essay concerning humane understanding*, Book II, Chapter X, paragraphs 1–2. （加藤卯一郎（訳）（2005）. 人間悟性論　岩波文庫復刻版　一穂社）

Logie, R. H. (1986). Visuo-spatial processing in working memory. *Quarterly Journal of Experimental Psychology*, **38A** (2), 229–247.

Logie, R. H. (1995). *Visuo-spatial working memory*. Hove, UK: Lawrence Erlbaum Associates.

Logie, R. H. (2003). Spatial and visual working memory: A mental workspace. In D. Irwin & B. Ross (Eds.), *Cognitive vision: The psychology of learning and motivation* (Vol. 42, pp. 37–78). San Diego: Academic Press.

Logie, R. H. (2011a). The functional organisation and the capacity limits of working memory. *Current Directions in Psychological Science*, **20** (4), 240–245.

Logie, R. H. (2011b). The visual and the spatial of a multicomponent working memory. In A. Vandierendonck & A. Szmalec (Eds.), *Spatial working memory* (pp. 19–45). Hove, UK: Psychology Press.

Logie, R. H., & Della Sala, S. (2005). Disorders of visuo-spatial working memory. In A. Miyake & P. Shah (Eds.), *Handbook of visuospatial thinking* (pp. 81–120). New York: Cambridge University Press.

Logie, R. H., & Niven, E. H. (2012). Working memory: An ensemble of functions in on-line cognition. In V. Gyselinck & F. Pazzaglia (Eds.), *From mental imagery to spatial cognition and language: Essays in honour of Michel Denis* (pp. 77–105). Hove, UK: Psychology Press.

Logie, R. H., Brockmole, J. R., & Vandenbroucke, A. (2009). Bound feature combinations in visual short-term memory are fragile but influence long-term learning. *Visual Cognition*, **17**, 160–179.

Logie, R. H., Cocchini, G., Della Sala, S., & Baddeley, A. D. (2004). Is there a specific executive capacity for dual task co-ordination? Evidence from Alzheimer's disease. *Neuropsychology*, **18**, 504–513.

Miller, G. A., Galanter, E., & Pribram, K. H. (1960). *Plans and the structure of behavior*. New York: Holt, Rinehart and Winston. （十島雍蔵・佐久間　章・黒田輝彦・江頭幸晴（訳）（1980）. プランと行動の構造—心理サイバネティクス序説—　誠信書房）

Parra, M. A., Della Sala, S., Logie, R. H., & Morcom, A. (2014). Neural correlates of shape-color binding in visual working memory. *Neuropsychologia*, **52C**, 27–36.

Patterson, K. A. (1971). Limitations on retrieval from long-term memory. Unpublished doctoral dissertation, University of California, San Diego.

Peterson, L. R., & Peterson, M. J. (1959). Short-term retention of individual verbal items. *Journal of Experimental Psychology*, **58**, 193–198.

Salamé, P., & Baddeley, A. D. (1982). Disruption of short-term memory by unattended speech: Implications for the structure of working memory. *Journal of Verbal Learning and Verbal Behavior*, **21**, 150–164.

Turner, M. L., & Engle, R. W. (1989). Is working memory capacity task dependent? *Journal of Memory and Language*, **28**, 127–154.

Unsworth, N., & Engle, R. W. (2007) The nature of individual differences in working memory capacity: Active maintenance in primary memory and controlled search from secondary memory. *Psychological Review*, **114** (1), 104–132.

Vallar, G., & Baddeley, A. D. (1984). Fractionation of working memory: Neuropsychological evidence for a phonological short-term store. *Journal of Verbal Learning and Verbal Behavior*, **23**, 151–161.

Vallar, G., & Shallice, T. (Eds.) (1990). *Neuropsychological impairments of short-term memory*. Cambridge, UK: Cambridge University Press.

van der Meulen, M., Logie, R. H., & Della Sala, S. (2009). Selective interference with image retention and generation: Evidence for the workspace model. *Quarterly Journal of Experimental Psychology*, **62**, 1568–1580.

Warrington, E. K., & Shallice, T. (1972). Neuropsychological evidence of visual storage in short-term memory tasks. *Quarterly Journal of Experimental Psychology*, **24**, 30–40.

Waugh, N. C., & Norman, D. A. (1965) Primary memory. *Psychological Review*, **72**, 89–104.

❀ 9 章

Addis, D. R., & Tippett, L. J. (2004). Memory of myself: Autobiographical memory and identity in Alzheimer's disease. *Memory*, **12**, 56–74.

文　献

Adlam, A.-L. R., Patterson, K., & Hodges, J. R. (2009). 'I remember it as if it were yesterday': Memory for recent events in patients with semantic dementia. *Neuropsychologia, 47,* 1344–1351.

Atkinson, R. C., & Shiffrin, R. M. (1968). Human memory: A proposed system and its control processes. In K. W. Spence & J. T. Spence (Eds.), *The psychology of learning and motivation* (Vol. 2). London: Academic Press.

Buckner, R. L. (2000). Neuroimaging of memory. In M. S. Gazzaniga (Ed.), *The new cognitive neurosciences* (2nd edn). Cambridge, MA: The MIT Press.

Cabeza, R., & Moscovitch, M. (2013). Memory systems, processing modes, and components: Functional neuroimaging evidence. *Perspectives on Psychological Science, 8,* 49–55.

Cabeza, R., Ciaramelli, E., & Moscovitch, M. (2012). Cognitive contributions of the ventral parietal cortex: An integrative theoretical account. *Trends in Cognitive Sciences, 16,* 338–352.

Cabeza, R., Locantore, J. K., & Anderson, N. D. (2003). Lateralization of prefrontal activity during episodic memory retrieval: Evidence for the production-monitoring hypothesis. *Journal of Cognitive Neuroscience, 15,* 249–259.

Dudai, Y., & Morris, R. G. M. (2013). Memory trends. *Neuron, 80,* 742–750.

Gardiner, J. M., Brandt, K. R., Baddeley, A. D., Vargha-Khadem, F., & Mishkin, M. (2008). Charting the acquisition of semantic knowledge in a case of developmental amnesia. *Neuropsychologia, 46,* 2865–2868.

Gilboa, A. (2004). Autobiographical and episodic memory – one the same? Evidence from prefrontal activation in neuroimaging studies. *Neuropsychologia, 42,* 1336–1349.

Greenberg, D. L., & Verfaellie, M. (2010). Interdependence of episodic and semantic memory: Evidence from neuropsychology. *Journal of the International Neuropsychology Society, 16,* 748–753.

Greenberg, D. L., Keane, M. M., Ryan, L. R., & Verfaellie, M. (2009). Impaired category fluency in medial temporal lobe amnesia: The role of episodic memory. *Journal of Neuroscience, 29,* 10900–10908.

Harand, C., Bertran, F., La Joie, F., Landeau, B., Mézange, F., Desgranges, B., et al. (2012). The hippocampus remains activated over the long term for the retrieval of truly episodic memories. *PloS One, 7* (8), e 43495.

Hodges, J. R., & Patterson, K. (2007). Semantic dementia: a unique clinicopathological syndrome. *Lancet Neurology, 6,* 1004–1014.

Hower, K. H., Wixted, J., Berryhill, M. E., & Olson, I. R. (2014). Impaired perception of mnemonic oldness, but not mnemonic newness, after parietal lobe damage. *Neuropsychologia, 56,* 409–417.

Kan, I. P., Alexander, M. P., & Verfaellie, M. (2009). Contribution of prior semantic knowledge to new episodic learning in amnesia. *Journal of Cognitive Neuroscience, 21,* 938–944.

Levine, B., Turner, G. R., Tisserand, D., Hevenor, S. J., Graham, S. J., & McIntosh, A. R. (2004). The functional neuroanatomy of episodic and semantic autobiographical remembering: A prospective functional MRI study. *Journal of Cognitive Neuroscience,* **16**, 1633–1646.

Mayberry, E. J., Sage, K., & Lambon Ralph, M. A. (2011). At the edge of semantic space: The breakdown of coherent concepts in semantic dementia is constrained by typicality and severity but not modality. *Journal of Cognitive Neuroscience,* **23**, 2240–2251.

McCarthy, R. A., Kopelman, M. D., & Warrington, E. K. (2005). Remembering and forgetting of semantic knowledge in amnesia: A 16-year follow-up investigation of RFR. *Neuropsychologia,* **43**, 356–372.

Moscovitch, M., Yaschyshyn, M., Ziegler, M., & Nadel, L. (1999). Remote episodic memory and retrograde amnesia: Was Endel Tulving right all along? In E. Tulving (Ed.), *Memory, consciousness, and the brain: The Tallin conference.* New York: Psychology Press.

Ranganath, C. (2010). Binding items and contexts: The cognitive neuroscience of episodic memory. *Current Directions in Psychological Science,* **19**, 131–137.

Reiff, R., & Scheerer, M. (1959). *Memory and hypnotic age regression.* New York: International Universities Press.

Roediger, H. L. (1980). Memory metaphors in cognitive psychology. *Memory & Cognition,* **8**, 231–246.

Rosenbaum, R. S., Kohler, S., Schacter, D. L., Moscovitch, M., Westmacott, R., Black, S. E., Gao, F., & Tulving, E. (2005). The case of K.C.: Contributions of a memoryimpaired person to memory. *Neuropsychologia,* **43**, 989–1021.

Schacter, D. L., & Tulving, E. (1994). What are the memory systems of 1994? In D. L. Schacter & E. Tulving (Eds.), *Memory systems.* Cambridge, MA: The MIT Press.

Scoville, W. B., & Milner, B. (1957). Loss of recent memory after bilateral hippocampal lesions. *Journal of Neurology, Neurosurgery & Psychiatry,* **20**, 11–21.

Shimamura, A. P. (2014). Remembering the past: Neural substrates underlying episodic encoding and retrieval. *Current Directions in Psychological Science,* **23**, 4257–4263.

Spiers, H. J., Maguire, E. A., & Burgess, N. (2001). Hippocampal amnesia. *Neurocase,* **7**, 357–382.

Squire, L. R. (1992). Declarative and nondeclarative memory: Multiple brain systems supporting learning and memory. *Journal of Cognitive Neuroscience,* **4**, 232–243.

Steinvorth, S., Levine, B., & Corkin, S. (2005). Medial temporal lobe structures are needed to re-experience remote autobiographical memories: Evidence from H. M. and W. R. *Neuropsychologia,* **43**, 479–496.

Tulving, E. (1972). Episodic and semantic memory. In E. Tulving & W. Donaldson (Eds.), *Organisation of memory.* London: Academic Press.

Tulving, E. (1983). *Elements of episodic memory.* Oxford: Oxford University Press. （太田信夫（訳）（1985）．タルヴィングの記憶理論—エピソード記憶の要素— 教育出版）

Tulving, E. (2001). The origin of autonoesis in episodic memory. In H. L. Roediger & J. S. Nairne (Eds.), *The nature of remembering: Essays in honour of Robert G. Crowder.* Washington, DC: American Psychological Association.

Tulving, E. (2002). Episodic memory: From mind to brain. *Annual Review of Psychology*, **53**, 1–25.

🌸 10 章

Anderson, J. R., & Bower, G. H. (1972). Recognition and retrieval processes in free recall. *Psychological Review*, **79**, 97–123.

Bahrick, H. P. (1970). A two-phase model for prompted recall. *Psychological Review*, **77**, 215–222.

Berntsen, D. (2009). *Involuntary autobiographical memories: An introduction to the unbidden past.* Cambridge, UK: Cambridge University Press.

Bradshaw, G. L., & Anderson, J. R. (1982). Elaborative encoding as an explanation of levels of processing. *Journal of Verbal Learning and Verbal Behavior*, **21**, 165–174.

Carpenter, S. K. (2009). Cue strength as a moderator of the test effect: The benefits of elaborative retrieval. *Journal of Experimental Psychology: Learning, Memory, & Cognition*, **35**, 1563–1569.

Craik, F. I. M., & Lockhart, R. S. (1972). Levels of processing: A framework for memory research. *Journal of Verbal Learning and Verbal Behavior*, **11**, 671–684.

Craik, F. I. M., & Tulving, E. (1975). Depth of processing and the retention of words in episodic memory. *Journal of Experimental Psychology: General*, **104**, 268–294.

Dunlosky, J., & Metcalfe, J. (2009). *Metacognition.* Beverly Hills, CA: Sage. （湯川良三・金城　光・清水寛之（訳）(2010). メタ認知 基礎と応用　北大路書房）

Eich, J. E. (1980). The cue-dependent nature of state-dependent retrieval. *Memory & Cognition*, **8**, 157–173.

Eysenck, M. W. (1979). Depth, elaboration, and distinctiveness. In L. S. Cermak & F. I. M. Craik (Eds.), *Levels of processing in human memory* (pp. 89–118). Hillsdale, NJ: Lawrence Erlbaum Associates.

Flexser, A. J., & Tulving, E. (1978). Retrieval independence in recognition and recall. *Psychological Review*, **85**, 153–171.

Godden, D. R., & Baddeley, A. (1975). Context-dependent memory in two natural environments: On land and underwater. *British Journal of Psychology*, **66**, 325–331.

Goh, W. D., & Lu, S. H. X. (2012). Testing the myth of the encoding-retrieval match. *Memory & Cognition*, **40**, 28–39.

Higham, P. A., & Tam, H. (2005). Generation failure: Estimating metacognition in cued recall. *Journal of Memory and Language*, **52**, 595–617.

Hintzman, D. L. (1992). Mathematical constraints on the Tulving-Wiseman law. *Psychological Review*, **99**, 536–542.

Jacoby, L. L., & Hollingshead, A. (1990). Toward a generate/recognize model of performance in direct and indirect tests of memory. *Journal of Memory and Language*, **29**, 433–454.

Karpicke, J. D., & Roediger, H. L., III (2007). Repeated retrieval during learning is the key to long-term retention. *Journal of Memory and Language*, **57**, 151–162.

文　献

Kintsch, W. (1978). More on recognition failure of recallable words: Implications for generation-recognition models. *Psychological Review*, **85**, 470–473.

Kolers, P. A., & Roediger, H. L., III (1984). Procedures of mind. *Journal of Verbal Learning and Verbal Behavior*, **23**, 425–449.

Kroneisen, M., & Erdfelder, E. (2011). On the plasticity of the survival processing effect. *Journal of Experimental Psychology: Learning, Memory, & Cognition*, **37**, 1553–1562.

Mantyla, T. (1986). Optimizing cue effectiveness: Recall of 500 and 600 incidentally recalled words. *Journal of Experimental Psychology: Learning, Memory, and Cognition*, **12**, 66–71.

Martin, E. A. (1975). Theoretical notes: Generation-recognition theory and the encoding specificity principle. *Psychological Review*, **82**, 150–153.

Melton, A. W., & Irwin, J. M. (1940). The influence of degree of interpolated learning on retroactive inhibition and the overt transfer of specific responses. *American Journal of Psychology*, **53**, 173–203.

Morris, C. D., Bransford, J. D., & Franks, J. J. (1977). Levels of processing versus transfer appropriate processing. *Journal of Verbal Learning and Verbal Behavior*, **16**, 519–533.

Nairne, J. S. (2002). The myth of the encoding-retrieval match. *Memory*, **10**, 389–395.

Nairne, J. S. (2006). Modeling distinctiveness: Implications for general memory theory. In R. R. Hunt & J. B. Worthen (Eds.), *Distinctiveness and memory* (pp. 27–46.) New York: Oxford University Press.

Nairne, J. S., & Pandeirada, J. N. S. (2008). Adaptive memory: Remembering with a stone-age brain. *Current Directions in Psychological Science*, **17**, 239–243.

Nairne, J. S., Thompson, S. R., & Pandeirada, J. N. S. (2007). Adaptive memory: Survival processing enhances retention. *Journal of Experimental Psychology: Learning, Memory, & Cognition*, **33**, 263–273.

Nilsson, L.-G., & Gardiner, J. (1993). Identifying exceptions in a database of recognition failure studies from 1973 to 1992. *Memory & Cognition*, **21**, 397–410.

Nilsson, L.-G., Law, J., & Tulving, E. (1988). Recognition failure of recallable unique names: Evidence for an empirical law of memory and learning. *Journal of Experimental Psychology: Learning, Memory, & Cognition*, **14**, 266–277.

Polyn, S. M., Norman, K. A., & Kahana, M. J. (2009). A context maintenance and retrieval model of organizational processes in free recall. *Psychological Review*, **116**, 129–156.

Postman, L. (1961). The present status of interference theory. In C. N. Cofer (Ed.), *Verbal learning and Verbal behavior*. New York: McGraw-Hill.

Postman, L., Thompkins, B. A., & Gray, W. D. (1978). The interpretation of encoding effects in retention. *Journal of Verbal Learning and Verbal Behavior*, **17**, 681–705.

Ratcliff, R., & McKoon, G. (1989). Memory models, text processing, and cue-dependent retrieval. In H. L. Roediger, III & F. I. M. Craik (Eds.), *Varieties of memory and consciousness: Essays in honour of Endel Tulving* (pp. 73–92). Hillsdale, NJ: Lawrence Erlbaum Associates.

文　献

Reder, L. M., Anderson, J. R., & Bjork, R. A. (1974). A semantic interpretation of encoding specificity. *Journal of Experimental Psychology*, **102**, 648–656.

Roediger, H. L., III (1990). Implicit memory: Retention without remembering. *American Psychologist*, **45**, 1043–1056.

Thomson, D. M., & Tulving, E. (1970). Associative encoding and retrieval: Weak and strong cues. *Journal of Experimental Psychology*, **86**, 255–262.

Tulving, E. (1983). *Elements of episodic memory*. New York: Oxford University Press. （太田信夫（訳）（1985）．タルヴィングの記憶理論―エピソード記憶の要素―　教育出版）

Tulving, E., & Pearlstone, Z. (1966). Availability versus accessibility of information in memory. *Journal of Verbal Learning and Verbal Behavior*, **5**, 381–391.

Tulving, E., & Thomson, D. M. (1973). Encoding specificity and retrieval processes in episodic memory. *Psychological Review*, **80**, 352–373.

Tulving, E., & Watkins, O. C. (1977). Recognition failure of words with a single meaning. *Memory & Cognition*, **5**, 513–522.

Tulving, E., & Wiseman, S. (1975). Relation between recognition and recognition failure of recallable words. *Bulletin of the Psychonomic Society*, **92**, 257–276.

Watkins, O. C., & Watkins, M. J. (1975). Buildup of proactive inhibition as a cueoverload effect. *Journal of Experimental Psychology: Human Learning and Memory*, **1**, 442–452.

11章

Anderson, J. R., Matessa, M., & Lebiere, C. (1997). ACT-R: A theory of higher level cognition and its relation to visual attention. *Human-Computer Interaction*, **12**, 439–462.

Bechtel, W., & Abrahamsen, A. (1991). *Connectionism and the mind: An introduction to parallel processing in networks*. Cambridge, MA: Blackwell.

Beer, R. D. (2000). Dynamical approaches to cognitive science. *Trends in Cognitive Sciences*, **4**, 91–99.

de Groot, A. D. (1946). *Het denken van den schaker*. Amsterdam: Noord Hollandsche.

Dreyfus, H. L. (1972). *What computers can't do: A critique of artificial reason*. New York: Harper & Row.

Gardner, H. (1987). *The mind's new science: A history of the cognitive revolution*. New York: Basic Books.

Gobet, F. (2015). *Understanding expertise*. London: Palgrave.

Gobet, F., Lane, P. C. R., Croker, S., Cheng, P. C. H., Jones, G., Oliver, I., et al. (2001). Chunking mechanisms in human learning. *Trends in Cognitive Sciences*, **5**, 236–243.

Holt, C., Modigliani, F., Muth, J., & Simon, H. (1960). *Planning production, inventories, and work force*. Englewood Cliffs, NJ: Prentice-Hall.

Johnson, D. M. (1955). *The psychology of thought and judgment*. New York: Harper & Brothers.

Kahneman, D., Slovic, P., & Tversky, A. (Eds.) (1982). *Judgments under uncertainty: Heuristics and biases*. Cambridge, UK: Cambridge University Press.

文 献

Kokinov, B. (1997). Micro-level hybridization in the cognitive architecture DUAL. In R. Sun & F. Alexander (Eds.), *Connectionist-symbolic integration: From unified to hybrid architectures*. Hilsdale, NJ: Lawrence Erlbaum Associates.

Laird, J. E. (2012). *The Soar cognitive architecture*. Boston, MA: The MIT Press.

Luchins, A. S. (1942). Mechanization in problem solving: The effect of Einstellung. *Psychological Monographs*, **54**.

March, J. G., & Simon, H. A. (1958). *Organizations*. New York: Wiley & Sons. （高橋伸夫（訳）（2014）．オーガニゼーションズ—現代組織論の原典— 第2版 ダイヤモンド社）

McClelland, J. L., & Rumelhart, D. E. (Eds.) (1986). *Parallel distributed processing: Explorations in the microstructure of cognition*. Cambridge, MA: The MIT Press.

McCorduck, P. (1979). *Machines who think*. San Francisco, CA: W. H. Freeman. （黒川利明（訳）（1983）．コンピュータは考える—人工知能の歴史と展望— 培風館）

Newell, A. (1990). *Unified theories of cognition*. Cambridge, MA: Harvard University Press.

Newell, A., & Shaw, J. C. (1957). Programming the logic theory machine. *Proceedings of the Western Joint Computer Conference* (pp. 230–240). New York: Institute of Radio Engineers.

Newell, A., & Simon, H. A. (1956). The logic theory machine. *Transactions of information theory* (Vol. IT-2, pp. 61–79). New York: Institute of Radio Engineers.

Newell, A., & Simon, H. A. (1961). Computer simulation of human thinking. *Science*, **134**, 2011–2017.

Newell, A., & Simon, H. A. (1972). *Human problem solving*. Englewood Cliffs, NJ: Prentice-Hall.

Newell, A., Shaw, J. C., & Simon, H. A. (1957). Empirical explorations with the logic theory machine. *Proceedings of the Western Joint Computer Conference* (pp. 218–230). New York: Institute of Radio Engineers.

Newell, A., Shaw, J. C., & Simon, H. A. (1958a). Chess-playing programs and the problem of complexity. *IBM Journal of Research and Development*, **2**, 320–335.

Newell, A., Shaw, J. C., & Simon, H. A. (1958b). Elements of a theory of human problem solving. *Psychological Review*, **65**, 151–166.

Newell, A., Shaw, J. C., & Simon, H. A. (1959). Report on a general problem-solving program. *Proceedings of the international conference on information processing*, Paris (pp. 256–264).

Newell, A., Shaw, J. C., & Simon, H. A. (1962). The process of creative thinking. In H. E. Gruber, G. Terrell, & M. Werheimer (Eds.), *Contemporary Approaches to Creative Thinking* (Vol. 3, pp. 63–119). New York: Atherton Press.

Searle, J. (1980). Minds, brains and programs. *Behavioral and Brain Sciences*, **3**, 417–457.

Selz, O. (1922). *Zur Psychologie des produktiven Denkens und des Irrtums*. Bonn: Friedrich Cohen.

Simon, H. A. (1957). *Models of man: Social and rational*. New York: John Wiley and Sons. （宮沢光一（監訳）（1970）．人間行動のモデル 同文舘出版）

Simon, H. A. (1991). *Models of my life.* New York: Basic Books. （安西祐一郎・安西徳子（訳）
（1998）．学者人生のモデル　岩波書店）

Uttal, W. R. (2012). *Reliability of neuroscience data: A meta-meta-analysis.* Cambridge, MA:
The MIT Press.

Wang, H. (1960). Toward mechanical mathematics. *IBM Journal of Research and
Development*, 4, 2-22.

Whitehead, A. N., & Russell, B. (1910). *Principia Mathematica* (Vol. 1). Cambridge, UK:
Cambridge University Press. （岡本賢吾・加地大介・戸田山和久（訳）（1988）．プリン
キピア・マテマティカ序論　哲学書房）

✿ 12 章

Abelson, R. L. (1968). *Theories of cognitive consistency: A sourcebook.* Chicago, IL: Rand-
McNally.

Bernoulli, J. (1713). *Ars conjectandi* [Probability calculation]. Basel.

Brandstätter, E., Gigerenzer, G., & Hertwig, R. (2006). The Priority Heuristic: Making Choices
Without Trade-Offs. *Psychological Review*, 113, 409-432.

Buehler, R., Griffin, D., & Peetz, J. (2010). The planning fallacy: Cognitive, motivational, and
social origins. In M. P. Zanna & J. M. Olson (Eds.), *Advances in experimental social
psychology* (Vol. 43, pp. 1-62). San Diego, CA: Academic Press. DOI: 10.1016/S0065-
2601(10)43001-4.

Chaiken, S., & Trope, Y. (Eds.) (1999). *Dual-process theories in social psychology.* New York:
Guilford Press.

Chapman, G. B., & Johnson, E. J. (1999). Anchoring, activation, and the construction of
values. *Organizational Behavior and Human Decision Processes*, 79 (2), 115-153. DOI:
10.1006/obhd.1999.2841.

Combs, B., & Slovic, P. (1979). Newspaper coverage of causes of death. *Public Opinion
Quarterly*, 56, 837-843.

Dember, W. N. (1974). Motivation and the cognitive revolution. *American Psychologist*, 29
(3), 161-168. DOI: 10.1037/h0035907.

Denrell, J., & Le Mens, G. (2007). Interdependent sampling and social influence.
Psychological Review, 114 (2), 398-422. DOI: 10.1037/0033-295X.114.2.398.

Dijksterhuis, A., & Nordgren, L. F. (2006). A theory of unconscious thought. *Perspectives on
Psychological Science*, 1 (2), 95-109. DOI: 10.1111/j.1745-6916. 2006.00007.x.

Englich, B., & Mussweiler, T. (2001). Sentencing under uncertainty: Anchoring effects in the
courtroom. *Journal of Applied Social Psychology*, 31, 1535-1551. doi:10.1111/j.1559-
1816.2001.tb02687.x

Epley, N., & Gilovich, T. (2006). The anchoring-and-adjustment heuristic: Why the
adjustments are insufficient. *Psychological Science*, 17 (4), 311-318. DOI: 10.1111/
j.1467-9280.2006.01704.x.

Epley, N., & Gilovich, T. (2010). Anchoring unbound. *Journal of Consumer Psychology*, 20

文 献

(1), 20–24. DOI: 10.1016/j.jcps.2009.12.005.

Evans, J. St. B. T. (2003). In two minds: Dual process accounts of reasoning. *Trends in Cognitive Sciences*, **7** (10), 454–459. *DOI*: 10.1016/j.tics.2003.08.012.

Fiedler, K. (2008). The ultimate sampling dilemma in experience-based decision making. *Journal of Experimental Psychology: Learning, Memory, and Cognition*, **34** (1), 186–203. DOI: 10.1037/0278-7393.34.1.186.

Fiedler, K. (2010). How to study cognitive decision algorithms: The case of the priority heuristic. *Judgment and Decision Making*, **5** (1), 21–32.

Fiedler, K., & Juslin, P. (2006). *Information sampling and adaptive cognition*. New York: Cambridge University Press.

Fiedler, K., Schmid, J., Kurzenhaeuser, S., & Schroeter, V. (2000). Lie detection as an attribution process: The anchoring effect revisited. In V. De Pascalis, V. Gheorghiu, P. W. Sheehan, & I. Kirsch (Eds.), *Suggestion and suggestibility: Advances in theory and research* (pp. 113–136). Munich: M. E. G. Stiftung.

Fisk, J. E. (1996). The conjunction effect: Fallacy or Bayesian inference? *Organizational Behavior and Human Decision Processes*, **67**, 76–90. *DOI:* 10.1006/obhd.1996.0066.

Fisk, J. E., & Slattery, R. (2005). Reasoning about conjunctive probabilistic concepts in childhood. *Canadian Journal of Experimental Psychology*, **59**, 168–178.

Gigerenzer, G. (1991a). From tools to theories: A heuristic of discovery in cognitive psychology. *Psychological Review*, **98** (2), 254–267. DOI: 10.1037/0033-295X.98.2.254.

Gigerenzer, G. (1991b). How to make cognitive illusions disappear: Beyond 'heuristics and biases'. In W. Stroebe & M. Hewstone (Eds.), *European review of social psychology* (Vol. 2, pp. 83–115). Chichester, UK: Wiley.

Gigerenzer, G. (1996). On narrow norms and vague heuristics: A reply to Kahneman and Tversky. *Psychological Review*, **103** (3), 592–596. DOI: 0.1037/0033-295X.103.3.592.

Gigerenzer, G. (2006). Bounded and rational. In R. J. Stainton (Ed.), *Contemporary debates in cognitive science* (pp. 115–133). Oxford, UK: Blackwell.

Gigerenzer, G., & Goldstein, D. G. (1996). Reasoning the fast and frugal way: Models of bounded rationality. *Psychological Review*, **103** (4), 650–669. DOI: 10.1037/0033-295X.103.4.650.

Gigerenzer, G., & Todd, P. M. (1999). *Simple heuristics that make us smart*. New York: Oxford University Press.

Gigerenzer, G., Gaissmaier, W., Kurz-Milcke, E., Schwartz, L. M., & Woloshin, S. (2007). Helping doctors and patients make sense of health statistics. *Psychological Science in the Public Interest*, **8** (2), 53–96. DOI: 10.1111/j.1539-6053.2008.00033.x.

Gilovich, T., Griffin, D., & Kahneman, D. (2002). *Heuristics and biases: The psychology of intuitive judgment*. New York: Cambridge University Press.

Goldstein, D. G., & Gigerenzer, G. (2002). Models of ecological rationality: The recognition heuristic. *Psychological Review*, **109** (1), 75–90. DOI: 10.1037/0033-295X. 109.1.75.

Hertwig, R., & Chase, V. M. (1998). Many reasons or just one: How response mode affects

281 ‖

reasoning in the conjunction problem. *Thinking and Reasoning*, **4**, 319–352. DOI: 10.1080/135467898394102.

Hertwig, R., Benz, B., & Krauss, B. S. (2008). The conjunction fallacy and the many meanings of and. *Cognition*, **108**, 740–753. DOI: 10.1016/j.cognition.2008.06.008.

Hilbig, B. E. (2010). Reconsidering 'evidence' for fast-and-frugal heuristics. *Psychonomic Bulletin & Review*, **17** (6), 923–930. DOI: 10.3758/PBR.17.6.923.

Hilbig, B. E., Erdfelder, E., & Pohl, R. F. (2010). One-reason decision-making unveiled: A measurement model of the recognition heuristic. *Journal of Experimental Psychology: Learning, Memory, and Cognition*, **36** (1), 123–134. DOI: 10.1037/a0022638.

Jenny, M. A., Rieskamp, J., & Nilsson, H. (2014). Inferring conjunctive probabilities from experienced noisy samples: Evidence from the configural weighted average model. *Journal of Experimental Psychology: Learning, Memory, and Cognition*, **40**, 203–217. DOI: 10.1037/a0034261.

Jones, E. E., Kanouse, D. E., Kelley, H. H., Nisbett, R. E., Valins, S., & Weiner, B. (1987). *Attribution: Perceiving the causes of behavior*. Hillsdale, NJ: Lawrence Erlbaum Associates.

Kahneman, D., & Frederick, S. (2002). Representativeness revised: Attribute substitution in intuitive judgment. In T. Gilovich, D. Griffin, & D. Kahneman (Eds.), *Heuristics and biases: The psychology of intuitive judgement* (pp. 49–81). Cambridge, UK: Cambridge University Press.

Kahneman, D., & Frederick, S. (2005). A model of heuristic judgment. In K. J. Holyoak & R. G. Morrison (Eds.), *The Cambridge handbook of thinking and reasoning* (pp. 267–293). New York: Cambridge University Press.

Kahneman, D., & Tversky, A. (1972). Subjective probability: A judgment of representativeness. *Cognitive Psychology*, **3**, 430–454. DOI: 016/0010-0285(72)90016-3.

Kahneman, D., & Tversky, A. (1979). Prospect theory: An analysis of decision under risk. *Econometrica*, **47**, 263–291. DOI: 10.2307/1914185.

Keren, G., & Schul, Y. (2009). Two is not always better than one: A critical evaluation of two-system theories. *Perspectives on Psychological Science*, **4**, 533–550. DOI: 10.1111/j.1745-6924.2009.01164.x.

Krueger, J. I., & Funder, D. C. (2004). Towards a balanced social psychology: Causes, consequences, and cures for the problem-seeking approach to social behavior and cognition. *Behavioral and Brain Sciences*, **27**, 313–327. DOI: 10.1017/S0140525X04000081.

Kruglanski, A. W., & Thompson, E. P. (1999). Persuasion by a single route: A view from the unimodel. *Psychological Inquiry*, **10** (2), 83–109. DOI: 10.1207/S15327965PL100201.

Kuhn, T. S. (1962). *The structure of scientific revolutions*. Chicago, IL: University of Chicago Press.（中山　茂（訳）(1971)．科学革命の構造　みすず書房）

Le Mens, G., & Denrell, J. (2011). Rational learning and information sampling: On the 'naivety' assumption in sampling explanations of judgment biases. *Psychological Review*,

118 (2), 379–392. DOI: 10.1037/a0023010.

Lopes, L. L., & Oden, G. C. (1991). The rationality of intelligence. In E. Eells & T. Maruszewski (Eds.), *Rationality and reasoning: Essays in honor of L. J. Cohen* (pp. 199–223). Amsterdam: Rodopi.

Martignon, L., Katsikopoulos, K. V., & Woike, J. K. (2008). Categorization with limited resources: A family of simple heuristics. *Journal of Mathematical Psychology*, **52** (6), 352–361. DOI: 10.1016/j.jmp.2008.04.003.

Mussweiler, T. (2003). Comparison processes in social judgment: Mechanisms and consequences. *Psychological Review*, **110**, 472–489. DOI: 10.1037/0033-295X.110.3.472.

Nilsson, H., Olsson, H., & Juslin, P. (2005). The cognitive substrate of subjective probability. *Journal of Experimental Psychology: Learning, Memory, and Cognition*, **31** (4), 600–620. DOI:10.1037/0278-7393.31.4.600.

Nisbett, R. E., & Ross, L. (1980). *Human inference: Strategies and shortcomings of social judgment*. Englewood Cliffs, NJ: Prentice-Hall.

Oppenheimer, D. M., LeBoeuf, R. A., & Brewer, N. T. (2008). Anchors aweigh: A demonstration of cross-modality anchoring and magnitude priming. *Cognition*, **106** (1), 13–26. DOI: 10.1016/j.cognition.2006.12.008.

Osman, M. (2004). An evaluation of dual-process theories of reasoning. *Psychonomic Bulletin & Review*, **11**, 988–1010. DOI: 10.3758/BF03196730.

Pachur, Th., Todd, P. M., Gigerenzer, G., Schooler, L. J., & Goldstein, G. (2011). The recognition heuristic: A review of theory and tests. *Frontiers in Psychology*, **2**, 1–14. DOI: 10.3389/fpsyg.2011.00147.

Petty, R. E., & Cacioppo, J. T. (1986). *Communication and persuasion: Central and peripheral routes to attitude change*. New York: Springer-Verlag.

Plous, S. (1989). Thinking the unthinkable: The effect of anchoring on likelihood estimates of nuclear war. *Journal of Applied Social Psychology*, **19**, 67–91.

Pohl, R. F. (2011). On the use of recognition in inferential decision making: An overview of the debate. *Judgment and Decision Making*, **6** (5), 423–438.

Ritov, I. (1996). Anchoring in simulated competitive market negotiation. *Organizational Behavior and Human Decision Processes*, **67** (1), 16–25. DOI: 10.1006/obhd.1996.0062.

Ross, L. (1977). The intuitive psychologist and his shortcomings: Distortions in the attribution process. In L. Berkowitz (Ed.), *Advances in experimental social psychology* (Vol. 10, pp. 173–220). New York: Academic Press.

Ross, M., & Sicoly, F. (1979). Egocentric biases in availability and attribution. *Journal of Personality and Social Psychology*, **37** (3), 322–336. DOI: 10.1037/0022-3514.37.3.322.

Simon, H. A. (1982). *Models of bounded rationality*. Cambridge, MA: The MIT Press.

Sloman, S. A. (1996). The empirical case for two systems of reasoning. *Psychological Bulletin*, **119** (1), 3–22. DOI: 10.1037/0033-2909.119.1.3.

Smith, E. R., & DeCoster, J. (2000). Dual-process models in social and cognitive psychology: Conceptual integration and links to underlying memory systems. *Personality and Social*

文 献

Psychology Review, 4, 108–131. DOI: 10.1207/S15327957PSPR0402_01.

Stanovich, K. E., & West, R. F. (2002). Individual differences in reasoning: Implications for the rationality debate? In T. Gilovich, D. Griffin, & D. Kahneman (Eds.), *Heuristics and biases: The psychology of intuitive judgment* (pp. 421–440). New York: Cambridge University Press.

Stanovich, K. E., & West, R. F. (2008). On the relative independence of thinking biases and cognitive ability. *Journal of Personality and Social Psychology*, **94**, 672–695. DOI: 10.1037/0022-3514.94.4.672.

Strack, F., & Deutsch, R. (2004). Reflective and impulsive determinants of social behavior. *Personality and Social Psychology Review*, **8** (3), 220–247. DOI: 10.1207/s15327957pspr0803_1.

Strack, F., & Mussweiler, T. (1997). Explaining the enigmatic anchoring effect: Mechanisms of selective accessibility. *Journal of Personality and Social Psychology*, **73**, 437–446. DOI: 10.1037/0022-3514.73.3.437.

Swets, J., Dawes, R. M., & Monahan, J. (2000). Psychological science can improve diagnostic decisions. *Psychological Science in the Public Interest*, **1** (Whole No. 1).

Tentori, K., Crupi, V., & Russo, S. (2013). On the determinants of the conjunction fallacy: Probability versus inductive confirmation. *Journal of Experimental Psychology: General*, **142** (1), 235–255. DOI: 10.1037/a0028770.

Tversky, A., & Kahneman, D. (1973). Availability: A heuristic for judging frequency and probability. *Cognitive Psychology*, **5** (2), 207–232. DOI: 10.1016/0010-0285(73)90033-9.

Tversky, A., & Kahneman, D. (1974). Judgment under uncertainty: Heuristics and biases. *Science*, **185**, 1124–1130. DOI: 10.1126/science.185.4157.1124.

Tversky, A., & Kahneman, D. (1983). Extensional versus intuitive reasoning: The conjunction fallacy in probability judgment. *Psychological Review*, **90**, 293–315. DOI: 10.1037/0033-295X.90.4.293.

Unkelbach, C., & Greifeneder, R. (Eds.) (2013). *The experience of thinking: How the fluency of mental processes influences cognition and behaviour.* New York: Psychology Press.

von Sydow, M. (2011). The Bayesian logic of frequency-based conjunction fallacies. *Journal of Mathematical Psychology*, **55**, 119–139. DOI: 10.1016/j.jmp.2010.12.001.

Winkielman, P., Schwarz, N., & Belli, R. F. (1998). The role of ease of retrieval and attribution in memory judgments: Judging your memory as worse despite recalling more events. *Psychological Science*, **9** (2), 124–126. DOI: 10.1111/1467-9280.00022.

Wolford, G. (1991). The conjunction fallacy? A reply to Bar-Hillel. *Memory & Cognition*, **19**, 415–417.

Zuckerman, M., Koestner, R., Colella, M. J., & Alton, A. O. (1984). Anchoring in the detection of deception and leakage. *Journal of Personality and Social Psychology*, **47** (2), 301–311. DOI: 10.1037/0022-3514.47.2.301.

文 献

13 章

Allais, M. (1953). La psychologie de l'homme rationnel devant le risque: critique des postulats et axiomes de l'école Américaine. *Econometrica*, **21**, 503–546.

Baron, J. (2008). *Thinking and deciding*. New York: Cambridge University Press.

Barron, G., & Erev, I. (2003). Small feedback-based decisions and their limited correspondence to description-based decisions. *Journal of Behavioral Decision Making*, **16**, 215–233.

Barron, G., Leider, S., & Stack, J. (2008). The effect of safe experience on a warnings' impact: Sex, drugs, and rock-n-roll. *Organizational Behavior and Human Decision Processes*, **106**, 125–142.

Bell, D. E. (1982). Regret in decision making under uncertainty. *Operations research*, **30** (5), 961–981.

Bernoulli, D. (1954). Exposition of a new theory on the measurement of risk. *Econometrica*, **22**, 23–36. (Translation of Bernoulli, D. 1738. Specimen *theoriae novae de mensura sortis*. Papers Imp. Acad. Sci. St. Petersburg, **5**, 175–192).

Birnbaum, M. H. (2004). Tests of rank-dependent utility and cumulative prospect theory in games represented by natural frequencies: Effects of format, event framing, and branch splitting. *Organizational Behavior and Human Decision Processes*, **95**, 40–65.

Birnbaum, M. H. (2008). New paradoxes of risky decision making. *Psychological Review*, **115**, 463–501.

Brandstätter, E., Gigerenzer, G., & Hertwig, R. (2006). The priority heuristic: Making choices without trade-offs. *Psychological Review*, **113**, 409–432.

Bröder, A., & Newell, B. R. (2008). Challenging some common beliefs: Empirical work within the adaptive toolbox metaphor. *Judgment and Decision Making*, **3**, 205–214.

Camerer, C. F. (2000). Prospect theory in the wild: Evidence from the field. In D. Kahneman & A. Tversky (Eds.), *Choices, values, and frames*. Cambridge, UK: Cambridge University Press.

Camilleri, A. R., & Newell, B. R. (2011). When and why rare events are underweighted: A direct comparison of the sampling, partial feedback, full feedback and description choice paradigms. *Psychonomic Bulletin & Review*, **18**, 377–384.

Camilleri, A. R., & Newell, B. R. (2013). Mind the gap? Description, experience, and the continuum of uncertainty in risky choice. *Decision making: Neural and behavioural approaches – progress in brain research*. Oxford, UK: Elsevier.

Ellsberg, D. (1961). Risk, ambiguity and the Savage axioms. *Quarterly Journal of Economics*, **75**, 643–679.

Fox, C. R., & Hadar, L. (2006). 'Decisions from experience' = sampling error + prospect theory: Reconsidering Herwig, Barron, Weber & Erev (2004). *Judgment and Decision Making*, **1**, 159–161.

Gigerenzer, G., & Selten, R. (2001). Rethinking rationality. In G. Gigerenzer & R. Selten (Eds.), *Bounded rationality: The adaptive toolbox* (pp. 1–12). Cambridge, MA: The MIT

文　献

Press.

Goodnow, J. J. (1955). Determinants of choice-distribution in two-choice situations. *The American Journal of Psychology*, **68**, 106–116.

Hacking, I. (1975). *The emergence of probability: A philosophical study of early ideas about probability, induction and statistical inference.* Cambridge, UK: Cambridge University Press.

Hau, R., Pleskac, T. J., & Hertwig, R. (2010). Decisions from experience and statistical probabilities: Why they trigger different choices than a priori probabilities. *Journal of Behavioral Decision Making*, **23**, 48–68.

Hertwig, R., & Erev, I. (2009). The description–experience gap in risky choice. *Trends in Cognitive Science*, **13**, 517–523.

Hertwig, R., Barron, G., Weber, E., & Erev, I. (2004). Decisions from experience and the effect of rare events, *Psychological Science*, **15**, 534–539.

Humphreys, L. G. (1939). Acquisition and extinction of verbal expectations in a situation analogous to conditioning. *Journal of Experimental Psychology*, **25**, 294–301.

John, P., Cotterill, S., Moseley, A., Richardson, L., Smith, G., Stoker, G., & Wales, C. (2011). *Nudge, nudge, think, think: Experimenting with ways to change civic behaviour.* London: Bloomsbury Academic.

Johnson, E. J., Schulte-Mecklenbeck, M., & Willemsen, M. C. (2008). Process models deserve process data: Comment on Brandstätter, Gigerenzer and Hertwig (2006). *Psychological Review*, **115**, 263–272.

Kahneman, D. (2011). *Thinking, fast and slow.* Basingstoke: Macmillan. （村井章子（訳）（2012）. ファスト＆スロー　早川書房）

Kahneman, D., & Tversky, A. (1979). Prospect theory: An analysis of decision under risk, *Econometrica*, **47**, 263–291.

Kahneman, D., & Tversky, A. (2000). *Choices, values, and frames.* Cambridge, UK: Cambridge University Press.

Knight, F. H. (1921). *Risk, uncertainty and profit.* New York: Hart, Schaffner and Marx. （奥隅栄喜（訳）（1959）. 危険・不確実性および利潤　現代経済学名著選集6　文雅堂銀行研究社）

Koehler, J. J. (2001). When are people persuaded by DNA match statistics? *Law and Human Behavior*, **25**, 493–513.

Levitt, S. D., & List, J. A. (2008). Homo Economicus evolves. *Science*, **319** (5865), 909–910.

Li, S. Y. W., Rakow, T., & Newell, B. R. (2009). Personal experience in doctor and patient decision making: From psychology to medicine. *Journal of Evaluation in Clinical Practice*, **15**, 993–995.

Loomes, G., & Sugden, R. (1982). Regret theory: An alternative theory of rational choice under uncertainty. *Economic Journal*, **92**, 805–824.

Lopes, L. L., & Oden, G. C. (1999). The role of aspiration level in risky choice: A comparison of cumulative prospect theory and SP/A theory. *Journal of Mathematical Psychology*, **43**,

286–313.

Markowitz, H. (1952). The utility of wealth. *Journal of Political Economy*, **60**, 151–158.

McGraw, A. P., Shafir, E., & Todorov, A. (2010). Valuing money and things: Why a $20 item can be worth more and less than $20. *Management Science*, **56**, 816–830.

McNeil, B. J., Pauker, S. G., Sox, H. C., & Tversky, A. (1982). On the elicitation of preferences for alternative therapies. *New England Journal of Medicine*, **306**, 1259–1262.

Mellers, B. A., Schwartz, A., Ho, K., & Ritov, I. (1997). Decision affect theory: Emotional reactions to the outcomes of risky options. *Psychological Science*, **8**, 423–429.

中村國則 (2013). 確率加重関数の理論的展開　心理学評論, **56**, 42–64.

Newell, B. R., & Pitman, A. J. (2010). The psychology of global warming: Improving the fit between the science and the message. *Bulletin of the American Meteorological Society*, **91**, 1003–1014.

Newell, B. R., Lagnado, D. A., & Shanks, D. R. (2007). *Straight choices: The psychology of decision making*. Hove, UK: Psychology Press.

Peterson, C. R., & Ulehla, Z. J. (1965). Sequential patterns and maximizing. *Journal of Experimental Psychology*, **69**, 1–4.

Pope, D., & Schweitzer, M. (2011). Is Tiger Woods loss averse? Persistent bias in the face of experience, competition and high stakes. *American Economic Review*, **101**, 129–157.

Rakow, T., & Newell, B. R. (2010). Degrees of uncertainty: An overview and framework for future research on experience-based choice. *Journal of Behavioral Decision Making*, **23**, 1–14.

Rakow, T., Demes, K. A., & Newell, B. R. (2008). Biased samples not mode of presentation: Re-examining the apparent underweighting of rare events in experience-based choice. *Organizational Behavior and Human Decision Processes*, **106**, 168–179.

Rottenstreich, Y., & Hsee, C. K. (2001). Money, kisses, and electric shocks: On the affective psychology of risk. *Psychological Science*, **12**, 185–190.

Savage, L. J. (1954). *The foundations of statistics*. New York: Wiley.

Smith, G., Levere, M., & Kurtzman, R. (2009). Poker player behavior after big wins and big losses. *Management Science*, **55**, 1547–1555.

Starmer, C. (2000). Developments in non-expected utility theory: The hunt for a descriptive theory of choice under risk. *Journal of Economic Literature*, **38**, 332–382.

Stewart, N. (2009). Decision by sampling: The role of the decision environment in risky choice. *The Quarterly Journal of Experimental Psychology*, **62**, 1041–1062.

Stewart, N., Chater, N., & Brown, G. D. A. (2006). Decision by sampling. *Cognitive Psychology*, **53**, 1–26.

Thaler, R. H., & Sunstein, C. R. (2008). *Nudge: Improving decisions about health, wealth, and happiness*. New Haven, CT: Yale University Press. （遠藤真美（訳）(2009). 実践行動経済学―健康，富，幸福への聡明な選択―　日経 BP 社）

Tversky, A., & Kahneman, D. (1981). The framing of decisions and the psychology of choice. *Science*, **211**, 453–458.

文 献

Tversky, A., & Kahneman, D. (1992). Advances in prospect theory: Cumulative representation of uncertainty. *Journal of Risk and Uncertainty*, **5**, 297–323.

Ungemach, C., Chater, N., & Stewart, N. (2009). Are probabilities overweighted or underweighted when rare outcomes are experienced (rarely)? *Psychological Science*, **20**, 473–479.

Vlaev, I., Chater, N., Stewart, N., & Brown, G. D. (2011). Does the brain calculate value? *Trends in Cognitive Sciences*, **15**, 546–554.

von Neumann, J., & Morgernstern, O. (1947). *Theory of games and economic behaviour* (2nd edn). Princeton, NJ: Princeton University Press.

Weber, E. U. (2006). Experience-based and description-based perceptions of long-term risk: Why global warming does not scare us (yet). *Climatic Change*, **77**, 103–120.

Weber, E. U., & Johnson, E. J. (2009). Mindful judgment and decision making. *Annual Review of Psychology*, **60**, 53–85.

Yechiam, E., & Hochman, G. (2013). Losses as modulators of attention: Review and analysis of the unique effects of losses over gains. *Psychological Bulletin*, **139**, 497–518.

Yechiam, E., Erev, I., & Barron, G. (2006). The effect of experience on using a safety device. *Safety Science*, **44**, 515–522.

✹ 14 章

Chomsky, N. (1957). *Syntactic structures*. The Hague/Paris: Mouton. （福井直樹・辻子美保子（訳）（2014）．統辞構造論 付『言語理論の論理構造』序論　岩波書店）

Chomsky, N. (1959). Reviews: 'Verbal behavior by B. F. Skinner'. *Language*, **35**, 26–58.

Chomsky, N. (1965). *Aspects of the theory of syntax*. Cambridge, MA: The MIT Press. （福井直樹・辻子美保子（訳）（2017）．統辞理論の諸相―方法論序説―　岩波書店）

Elman, J. L. (1993). Learning and development in neural networks: The importance of starting small. *Cognition*, **48**, 71–79.

Fodor, J. A. (1983). *The modularity of mind*. Cambridge, MA: The MIT Press. （伊藤笏康・信原幸弘（訳）（1985）．精神のモジュール形式―人工知能と心の哲学―　産業図書）

Garcia, J., Kimeldorf D. J., Koelling R. A. (1955). Conditioned aversion to saccharin resulting from exposure to gamma radiation. *Science*, **122**, 157–158.

Gold, E. M. (1967). Language identification in the limit. *Information and Control*, **16**, 447–474.

Harley, T. A. (2010). *Talking the talk*. Hove, UK: Psychology Press.

Harley, T. A. (2014). *The psychology of language* (4th edn). Hove, UK: Psychology Press.

Hauser, M. D., Chomsky, N., Tecumseh-Fitch, W. (2002). The faculty of language: What is it, who has it, and how did it evolve? *Science*, **298**, 1569–1579.

Kuhn, T. (1962). *The structure of scientific revolutions*. Chicago, IL: University of Chicago Press. （中山 茂（訳）（1971）．科学革命の構造　みすず書房）

Pinker, S. (1995). *The language instinct*. Harmondsworth: Penguin. （椋田直子（訳）（1995）．言語を生みだす本能　上・下巻　NHK 出版）

Skinner, B. F. (1957). *Verbal behavior*. Acton, MA: Copley.

❄ 15 章

American Psychiatric Association (2013). *Diagnostic and statistical manual* (5th edn). Arlington, VA: American Psychiatric Association. （高橋三郎・大野　裕（監訳）日本精神神経学会（日本語版用語監修）（2014）．DSM-5 精神疾患の診断・統計マニュアル　医学書院）

Brock, J. (2011). Complementary approaches to the developmental cognitive neuroscience of autism – reflections on Palfrey et al. (2011). *Journal of Child Psychology and Psychiatry*, **52**, 645–656.

Coltheart, M. (1980a). Deep dyslexia: A review of the syndrome. In M. Coltheart, K. Patterson, & J. C. Marshall (Eds.), *Deep dyslexia*. London: Routledge & Kegan Paul.

Coltheart, M. (1980b). Deep dyslexia: A right hemisphere hypothesis. In M. Coltheart, K. Patterson, & J. C. Marshall (Eds.), *Deep dyslexia*. London: Routledge & Kegan Paul.

Coltheart, M., & Kohnen, S. (2012). Acquired and developmental disorders of reading and spelling. In M. Faust (Ed.), *Handbook of the neuropsychology of language*. Oxford, UK: Blackwell.

Coltheart, M., Patterson, K., & Marshall, J. C. (Eds.) (1980). *Deep dyslexia*. London: Routledge & Kegan Paul. (2nd edn, 1987).

Coltheart, M., Rastle, K., Perry, C., Langdon, R., & Ziegler, J. (2001). DRC: A Dual Route Cascaded model of visual word recognition and reading aloud. *Psychological Review*, **108**, 204–256.

Crisp, J., & Lambon Ralph, M. A. (2006). Unlocking the nature of the phonological-deep dyslexia continuum: The keys to reading aloud are in phonology and semantics. *Journal of Cognitive Neuroscience*, **18**, 348–362.

Dérouesné, J., & Beauvois, M. F. (1979). Phonological alexia: Three dissociations. *Journal of Neurology, Neurosurgery & Psychiatry*, **42**, 1115–1124.

Ellis, A. W., & Young, A. W. (1988). *Human cognitive neuropsychology*. Hove, UK: Psychology Press.

Forster, K. I., & Chambers, S. M. (1973). Lexical access and naming time. *Journal of Verbal Learning and Verbal Behavior*, **12**, 627–635.

Halligan, P. W., & Marshall, J. C. (1996). *Method in madness: Case studies in cognitive neuropsychiatry*. Hove, UK: Psychology Press.

Halligan, P. W., Marshall, J. C., & Ramachandran, V. S. (1994). Ghosts in the machine: A case description of visual and haptic hallucinations after right hemisphere stroke. *Cognitive Neuropsychology*, **11**, 459–477.

Halligan, P. W., Marshall, J. C., & Wade, D. T. (1993). Three arms: A case study of supernumerary phantom limb after right hemisphere stroke. *Journal of Neurology, Neurosurgery, and Psychiatry*, **56**, 159–166.

Halligan, P. W., Marshall, J. C., & Wade, D. T. (1995). Unilateral somatoparaphrenia after right hemisphere stroke: A case description. *Cortex*, **31**, 173–182.

Insel, T. (2013). Transforming diagnosis, www.nimh.nih.gov/about/director/2013/transforming-diagnosis.shtml (retrieved 25 December 2013).

Marshall, J. C., & Newcombe, F. (1973). Patterns of paralexia: A psycholinguistic approach. *Journal of Psycholinguistic Research*, **2**, 175–199.

Marshall, J. C., Halligan, P. W., Fink, G. R., Wade, D. T., & Frackowiak, R. S. (1997). The functional anatomy of a hysterical paralysis. *Cognition*, **64**, B1–B8.

Patterson, K. E., Marshall, J. C., & Coltheart, M. (Eds.) (1985). *Surface dyslexia: Cognitive and neuropsychological studies of phonological reading*. Hove, UK: Lawrence Erlbaum Associates.

Saffran, E. M., Bogyo, L. C., Schwartz, M., & Marin, O. S. M. (1980). Does deep dyslexia reflect right-hemisphere reading? In M. Coltheart, K. Patterson, & J. C. Marshall (Eds.), *Deep dyslexia*. London: Routledge & Kegan Paul.

Shallice, T. (1981). Phonological agraphia and the lexical route in writing. *Brain*, **104**, 413–429.

Shallice, T., & Rosazza, C. (2006). Patterns of peripheral paralexia: Pure alexia and the forgotten visual dyslexia? *Cortex*, **42**, 892–897.

人名索引

A

Adelson, E. H.　58
Alexander, M. P.　140
Algom, D.　86
Allais, M.　207
Atkinson, R. C.　11, 111–113, 122, 124, 127, 130, 134

B

Baars, B. J.　23
Baddeley, A. D.　5, 11, 110, 113, 116–119, 121–125, 127–129, 158
Barron, G.　220
Bartlett, F. C.　2
Beauvois, M. F.　249
Bergen, J. R.　58
Bernoulli, D.　207
Bloomfield, L.　227
Brandstätter, E.　222
Bressi, S.　122
Broadbent, D. E.　18, 22, 23, 111, 124, 127, 130
Brown, J.　112
Bruce, V.　44
Burgess, N.　137

C

Cabeza, R.　145
Camerer, C. F.　215
Carpenter, P. A.　124
Cattell, J. M.　77
Cherry, E. C.　3, 17–29
Chomsky, N.　7, 225–234, 236, 237
Cohen, J. D.　85

Coltheart, M.　243, 249, 250
Conway, A. R. A.　125
Cowan, N.　127
Craik, F. I. M.　160
Crooks, L. E.　31

D

Daneman, M.　124
de Groot, A. D.　179, 180
Della Sala, S.　122
De Renzi, E.　121
Dérouesné, J.　249
Dreyfus, H. L.　184
Driver, J.　18, 23, 26
Dunbar, K.　83, 85
Dyer, F. N.　81

E

Ellsberg, D.　207
Engle, R. W.　125
Epley, N.　194
Erev, I.　220
Eysenck, M. W.　1, 17, 133

F

Fechner, G. T.　37
Fermat, P.　206
Fiedler, K.　194
Flexser, A. J.　156
Fodor, J. A.　233
Franses, P. H.　9
Frederick, S.　200
Frisby, J.　50, 51
Funder, D. C.　192

G

Galanter, E. 111
Gathercole, S. 121
Georgeson, M. 44
Gibson, J. J. 3, 31, 34–36, 38–47
Gigerenzer, G. 192, 193, 202
Gilboa, A. 144
Gilovich, T. 194
Glaser, M. O. 83
Glaser, W. R. 83
Godden, D. R. 158
Goodale, M. A. 4, 10, 61–64, 67
Grant, W. 119
Greenberg, D. L. 140
Green, P. 44
Gregory, R. 57

H

Halligan, P. W. 253
Harris, Z. S. 227
Hertwig, R. 220, 221
Hildreth, E. 50
Hitch, G. J. 5, 11, 110, 113, 116, 121, 124, 125, 127–130
H. M. (Molaison, H.) 5, 92, 95, 101–103, 105, 137, 139
Hollingshead, A. 157
Holmes, J. 251
Holt, E. B. 35
Hubel, D. H. 49
Humphreys, G. W. 61

I

Insel, T. R. 256

J

Jacoby, L. L. 157
James, W. 17, 35, 110
Jensen, A. R. 81
Johnson, D. M. 169, 178

Jones, B. F. 8
Juslin, P. 200

K

Kahneman, D. 6, 10, 184, 187–189, 191, 192, 194, 200–203, 207, 208, 215
Kan, I. P. 140
Keane, M. M. 140
Kepler, J. 32
Klein, G. S. 81, 82
Kohnen, S. 243, 249, 250
Köler, W. 2
Krueger, J. I. 192
Kurtzman, R. 216
Kurzenhaeuser, S. 194

L

Lakatos, I. 13
Lashley, K. S. 91
Lee, D. N. 41, 42, 44
Levere, M. 216
Levine, B. 142
Lieberman, K. 119
Logie, R. H. 119, 122, 125, 126
Luchins, A. S. 178

M

Macko, K. A. 10
MacLeod, C. M. 83, 84
Maguire, E. A. 137
Markowitz, H. 207
Marr, D. 4, 45, 49–51, 53, 56–59
Marshall, J. C. 239, 240, 242–246, 248–256
Marshall, N. 7
Mather, G. 49
McClelland, J. L. 85
Melara, R. D. 86
Miller, G. A. 111
Milner, A. D. 4, 61–64, 67

人名索引

Milner, B.　5, 10, 91, 92, 101, 102, 105, 137, 142
Mishkin, M.　10
Morgernstern, O.　207
Moscovitch, M.　145
Mounts, J. R.　86

N

Neisser, U.　44
Newcombe, F.　7, 239, 240, 242–246, 248–252, 254–256
Newell, A.　6, 170, 171, 175, 178, 180, 181–183, 185
Nichelli, P.　121
Nilsson, H.　200
Nishihara, K.　50
Niven, E. H.　125
Norman, D. A.　111

O

Olsson, H.　200

P

Pascal, B.　206
Pearlstone, Z.　148, 149, 152, 162
Peterson, L. R.　112
Peterson, M. J.　112
Pinker, S.　232
Poggio, T.　50, 58, 59
Pope, D.　216
Popper, K.　12
Posner, M. I.　83
Pribram, K. H.　111

R

Reiff, R.　134
Rock, I.　57
Roelofs, A.　85
Rohwer, W. D., Jr.　81
Rosazza, C.　243

Russell, B.　176
Ryan, L. R.　140

S

Salamé, P.　119
Savage, L. J.　207
Schacter, D. L.　141
Scheerer, M.　134
Schmid, J.　194
Schroeter, V.　194
Schweitzer, M.　216
Scoville, W. B.　5, 91, 92, 95, 101, 102, 105, 137, 142
Searle, J.　184
Shallice, T.　113, 122, 243
Shaw, J. C.　6, 170, 171, 181, 182, 185
Shiffrin, R. M.　11, 111–113, 122, 124, 127, 130, 134
Shimamura, A. P.　142
Simon, H. A.　6, 170, 171, 181, 182, 185, 197
Skinner, B. F.　2, 225, 226, 233
Smith, G.　216
Snyder, C. R. R.　83
Sperling, G.　23
Spiers, H. J.　137
Spinnler, H.　122
Squire, L. R.　141
Steinvorth, S.　142
Stewart, N.　223
Stroop, J. R.　4, 78

T

Taylor, D. A.　83
Temple, C.　251
Thomson, D. M.　147, 149, 150, 151, 154, 155, 158, 164
Thomson, N.　119
Tolman, E. C.　2
Townsend, J. T.　83

人名索引

Treisman, A.　23
Tulving, E.　5, 10, 133–136, 140, 141,
　143, 144, 147–152, 154–156, 158, 160,
　162, 164, 165
Tversky, A.　6, 10, 184, 187–189, 191,
　194, 201–203, 207, 208, 215

U

Ullman, S.　50, 58
Ungerleider, L. G.　10

V

Vallar, G.　122
Verfaellie, M.　140
von Neumann, J.　207

W

Wann, J. P.　44

Warrington, E. K.　113
Watson, J. B.　2, 226
Waugh, N. C.　111
Weber, E. H.　37
Weinberg, B. A.　8
Weltheimer, M.　2
Whitehead, A. N.　176
Wiesel, T. N.　49
Wight, E.　119
Wiseman, S.　156
Wittgenstein, L. J. J.　201
Wolford, G.　193
Woodworth, R. S.　17
Wundt, W. M.　2, 77

事項索引

あ

RH　　196
I 言語　　229
IPL　　182
アドレス　　246
アフォーダンス　　35
アフォード　　74
粗い心理物理的観察　　55
アルゴリズム　　56
アルツハイマー病　　122, 123
安全水準　　218
安全−潜在的要求水準モデル　　218

い

E 言語　　229
EUT　　207, 208
意識的気づき　　141
意識的な知覚判断のための視覚　　66
意思決定　　169
意思決定研究　　184
一意性　　52
一次記憶　　110
一番手の研究　　11
一貫性理論　　187
一般性の問題　　13
一般知能　　115
一般問題解決子　　183
意味カテゴリ　　140
意味記憶　　5, 130, 134–136, 140, 144
意味記憶化　　143
意味記憶課題　　140, 159
意味健忘症　　138
意味健忘症患者　　139
意味的アドレス　　246

意味的アドレスコンポーネント　　243, 245
意味的エラー　　245
意味的処理　　160
意味的類似性　　130
意味認知症　　138
意味認知症患者　　139, 142
意味ネットワーク　　104
意味論　　228
陰影　　54
インナースクライブ　　120

う

winner-takes-all　　24
VPPC　　142
ウェクスラー・ベルビュー知能検査　　93
Web of Science　　22
動き　　54
後向き連鎖　　174
嘘の検出　　194
運動技能　　101
運動視差　　33

え

エイムズの歪んだ部屋　　39
エッジ　　54
N-back 課題　　125
エピソード　　107
エピソード記憶　　5, 106, 134–136, 140, 144
エピソード記憶障害　　138
エピソード・バッファ　　123
エビングハウス錯視　　66
fMRI　　141
fMRI アダプテーション　　72
M 型　　43

295

事項索引

M型錐体　46
LISP　53, 182
L型　43, 46
遠近法　33
演算スパン　125
円筒　55

お

大きさの恒常性　38, 39
奥行き　34
奥行き知覚　31, 38
オフライン　65
オフライン制御　64
オペレータ　181
音韻コード　118
音韻ストア　118, 122
音韻性書字障害　250
音韻貯蔵庫　117
音韻的アドレス　246
音韻的アドレスコンポーネント　243
音韻的コンポーネント　247
音韻的類似性　117, 130
音韻的類似性効果　118, 121, 128
音韻への書記素‐音素規則　248
音韻ループ　118, 121, 122, 125
音韻論　228
オンライン　64
オンライン制御　64
オンラインの行為　75
オンラインの到達把持　65

か

絵画的手がかり　33
外的問題空間　181
海馬　93, 96, 98, 100, 103–105
海馬回　95
海馬システム　138
海馬損傷　137
海馬傍回　105
海馬領域　91

カウンティング・ストループ課題　87
確証的判断　202
カクテルパーティ問題　17, 18, 22, 25, 29
獲得性失読　239, 241, 242, 246, 249, 253,
　254, 256
獲得性書字障害　248, 251
核文〔kernel sentence〕　229
加重関数　212
過剰幻肢　253
数の逆唱　112
仮想現実環境　45
過大評価　192
塊〔blob〕　54
価値関数　212
カテゴリ　148
構え　178
眼球運動　43
観察者中心表現　55
干渉　78
干渉理論　147

き

記憶システムアプローチ　144, 145
記憶障害　91, 95, 97, 102
記憶貯蔵庫　165
記憶バッファ　110
記憶負荷　229
帰属理論　187
期待効用最大化原理　207
期待効用理論　10, 207, 212, 214
気づき〔conscious awareness〕　63
輝度コントラスト　43
機能画像研究　104
機能的等価性　180
機能的脳イメージング　72
機能的分析　243
逆確率判断　202
逆ストループ効果　83
逆向性健忘　94–96, 137
切り替えネットワーク　180

事項索引

近時記憶　　103
近接の法則　　49

く

空間知覚　　10
空間的連続性　　54
空間メタファー　　133
「空気」説　　38
Google Scholar　　22
グラスパターン〔glass patterns〕　　73
グローバルワークスペース理論　　23
群化　　54

け

計画錯誤　　191
経験主義　　230
経験に基づく決定　　219
計算理論　　52, 53, 56
計算論的アプローチ　　49
計算論的制約　　237
計算論的モデリング　　183
継時的処理　　184
形態的エラー　　246
係留　　189, 191, 194
係留効果　　194, 202
係留値　　191
係留ヒューリスティック　　194, 195
ゲシュタルト・アプローチ　　49
ゲシュタルト学派　　2
ゲシュタルト心理学者　　170
ゲシュタルトの原理　　54
ゲシュタルト理論　　179, 180
決定の質の基準　　206
原因帰属　　191
限界容量リソース　　127
幻覚　　253
原型ヒューリスティック　　200
言語　　225
言語運用〔performance〕　　229–231, 236, 237

言語学　　226, 230, 236, 237
言語獲得　　237
言語獲得装置〔language acquisition device: LAD〕　　231
言語記憶システム　　116
言語材料の記憶　　111
言語習得　　7
言語性短期記憶　　110, 117, 127
言語性短期記憶の障害　　122
言語能力〔competence〕　　229–231, 236, 237
言語の発達　　121
顕在記憶　　141
検索　　111
検索手がかり　　147, 161, 165
検索流暢性　　157
原始スケッチ　　54, 57
減衰理論　　23
限定合理性　　197
限定詞　　227
健忘症　　99, 100, 102, 137
健忘症患者　　98, 140
健忘症発病　　137

こ

行為システム　　66, 67
行為のための視覚　　66
行為の符号化〔action coding〕　　74
構音抑制　　117, 118
構音リハーサル　　118
構音ループ　　117, 118
鉤回　　95
光学的配列　　40
光学的流動　　39–41, 44
光学的流動パターン　　40, 44
後期選択　　82
構造主義　　227
高速・倹約ヒューリスティック　　195
後天性失読症　　7
行動経済学　　216
行動主義　　2, 17, 169, 225, 226

297

行動主義者　226
構文解析モデル　228
合理主義　230, 234
合理的エージェント　215
コーパス　227
Gold の定理〔Gold's theorem〕　231
心の計算モデル　230
心のモジュール性〔modularity of mind〕
　233
誤差逆伝播　235
個人差アプローチ　126
語長効果　118, 121, 128
コネクショニスト・モデル　235, 238
コネクショニズム　184, 235
コントラスト応答関数　46
コンピュータ・シミュレーション　6
コンピュータ・モデリング　183

さ

再帰〔recursion〕　234
再帰的　234
最終判断値　191
最善選択ヒューリスティック　196
再入可能処理〔re-entrant processing〕　57
再認失敗　154, 155, 158, 166
再認失敗パラダイム　159
再認ヒューリスティック　196
錯覚　71
サバイバル処理　160
3次元モデル表現　54, 55
産出システムルール　85
3水準の枠組み　59
三段論法　174

し

視覚キャッシュ　120
視覚消去〔visual extinction〕　67
視覚性運動失調　62, 65, 70, 71, 73, 74
視覚性運動失調の患者　65
視覚性失読　242, 243, 245

視覚性短期記憶　113, 119–121, 127
視覚性短期記憶システム　126
視覚性短期記憶の障害　122
視覚探索　29
視覚的アドレス　246
視覚的アドレスコンポーネント　245
視覚的エラー　246
視覚的コンポーネント　247
視覚的注意　23
視覚ニューロン　43
視覚無視〔visual neglect〕　68
視空間スクラッチパッド　119, 122
指向的思考　179
事後記憶効果　100
視床内側　96
辞書探索ルート　247
辞書編集的アルゴリズム　201
事前負荷　115
実験認知心理学　11
実行過程　114, 174
実行リソース　125
実装　56
自伝的記憶　104, 144
視点不変　58
自閉症　253, 255, 256
「地面」説　38
シャドウイング　20, 21, 25, 26
シャドウイング課題　25
集団研究アプローチ　241
習得　147
周辺のターゲット〔peripheral targets〕
　69, 70
主観的価値判断　188
手段目標分析　184
受容野　46
順位依存　218
準拠点　216
状況転移アイデンティティ　156
情動ストループ課題　88
初期状態　181

書記素-音素　247, 249
書字障害　250
処理水準　130, 160
処理要素アプローチ　144, 145
新現実主義　35
信号検出分析　201
人工知能　182
心象　119
深層構造　228, 229
深層失読　241, 242, 245, 246
深層性書字障害　250
身体化された認知〔embodied cognition〕
　　236, 237
身体パラフレニア　253
心的イメージ過程　119
心理学者　237
心理言語学　7, 225, 226, 230, 237
心理物理学　37, 188

◎す

推論課題　115, 116
推論規則　173
推論時間　115
数学原理　175
数的プライミング　194, 195
スキーマ　104, 107
ステレオタイプ　191
ストループ効果　4, 80
3-D物体ベースの表現　58
3-D物体モデル　58
3-Dモデル　58
slippage　27

◎せ

制御過程　114, 120, 122, 125
生成-再認モデル　149–151, 156, 158
生成-再認モデル理論　150
生成文法　229, 230
生態学的心理学　44
精緻化　159, 161, 164

聖ペテルスブルグのパラドクス　206
制約　52
宣言記憶　141
前向性健忘　94
前向性健忘症　137
全体報告　24
選択的接近可能性　195
選択的注意　3, 17, 21, 29
前注意的　23

◎そ

早期選択　82
操作　111
側頭葉　103
側頭葉前部　142
側頭葉内側部　103, 105, 142
ソロモンの判断　199
損失回避　222
損失領域　214, 216

◎た

対象知覚　10
体制化　105
体制化原理　49
代入　173
代入方法　174
代表性　189, 191
代表性ヒューリスティック　189, 200
タウ〔tau〕　41, 42, 44
多義性　32
多重埋め込み文　231, 234
多重痕跡理論　139, 140
Tulving–Wiseman 関数　166, 167
Tulving–Wiseman の法則　156
単一事例アプローチ　241, 249
短期記憶　11, 110, 113, 125
短期貯蔵庫　110
単語完成課題　157, 159
弾道的なポインティング　66

事項索引

ち

小さく始めることの優位性　237
知覚−行為区分　75
知覚システム　35, 45, 67
知覚判断　71, 72
知覚表象システム　141
置換　174
注意　17
注意の交換の転換　218
注意の焦点　127
注意の制御　127
注意の範囲　17
中央実行系　114, 142
中心視〔central vision〕　69
中心のターゲット　70
聴覚的注意　23
長期エピソード記憶　125
長期記憶　110
調整ヒューリスティック　191
直接記憶　110
直接的現実主義　35
直列処理　83
貯蔵　111
陳述記憶　107

つ

2-D 景観ベースの表現　58
積み木の世界　50, 53

て

DSM-5　255
手がかり　33, 34, 44, 162
適応的道具箱　195–197, 202
適合性　52
テクスチャ　37–41, 54
テクスチャの勾配　37–39, 44
手続き記憶　141
転移適切性処理　6, 162

と

統合失調症　253, 255, 256
統合失調症患者　94
統語論　228, 230
洞察　178
動詞　227
動詞句（VP）　227
到達把持〔reaching and grasping〕　64, 65,
　68–72
独創性　9
トップダウン　3, 20, 21, 57

な

内側嗅内野　105
内的問題空間　181

に

二次記憶　110
二重乖離　62, 65, 139
二重過程接近法　198
二重過程理論　198
二重ルートモデル　249
2 1/2 次元スケッチ　54
二番手の研究　11
乳頭体　96
認知科学　236
認知革命　3, 187, 225, 230
認知神経科学　12, 185, 252
認知神経心理学　7, 11, 239, 241, 251, 253
認知神経精神医学　252, 253
認知地図　2
認知の基礎的領域　252

の

脳損傷　112, 121, 254
脳損傷患者　12, 91, 129
ノーベル経済学賞　215

は

ハードウェアによる実装　52
バイアス　187, 191, 193, 199
背側視覚　64
背側視覚経路　62
背側視覚ルート　62, 65
背側ストリーム　62–67, 69, 70, 72, 74, 75
背側皮質　74
背側ルート　63
敗北主義的　234
バインディング　123
箱学　226
場所細胞　97
派生による複雑さの理論〔derivational theory
　　of complexity: DTC〕　228, 230
パターン確率判断　202
発達性音韻性失読　250
発達性失読　250, 251, 254
発達性書字障害　251
発達性表層失読　251
パラダイム・シフト　51, 226
パラダイム特異性　13
パラメータ　232
反証可能　12
判断バイアス　199
反応時間　229

ひ

PDP モデル　183
光受容器　43
ヒステリー　252, 253
非宣言記憶　141
左前頭前野　141
左側頭－頭頂領域　141
ヒューリスティック　6, 176, 181, 187, 188,
　　189, 191, 193, 197–199, 201, 217
ヒューリスティック探索　185
ヒューリスティック道具箱　195
表現形式効果　202
表現とアルゴリズム　52

表層構造　228, 229
表層失読　242, 249
表層性書字障害　250

ふ

フィルター理論　22, 23
不確実性　86, 206
不均衡性　86
腹側後部頭頂葉　142
腹側視覚経路　61
腹側視覚ストリーム　63–67, 69, 74, 75
腹側視覚ルート　62, 64
腹側システム　70
腹側ストリーム　62, 64, 72
腹側皮質ストリーム　69, 75
腹側ルート　63
袋小路モデル　228
符号化　100, 111
符号化特殊性　164
符号化特殊性仮説　154
符号化特殊性原理　6, 147, 149, 153, 156,
　　158, 160, 162, 163, 165, 166
符号化と検索の一致　162, 164
符号化の豊富さ　160
物体中心座標系　55
物体認識　72
物理的記号仮説　182, 184
部分報告　24
不変項　44, 45
普遍文法〔universal grammar〕　231
プライミング　102, 141, 159
プライミング効果　27
不良定義的　182
フレーミング　222
フロー・チャート　226
プロスペクト理論　7, 10, 192, 208, 212,
　　214–217, 219–223
プロダクション　183
文 (S)　227
文スパンテスト　124

事項索引

文の構造　228
文法規則　228
文脈依存記憶　6
文脈依存検索　164
分離方法　174

へ

平均化確率　202
ベイズ推論　57, 58
並列処理　83
変換〔transformational〕　228
変則性の大海　13
扁桃体　95, 103

ほ

ポインティング　69, 71
法的判断　202
「ホースレース」モデル　82
補助的仮説　13
ボトムアップ　3
ボトムアップ処理　21, 57
ボトムアップ理論　54

ま

前向き連鎖　174
マッチング過程　174

み

右前頭前野　142
右背中側前頭前野　144

む

無意識的　63
無意識的推論　35, 57

め

名詞　227
名詞句（NP）　227
メタ認知的制御　199
memoria　134

も

妄想　253
網膜像　31, 32, 36
目標状態　181
文字混同効果　245
モジュール　102
問題解決　169, 185
問題解決研究　184
問題空間　181

ゆ

優先ヒューリスティック　197, 222
揺れる部屋　41

よ

予測可能性　13
要求水準　218

り

リアルタイム　64
理解の範囲　17, 18
利己的バイアス　193
リスク回避　210
リスク下の意思決定　205
リスク忌避　214
リスク査定　193
リスク志向　210, 214, 216
リスト外手がかり　149
立体視　33, 52
利得領域　214
リハーサル　111, 118
remembrances　134
流暢性ヒューリスティック　196
領域固有　196
利用可能性　189
利用可能性ヒューリスティック　190, 202
両眼視差　44, 54
両耳聴　3
両耳分離聴法　20
良定義的　182

輪郭線　54

る

類似性検証　174
累積版プロスペクト理論　218

れ

連言錯誤　190, 202
連合主義　179
連想語　157
連続性　52

ろ

ロジック・セオリスト　170, 171, 173 –175,
　177–179, 181–183

ロボット学　47
論理用語の誤解　202

わ

ワーキングメモリ　5, 11, 13, 99, 109, 111,
　114, 124, 128, 130, 142, 231
ワーキングメモリ容量　125
ワーキングメモリ理論　112
忘れられた視覚性失読　243
what システム　63

監訳者あとがき

　なんとか，本書 *Cognitive Psychology: Revisiting the Classic Studies* の翻訳
のめどが立ち，あとがきを書いております。本書を読む前は，今の時代に数十
年も前の古典を振り返ってどうするのかという気が正直しておりましたが，い
ざ読んでみると，古典ではあるけれど，現在もその血脈は生きており，しかも
その影響はいまだ衰えを知らぬものばかりです。ほぼ50年にわたる認知心理
学の歴史の中で，昔はよく引用されたが，現在はほとんど省みられない研究が
数多くあります。本書に取り上げられた研究は今なお，引用され，輝きを放ち
続ける珠玉の研究です。認知心理学の授業を受け始めた学生の方々，認知心理
学の研究を志す若き研究者，そして最先端の細かな研究課題に取り組んでいる
研究者の方々，本書で認知心理学の源流を辿れば，より基本的な視点から問題
の見直しが可能となり新たなアイデアが浮かんでくることが期待されます。
　ただし注意していただきたい点は，本書は，今や古典といわれる重要な研究
について，原著者の考えをそのまま紹介しているわけではなく，それぞれの章
を担当した研究者（みなさんそれぞれ著名な方ばかりですが）の目を通した紹
介になっていることです。そのため，翻訳を担当した私たちも，訳出作業を進
めているときに，その解釈やコメントはちょっとおかしいのではないか，やや
言いすぎなのではないか，あるいはもっと別の方面で重要な影響力もあったは
ずではないのかなど，いろいろ小さな疑問やフラストレーションがたまること
もありました。もちろん，これは素晴らしいまとめ方だなと感心したところの
ほうが圧倒的に多いのですが。ですので，今回の翻訳書で，原著者の理論や主
張に惹かれた方，疑問をもたれた方は，ぜひ原典にもあたって，自らの目で確
認をお願いしたいと思います。そのため，巻末の引用文献のところには，古典
として紹介された原著や関連著作の邦訳本を網羅的に北大路書房の若森乾也さ
んに調べていただき，たくさん載せていただきました。
　このあとがきを書いております現在，国家資格「公認心理師」のカリキュラ
ムが厚労省を舞台にほぼ決まり，7月の大学向けの説明会を待っているところ
です。そのカリキュラムの最終案には，保健医療，教育，福祉，司法・法務・

警察，産業・労働の諸分野で活躍する人材が習得すべき知識や技術が定められています。認知心理学は心理学発展科目として「知覚・認知心理学」として掲げられております。そこに含まれる事項としては，「1. 人の感覚・知覚等の機序及びその障害」「2. 人の認知・思考等の機序及びその障害」があり，必修科目としてこれを学ぶことが求められます。さらに，同じく心理学発展科目として「神経・生理心理学」があがっております。すでに「認知神経心理学」の学問名として知られているように，認知心理学は神経心理学を通して保健医療の現場に影響を及ぼしていくと思われます。

　そのような時代の大きな変化の中で，認知心理学の基礎から最近の応用展開の背景にある源流を本書でたどることは，公認心理師を目指す人にとっても，そうでない人にとっても，これから自らの仕事を遂行するうえで役立つものとなるでしょう。

　本書の翻訳がみなさまにとって認知心理学の深い理解に役立ち，それを通してみなさまのお仕事に少しでも役立てば大変嬉しく存じます。

2017 年 6 月 30 日

監訳者　箱田裕司

行場次朗

原著者紹介

Michael W. Eysenck はローハンプトン大学の教授職およびロンドン大学ロイヤル・ホロウェイの名誉教授ならびに名誉フェローである。彼の主要な研究領域は不安と認知との関係についてである。彼は 49 冊の著書，約 160 の論文や本の章を執筆するとともに，数多くの認知心理学のテキストを出版している。趣味はトランプのブリッジ，クロケット，旅行，散歩である。

David Groome はウエストミンスター大学の心理学部主任講師であった。2011 年に退職したが，いまなお，その学部とは研究上の結びつきを保っている。彼の研究関心は主に，認知と記憶，とりわけ記憶抑制と気分異常が認知に及ぼす効果についてである。彼は 6 冊の認知心理学のテキストの著者・共著者である。2009 年に英国心理学会より，心理学教育優秀賞（BPS Award for Excellence in the Teaching of Psychology）を受賞している。趣味はランニング，旅行，犬，そして音楽である。余暇にはギタリストとなり，ロックスターとして大躍進する日をまだ待っている。

訳者一覧

箱田	裕司	京都女子大学発達教育学部	まえがき, 1章, 監訳
二瀬	由理	東北工業大学ライフデザイン学部	2章
行場	次朗	東北大学大学院文学研究科	3章, 監訳
乾	敏郎	追手門学院大学心理学部	4章
柴田	寛	東北文化学園大学医療福祉学部	5章
嶋田	博行	神戸大学大学院海事科学研究科	6章
岩原	昭彦	京都女子大学発達教育学部	7章
齊藤	智	京都大学大学院教育学研究科	8章
太田	信夫	東京福祉大学大学院心理学研究科	9章
豊田	弘司	奈良教育大学	10章
山	祐嗣	大阪市立大学大学院文学研究科	11章
佐伯	大輔	大阪市立大学大学院文学研究科	12章
中村	國則	成城大学社会イノベーション学部	13章
小泉	政利	東北大学大学院文学研究科	14章
広瀬	雄彦	京都女子大学発達教育学部	15章

監訳者紹介

箱田　裕司（はこだ　ゆうじ）
1949年　　福岡県に生まれる
1977年　　九州大学文学研究科博士課程心理学専攻単位取得満期退学
現　　在　　九州大学名誉教授
　　　　　　京都女子大学発達教育学部教授
主著・論文
　　認知科学のフロンティアI〜III（編著）サイエンス社　1991〜1993年
　　嘘とだましの心理学（共編著）有斐閣　2006年
　　認知心理学（共著）有斐閣　2010年
　　現代の認知心理学7　認知の個人差（共編著）北大路書房　2011年
　　心理学研究法2　認知（編著）誠信書房　2012年
　　新・知性と感性の心理学（共編著）福村書店　2014年
　　本当のかしこさとは何か―感情知性（EI）を育む心理学―（共著）誠信書房　2015年

行場　次朗（ぎょうば　じろう）
1954年　　宮城県に生まれる
1981年　　東北大学文学研究科博士課程後期心理学専攻単位取得満期退学
現　　在　　東北大学大学院文学研究科教授
主著・論文
　　認知心理学を知る（共著）ブレーン出版　1987年
　　視覚と聴覚（共著）岩波書店　1994年
　　知覚と運動（共著）東京大学出版会　1995年
　　認知心理学重要研究集1　視覚認知（編著）誠信書房　1995年
　　イメージと認知（共著）岩波書店　2001年
　　心理学の視点24（共著）国際文献社　2012年
　　新・知性と感性の心理学（共編著）福村書店　2014年

古典で読み解く現代の認知心理学

2017 年 9 月 10 日　初版第 1 刷印刷
2017 年 9 月 20 日　初版第 1 刷発行

編　者　　マイケル・W. アイゼンク
　　　　　デイヴィッド・グルーム
監訳者　　箱　田　裕　司
　　　　　行　場　次　朗
発行所　　㈱北大路書房

〒 603-8303　京都市北区紫野十二坊町 12-8
　　　　　　　電話　（075）431-0361 ㈹
　　　　　　　FAX　（075）431-9393
　　　　　　　振替　01050-4-2083

©2017　　　　　印刷・製本／創栄図書印刷㈱
検印省略　落丁・乱丁本はお取り替えいたします。
ISBN978-4-7628-2982-6 C3011　　Printed in Japan

・ JCOPY 〈㈳出版者著作権管理機構 委託出版物〉
本書の無断複写は著作権法上での例外を除き禁じられています。
複写される場合は，そのつど事前に，㈳出版者著作権管理機構
（電話 03-3513-6969,FAX 03-3513-6979,e-mail: info@jcopy.or.jp）
の許諾を得てください。

Theories and Applications of Cognitive Psychology

 現代の認知心理学〔全7巻〕
＊各巻A5判・304〜360頁・本体3,600円＋税

基礎・理論から展開・実践まで，
　認知心理学研究の〈現在〉を一望！

第1巻	知覚と感性	三浦佳世　編
第2巻	記憶と日常	太田信夫・厳島行雄　編
第3巻	思考と言語	楠見　孝　編
第4巻	注意と安全	原田悦子・篠原一光　編
第5巻	発達と学習	市川伸一　編
第6巻	社会と感情	村田光二　編
第7巻	認知の個人差	箱田裕司　編

日本認知心理学会　監修